SUEÑA Y GANARÁS EL MUNDO

César Castellanos D.

CÉSAR CASTELLANOS D. © 2006
Publicado por G12 Editores
ventas@g12bookstore.com

ISBN 1-932285-60-1

Cuando no se indica otra fuente, las citas bíblicas
corresponden a: Nueva Versión Internacional
(Copyright Sociedad Bíblica Internacional).

Editora General_Doris Perla Mora
Portada y diagramación_Julian Gamba

www.visiong12.com

G12 Editores

2620 Hollywood Blvd   Calle 22C No. 31-01
Hollywood, FL 33020   PBX: (571) 2693420
954_921_2626   Bogotá, D.C., Colombia

Impreso en Colombia
Printed in Colombia

CONTENIDO

PARTE 2

ESTRATEGIAS PARA EL ÉXITO

PARTE 3

EL DESPERTAR DE LA UNCIÓN

DEDICATORIA

Al Espíritu Santo, mi Amigo, Guía, Consejero, Protector y Consolador.

A mi amada Claudia, quien ha mostrado siempre gran madurez en todas las circunstancias a lo largo de nuestras vidas, quien con decisión ha aceptado el desafío de incursionar, ser pionera y ejemplo de virtud e integridad para las mujeres del mundo, como esposa, madre, pastora, amiga, profesional y política.

A mis cuatro hijas: Johanna, Lorena, Manuela y Sara Ximena, porque han comprendido su propósito; con valentía, ímpetu y alegría han alcanzado sus sueños y hoy enseñan a miles de jóvenes a lograrlos también.

A Eliemerson, quien es más valioso que siete hijos varones.

A cada uno de los miembros de nuestra familia de la Misión Carismática Internacional y G12, quienes son el resultado del sueño de Dios y día a día construyen y con entereza alcanzan los suyos.

A usted, quien desde ahora es parte de los grandes soñadores.

PRÓLOGO

Alrededor del mundo, cada vez más personas están conociendo acerca de César y Claudia Castellanos. No sólo pastorean una de las iglesias más grandes de Colombia, sino que han sido punta de lanza en la evangelización a través de la radio y la televisión en toda América.

Ahora, a través de Sueña y Ganarás el Mundo, usted podrá conocer historias emocionantes de lo que realmente sucedió. Leerá acerca del atentado que sacudió no sólo el mundo cristiano, sino al mundo entero.

Comprenderá el verdadero y tan especial significado del título de este extraordinario libro, pues luego de tal atentando, recibieron la dirección de Dios de escribir acerca de las experiencias que han vivido en el ministerio a través de los años.

"Los sueños son el lenguaje del Espíritu" expresa César, y revela cómo comprender esta dimensión tan poderosa mientras usted busca depender más y más del Espíritu Santo.

Disfrutará de su estilo simple, claro y muy personal. Podrá estar en sus primeros encuentros con Jesús, a través de los momentos difíciles de crecimiento y, finalmente, en su ministerio públicamente conocido.

Lo mejor es que por medio de las experiencias de este hombre y mujer de visión, conocerá de una manera más profunda a un Dios visionario quien constantemente desafía a los creyentes a ¡ganar al mundo para Él!

Que al leer cada página de esta sorprendente aventura, sea bendecido abundantemente y desafiado como nunca antes en su vida.

Pastor Benny Hinn

Introducción

Cada persona que nace en este mundo lo hace con un propósito preestablecido por Dios; para lograrlo, es fundamental atreverse a dar un paso de fe que lo lanzará a descubrir cuál es su misión, para sí poder llevarla a cabo.

Dios al revelar Su voluntad lo hace por medio de ideas, sueños y visiones; la mente se abre y podemos comprender textos de la Biblia, que se transforman en una palabra específica y actual para nosotros. Dios siempre tiene una idea mejor que la nuestra, y cuando alcanzamos a comprender lo que Él piensa acerca de nosotros, es mucho más fácil ubicarse dentro del propósito divino (Jeremías 29:11).

Creo que todas las personas que han alcanzado el éxito es porque primero recibieron una idea creativa de parte de Dios, y pusieron todo su empeño en obtenerla. Él primero nos inspira con algo pequeño, si somos fieles en desarrollarlo nos confiará algo mucho mayor, luego llegará el momento que nos revelará Su perfecta voluntad. Pues quien es fiel en lo poco, también lo será en lo mucho; y al que es fiel en lo ajeno, el Señor le entregará lo que a Él le pertenece. Dios, antes de confiarle a Abraham la paternidad de las familias de la tierra probó su corazón, pidiéndole que abandonara su parentela. Por medio de un sueño le reveló a José el destino que había preparado para él, cuando era tan sólo un adolescente. Él lo creyó con todo su corazón y lo confesaba de continuo. Aunque antes de llegar a ser un alto dirigente en la nación de Egipto tuvo que afrontar toda clase de adversidades, nada lo detuvo ni lo hizo desistir de su sueño; a sus hermanos se lo expresó de esta manera: "... ustedes pensaron hacerme mal, pero Dios transformó ese mal en bien para lograr lo que hoy estamos viendo: salvar la vida de mucha gente" (Génesis 50:20).

Moisés escribió el por qué de la creación del hombre, cuando Dios dijo: "Hagamos al ser humano a nuestra imagen y semejanza" (Génesis 1:26ª). El hombre fue idea de Dios; al terminar hasta el último detalle de la creación se entregó por completo a la elaboración del primer varón. El Apóstol Pablo, al escribirle a los efesios le dijo que éramos la obra maestra de Dios (Efesios 2:10) Otra versión de las Escrituras dice que somos el poema de Dios. Alguien podría preguntarse ¿qué pensaría Dios después de que el hombre se rebeló contra Él? A Dios nada lo toma por sorpresa, Él de antemano había preparado un plan de redención, que si el hombre lo recibe y lo acepta, será restaurado en él el propósito para el cual fue creado.

Es el sueño de Dios lo que nos da la fuerza para convertirnos en triunfadores. Cada palabra que sale de Su boca es como una semilla de vida, todo aquel que la reciba y la crea en su corazón dará fruto abundante. Jesús dijo que la semilla que cae en buena tierra dará fruto al treinta, al sesenta y al ciento por uno (Mateo 13). Una persona que es buena tierra, el fruto más escaso que puede llegar a dar es no menos que el treinta por uno, porque comprende que la palabra que sale de los labios de Dios, jamás volverá vacía.

Los sueños de Dios, por lo general, vienen en momentos en que las circunstancias parecen adversas. Cuando Abraham aún no tenía hijo, Él le dijo: Cuenta las estrellas del cielo, si puedes hacerlo, porque así será tu descendencia, tan numerosa que no se podrá contar. Abraham le creyó a Dios y le fue contado por justicia y Él cumplió lo que le había prometido.

Dios creó al ser humano con la capacidad de soñar; Él anhelaba extender Su carácter a través del hombre. Su deseo es que él desarrolle al máximo su potencial espiritual, y la mejor manera de lograrlo es recibiendo los sueños de Dios en su corazón, esforzándose hasta verlos hechos una realidad en su vida.

El Padre Dios soñó con restaurar Su comunión con la humanidad, la cual se había perdido por el pecado del hombre, por eso envió a Jesús a morir en una Cruz. Usted y yo somos el sueño de Dios, hecho realidad.

En la Biblia, los sueños son frecuentemente usados por Dios como un medio para hablarle al hombre y comunicarle Sus planes. Nehemías soñó con ver restaurados los muros de Jerusalén cuando ésta había quedado convertida en escombros, su determinación fue tal que no sólo logró motivar al pueblo sino que también lo hizo partícipe de su visión y en tan sólo cincuenta y dos días vio su sueño hecho una realidad.

Cuando José estaba comprometido con María y vivió su momento de mayor incertidumbre, pues creía que ella le había sido infiel, pensó en abandonarla; Dios le habló por medio de un sueño para que no la dejara, porque lo que en María había ocurrido era obra del Espíritu Santo. El hijo pródigo, cuando se encontraba en su más crítica condición, en un momento de lucidez concibió el sueño de regresar a la casa de su padre y expresarle cuan arrepentido estaba; esto lo motivó a buscar una segunda oportunidad. La mujer que padecía de flujo de sangre pudo ver en su mente, de una manera muy nítida, el milagro de su sanidad; esto la llevó a desafiar las circunstancias y ese sueño hizo que lo imposible se volviera posible.

Soñar es tener la capacidad de verse en un futuro completamente diferente a la realidad presente. Esto sólo lo podemos alcanzar por medio de la fe. El Apóstol Pablo dice: "Así que la fe es por el oír, y el oír, por la Palabra de Dios" (Romanos 10:17), es decir, cuando una persona entra en contacto con la Palabra de Dios, la fe viene a su vida. Cuando una persona logra entender los sueños de Dios y los recibe a través de la fe, esto la ubica en un nivel espiritual superior al de cualquier otro ser humano. Las grandes conquistas descritas en la Biblia, fueron posibles gracias al respaldo del poder de Dios. Por este motivo, una de las estrategias más usadas por el Señor para motivar a Sus siervos, fue recordarles Sus proezas.

Así les infundía fe para seguir adelante con la misión que les estaba confiando.

En esta obra, junto a mi esposa, compartimos parte de nuestro testimonio y cómo al recibir los sueños dados por Dios, pudimos lanzarnos tras la conquista de aquello que en nuestras propias fuerzas hubiese sido completamente imposible. Sé que los verdaderos sueños provienen del Espíritu de Dios, Él los revela al corazón de Sus hijos, y si ellos los creen, Dios los levantará y los usará de una manera sobrenatural, lo cual los llevará a hacer una diferencia.

Hemos aprendido a través de los años que la fe es la combinación de esperar en Dios, de recibir la Palabra, creer en ella y actuar en la dimensión de lo que la palabra ha enseñado; utilizar las visiones y los sueños, confesar la Palabra y perseverar hasta conquistar el milagro.

Quizá las circunstancias adversas que ha vivido, hicieron que sus sueños se marchitaran y quedaran en el olvido. Dios quiere que usted hoy recupere la capacidad soñadora con la cual fue creado, que ingrese en una dimensión sobrenatural donde no existe la palabra imposible, donde su mente, su corazón, su espíritu y su cuerpo se convierten en el motor para hacer de cada sueño una realidad; usted experimentará la plenitud de lo que significa: "Sueña y ganarás el mundo".

César Castellanos D.

Parte 1

El Sueño y Sus Desafíos

Capítulo 1
ENTENDIENDO LOS SUEÑOS

Una de las historias que siempre me ha fascinado ha sido la vida de José, pues a Dios le plació enseñarle desde muy joven la importancia de tener un sueño claro el cual lo motivara a progresar. Pero sabemos que para que un sueño se haga realidad se requiere fe, paciencia y perseverancia en medio de la adversidad para que éste no fenezca.

"Cierto día José tuvo un sueño y, cuando se lo contó a sus hermanos..." (1)

El corazón de José era sin malicia, transparente, por eso no dudó en compartir su sueño sin imaginar el efecto negativo que produciría en aquellos que lo rodeaban. Sus hermanos llegaron a aborrecerle de tal manera pues no sólo era el niño consentido por su padre, sino que además era uno de los menores de la familia y no admitían que él fuera a señorearse sobre ellos.

Aunque hubo tiempos muy difíciles en la vida de José, momentos en los que tuvo que enfrentarse a diferentes obstáculos tales como la envidia y el rechazo al haber sido arrojado a una cisterna y al haber sido vendido como un esclavo a los ismaelitas. También tuvo que afrontar la tentación representada en la esposa de Potifar, y por causa de su rectitud y firmeza fue difamado y terminó en la cárcel. A pesar de las grandes adversidades que José tuvo que enfrentar él nunca dejó de alimentar su sueño; él sabía que el sueño que Dios le daba tenía un día y una hora de cumplimiento, por eso perseveró velando diligentemente para ver el suyo cumplido.

Después de extensos años de infortunio la vida de José dio un giro y se convirtió en el hombre más importante de la nación de Egipto. Luego, frente a sus propios ojos vio como aquellos hermanos que un día lo habían vendido como esclavo, estaban postrados ante él rogando por su ayuda dando cumplimiento al sueño que había tenido años atrás.

Debemos disponernos al cambio

Cuando tenía dieciocho años de edad me sentí confrontado por mi profesor de filosofía, él era un hombre escéptico y en cada disertación que hacía, trataba de presionarnos para que hiciéramos a un lado nuestra creencia en Dios y aceptáramos lo que él nos ofrecía –un camino de rebeldía–. Esta persona no perdía ninguna oportunidad para atacar los dogmas sagrados del cristianismo como lo son: la deidad de Jesús, la virginidad de María, el ministerio de la Trinidad y la veracidad de las Sagradas Escrituras; para enfatizar su pensamiento, siempre lo hacía con una Biblia en su mano. Aunque yo sabía que él estaba equivocado no tenía los argumentos suficientes para rebatirle.

En una ocasión, aquel profesor dijo algo que el Espíritu Santo usó para motivarme a leer la Biblia. Expresó: "Porque la Biblia no solamente la he leído, sino que la he estudiado".

Cuando lo escuché expresarse de esta manera me dije: "Si este hombre que es ateo ha leído la Biblia y la ha estudiado ¿por qué yo no?". Esa misma noche comencé a leer la Biblia desde el libro de Génesis en adelante; cada vez que leía Dios hablaba a mi corazón; este maravilloso Libro Sagrado se convirtió en un espejo para mi alma, el cual me permitió verme por dentro y reconocer que necesitaba limpiarme y experimentar un cambio en mi vida.

Después de algunos meses se despertó en mí un gran deseo de tener un encuentro cara a cara con Jesús. Aquella noche mientras estaba en la sala de mi casa le dije al Señor: "Jesús, yo no te conozco, no sé Quién eres, pero si en verdad existes y eres ese Dios Todopoderoso del cual habla la Biblia, aquí estoy, cámbiame, transfórmame, haz algo conmigo, lo que tú quieras ¡pero que sea ¡ahora!".

Esa fue toda mi oración; en quietud me quedé esperando la respuesta. En ese momento varios pensamientos de duda atacaron mi mente: "¡Tú piensas que Dios te va a escuchar! ¿Quién te crees para que Él te responda? ¡Eres un pecador!". Pude sobreponerme a ese bombardeo en mi mente, y dije: "No me importa lo que yo haya sido, si Él es real me tiene que responder ahora". Después de unos quince minutos sucedió lo extraordinario: vi que una luz muy intensa, que provenía de la calle, traspasó la puerta de la casa y vino y se quedó a mi lado. Me sentí como si estuviera al frente de una gran fogata, no se si algo similar fue lo que sintió Moisés cuando Dios se le reveló en la zarza que ardía; aquel día tuve un temor reverente. Luego me sentí como si estuviera a solas con Dios dándole cuentas de todos mis hechos. Era como si el cielo y la tierra no existieran y sólo dos seres ocuparan el universo: Dios en Su magnificencia y yo en mi pequeñez. Por primera vez en mi vida sentí que era el ser más insignificante de toda la tierra; hasta un insecto me parecía algo mucho más grande comparado a como yo me veía ante los ojos de Dios. Me espanté al presentarme frente a la presencia divina y le dije:

"¡Señor no soy digno de ti, apártate de mí, no te merezco pues soy un sucio pecador! ¡Perdóname!". Todo lo oculto que había en mi corazón salió a la luz, pues me estaba viendo de la misma manera como Dios me veía. Me dispuse a contarle uno a uno mis pecados; lloré, sentí dolor en mi corazón por haberle ofendido. Luego sucedió lo sorprendente: vi una mano abierta que penetró mi cabeza y empezó a descender hasta la planta de los pies como una caricia y, a medida que lo hacía, la carga de mi pecado desaparecía. Sentí como si toneladas de peso estuviesen cayendo de mi vida. Luego tuve la sensación de alegría más extraordinaria que jamás hubiese imaginado que pudiese existir. Las lágrimas empezaron a rodar por mis mejillas y no aguanté ya el estar sentado, me puse de rodillas con los brazos en alto adorando al Señor con todas mis fuerzas.

Sentí que mi espíritu había recibido vida, y por lo tanto esta experiencia era completamente diferente a cualquier otra que hubiese tenido.

El Dr. Derek Prince comentó: El placer está en la carne, la felicidad está en el alma pero el gozo está en el espíritu. Aquella noche había experimentado el nuevo nacimiento, y cuando me levanté de mis rodillas, sentía que era el ser más dichoso de este mundo.

Esa misma noche en lo profundo de mi corazón nació un gran sueño: servirle a Dios. Aunque no sabía cómo lo tendría que hacer, ya tenía el camino trazado.

Atravesando el valle de la incomprensión

Cuando compartí mi experiencia con mis hermanos, ¿Cuál cree usted que fue la reacción de ellos? Muy similar a la de los hermanos de José. Se burlaron de mí y me tildaron de fanático religioso. Por causa de esto, el ambiente en la casa era bastante pesado y como resultado tuve que mudarme. Mas para mí nada de eso importaba, ya que la experiencia que había tenido con Dios había sido muy real y sentía que todo eso era parte de la formación en el liderazgo.

Recibiendo la visión

La visión es lo que nos ayuda a conocer el camino por el cual debemos transitar. Gracias a Dios por la bendición de la vista física, pero el tener visión ministerial lo considero también un gran privilegio. El mundo del ciego está restringido por las paredes que le rodean pues sus movimientos son completamente limitados. La vista es un gran regalo de parte de Dios.

Estaba dando una conferencia en el Reino Unido y al hacer el llamado al altar, un deportista muy conocido en esta nación pasó al frente. Al acercarse pude ver en él una actitud muy reverente, anhelaba un acercamiento a Dios. Esa noche terminada la reunión, mientras cenábamos en un restaurante, pude compartir algunos minutos con él; lo vi muy interesado por las cosas del Señor, tenía un gran vacío en su corazón el cual no había podido llenar ni con su profesión, la fama ni el dinero. Lo vi muy dispuesto a tener una experiencia verdadera con Dios; mientras hablábamos me insistía en que le compartiera cómo había tenido mi encuentro personal con Jesús.

He podido comprobar que muchos sólo se acercan a Jesús por conveniencia, no porque anhelen un cambio. La siguiente noche estaba nuevamente en la reunión y me llamó en gran manera la atención que esta persona se dirigió al frente porque quería contar su testimonio. Dijo que al regresar a su hogar el día anterior –luego de hablar conmigo–, se encerró en su habitación con la firme decisión de experimentar un encuentro real con Jesucristo. Después de estar allí durante dos horas él sintió como Jesús entró en su corazón, y agregó: "En ese momento comprendí que el placer está en la carne, la felicidad en el alma pero el gozo está en el espíritu y éste sólo lo puede dar Jesucristo". Sus ojos habían sido abiertos al mundo espiritual.

Se puede recobrar la visión

"Por eso los fariseos, a su vez, le preguntaron cómo había recibido la vista..., no lo sé –respondió el hombre–. Lo único que sé es que yo era ciego y ahora veo" (2). Cuando una persona tiene visión simplemente la disfruta, muchas veces sin darse cuenta del privilegio que esto es. Cuando Jesús llegó a la ciudad de Jericó se encontró con un ciego conocido como Bartimeo. Este hombre no estaba en el camino, estaba *junto* al camino.

Cuando una persona está ciega espiritualmente cree que está *en* el camino de Dios, pero en realidad se encuentra *junto* al camino. Muchos dicen creer en Dios, pero esto no es suficiente.

Un misionero se dirigió a realizar una obra evangelística en un lugar selvático. Quien acudió a buscarlo para llevarlo a su destino final simplemente le dijo: "Sígame". Luego de caminar por caminos angostos en medio de una vegetación extremadamente tupida, el misionero le dijo: "Deténgase. Podría usted darme un mapa que me muestre el camino a donde debo llegar". El hombre mirándolo fijo a los ojos le dijo: "Yo soy el camino; si usted no me sigue nunca llegará a su destino. Soy el único que conoce y sabe andar en este lugar".

Cuando Jesús expresó: "Yo Soy el camino", lo dijo porque Él es el único que sabe cómo podemos transitar en este mundo. Muchas veces creemos que por la preparación que hemos adquirido conocemos el camino a la paz, al éxito, a la bendición. Pero si usted no está tomado de la mano de Jesús puede llegar a perderse en el laberinto de este mundo.

Bartimeo estaba postrado *junto* al camino, mendigando y ciego. Lamentablemente hoy en día, tal cual era en la época de Jesús, se respeta muy poco a las personas no videntes. Bartimeo comenzó a escuchar un ruido, un tumulto de muchas personas y preguntó qué acontecía. –Jesús de Nazaret está pasando por aquí– le respondieron. En ese momento él creyó que esa era su oportunidad y alzando la voz dijo: –"¡Jesús, Hijo de David, ten compasión de mí!– gritó el ciego (3). La gente quiso callarlo, pero él gritaba aún más.

Muchas veces cuando una persona anhela un cambio de vida, anhela tener visión y hacer algo para Dios, los que la rodean le dicen: "Eso no es para ti, no lo podrás lograr, no tienes fuerza para ello; cómo crees que Dios te va ayudar; lo que tú quieres es algo difícil, acepta que eres ciego y quédate donde te encuentras". Estas personas desean que aceptemos nuestras circunstancias y que nos quedemos postrados *juntos* al camino.

A este ciego los comentarios no le afectaron, tampoco deberían afectarle a usted. Él elevó su voz aún más fuerte, a tal punto que su clamor llegó hasta los oídos de Jesús. Aunque el Hijo de Dios ya estaba lejos, se detuvo y le preguntó a Sus discípulos: "¿Quien me llama?". A lo que ellos respondieron: "Señor, toda la gente está clamando". Pero Bartimeo seguía gritando y Jesús escuchó su voz. Esta vez Sus discípulos le dijeron: "Ah... es sólo el ciego Bartimeo", como restándole importancia, pero para sorpresa de todos Jesús lo mandó a llamar. "–¡Ánimo! le dijeron-. ¡Levántate! Te llama" (4). Como es de imaginarse, el ánimo del ciego estaba por el suelo, él solo vivía de acuerdo a las circunstancias. Nada le salía bien, todo empeoraba día a día. ¿Sabía usted que el ánimo es la puerta de esperanza que se abre para recuperar nuestra visión? Si uno no tiene ánimo no puede actuar, no puede accionar. Tenga ánimo, levántese.

Lo tercero que le dijeron a Bartimeo es Jesús te llama. Y esas mismas palabras son para usted hoy, Jesús lo llama. La respuesta de Bartimeo a estas palabras fue que se levantó y tiro su capa. En aquella época la capa era lo que identificaba al ciego, con su acción era como que él estaba diciendo: Si Jesús me llama, nunca más volveré a usar esta capa". Luego se acercó a Jesús "–¿Qué quieres que haga por ti?– le preguntó..." (5). Piense por un momento cuántas habrán sido las necesidades de aquel ciego, pero la más importante era su deseo de recuperar la visión. Bartimeo respondió: "–Rabí, quiero ver–... –Puedes irte– le dijo Jesús; –tu fe te ha sanado–" (6). Qué importante es reconocer que fue la fe de Bartimeo lo que se puso en acción y le permitió ver nuevamente. Sus ojos se abrieron y la Biblia

(RV) dice que le seguía a Jesús *en* el camino. Qué significativa lección aprendemos de este milagro, fue la visión lo que le permitió a Bartimeo darse cuenta que no estaba *en* el camino, fue la visión lo que lo ubicó *en* el camino y lo que le permitió seguir las pisadas del Maestro. Que usted en este momento pueda recibir una visión clara que le permita transitar el camino de bendición que Dios preparó para usted.

Referencias Bíblicas:

(1) Génesis 37:5; (2) Juan 9:15,25; (3) Marcos 10:47;
(4) Marcos 10:49b; (5) Marcos 10:51;
(6) Marcos 10:51b-52.

CAPÍTULO 2
EL ORIGEN DE UN SUEÑO

Los primeros seis años de matrimonio con Claudia fueron de mucha presión en el área financiera, pues aunque en mi corazón ardía el deseo de hacer la obra de Dios, nos encontrábamos ante otra gran realidad, que nuestras entradas económicas podrían ser un gran obstáculo para poderlo lograr. En esos primeros años de ministerio no contaba con un salario básico, sino que me daban una muy pequeña ayuda económica. Por causa de esto tuve que distribuir mi tiempo trabajando en lo secular y también en el ministerio; pero siempre mi corazón estaba inclinado a la parte ministerial. Para aquel entonces sólo teníamos una hija, Johanna, y queríamos llevarla de vacaciones a la playa pero no teníamos dinero para hacerlo. Ese día con mi esposa tomamos un cuaderno y empezamos a escribir aquellas cosas que deseábamos pero que no podíamos obtener; tomamos un tiempo especial de oración para presentarlas delante del Padre. Pusimos nuestras manos sobre cada una de esas peticiones pidiéndole a Dios de todo corazón que nos las concediera. Entre ellas estaba el anhelo de recibir la provisión financiera para nuestras vacaciones. No habían pasado ni cuatro horas y ya Dios había abierto las puertas concediendo nuestra petición de una manera milagrosa. Nos emocionamos profundamente al ver la fidelidad de Jesús. Esa misma semana llegamos a una de las playas más hermosas de nuestro país. Nunca nos imaginamos que ese viaje cambiaría por completo nuestras vidas y nuestro ministerio.

Sueña con una iglesia muy grande

Aquella simple oración que habíamos hecho con mi esposa, Dios la había tomado muy en serio y al encontrarnos en aquel lugar el ambiente era el propicio para comenzar a conquistar en oración las otras peticiones. Hacía cuatro meses que habíamos dejado de pastorear y estábamos pidiéndole al Señor una dirección clara al respecto.

Una de esas noches, junto a la orilla del mar, Dios me dio una palabra que fue la que transformó mi vida y mi ministerio. Mientras estaba sentado en una silla mecedora dediqué un tiempo especial para estar en comunión con Jesús, y de repente sentí la presencia de Dios como nunca antes la había experimentado. Ese día Su voz penetró hasta lo profundo de mi ser y me dijo: "¡Yo soy el anciano de días, prepara tu corazón en adoración porque te voy a hablar!". En ese momento entré en un nivel de adoración mucho más intenso, luego escuché que me dijo: "¡Voy a mover tu silla!"; me quedé quieto esperando que lo hiciera, pero nada sucedió, así que yo mismo comencé a mecerme, y mientras lo hacía, escuché nuevamente Su voz diciéndome: "¡Yo puedo mecer tu silla directamente, pero prefiero hacerlo a través de ti. Yo puedo hablarles a las personas directamente, pero prefiero hacerlo a través de ti. Preocúpate por servirme que yo me ocuparé de tus necesidades, o acaso habrá un amo más excelente que Jehová, o una empresa mejor que la Suya. Todo lo que tú necesites yo te lo supliré. Tu ministerio es el pastorado. Sueña, sueña con una iglesia muy grande porque los sueños son el lenguaje de mi Espíritu. Porque la iglesia que tú pastorearás será tan numerosa como las estrellas del cielo y como la arena del mar, que de multitud no se podrá contar". Y luego el Señor me preguntó: "¿Qué iglesia te gustaría pastorear?". Inmediatamente me quedé mirando la arena del mar y el milagro sucedió: vi cómo cada grano de arena se transformaba y se convertía en una persona. El Señor volvió a preguntarme: "¿Qué ves?". Y le respondí: "¡Veo cientos de miles de personas!", y me dijo: "¡Esto y más te daré si haces mi perfecta voluntad!".

Dios estuvo hablándome por un lapso de cuarenta y cinco minutos aproximadamente; después fui a buscar a mi esposa, quien estaba reunida con varios de sus familiares que estaban también en aquel mismo lugar, y le dije: "El Señor me habló". Sus ojos brillaron con una luz de esperanza, porque ella sabía que cada vez que le decía el Señor me habló, todo se cumplía. Embargada de emoción me preguntó: "¿Qué fue lo que te dijo?". Mientras le compartía cada una de las palabras dadas por el Señor, lágrimas corrían por sus mejillas, porque esa palabra era la respuesta a todo lo que anhelábamos en nuestro corazón. Aunque no sabíamos cómo llegaría a cumplirse sabíamos que Dios estaba a cargo de todo.

Cambio de naturaleza

Cuando regresamos a Bogotá yo me sentía completamente diferente, era como si un velo se hubiera removido de mi mente y podía ver las cosas con mucha más claridad. Aunque tenia vínculos laborales con una empresa, tomé la decisión de renunciar a ella para dedicarme de lleno al ministerio; esto parecía una locura porque significaba depender totalmente de Dios. Pero yo había creído a cada una de las palabras dadas por Dios y me estaba moviendo con base en la misma; sabía que mi única preocupación debería ser el servirle, y que Su preocupación serían mis necesidades. Esa propuesta me había parecido extraordinaria, porque mis carencias me habían dado muchos dolores de cabeza, y saber ahora que ya no tendría ese problema sí era una gran bendición.

Con firmeza me dirigí a la oficina para presentar mi renuncia y a la entrada me encontré con el gerente quien, muy amable, me invitó a su oficina sin saber lo que había en mi corazón. Yo le iba a decir que no seguiría más junto a la empresa, pero al mismo tiempo quería solicitar un plazo para ponerme al día con las deudas que había adquirido con la compañía. Para mi sorpresa el gerente no me dejó hablar, sino que me dijo: "Hemos decidido mover la compañía a España y estas oficinas las vamos a cerrar, y nos gustaría que se trasladara con nosotros para que continúe trabajando allá". Cuando él estaba diciéndome esto dentro de mí daba gritos de alegría porque Dios se había anticipado. En la medida que el gerente me iba hablando pude entender que todos esos cambios habían ocurrido durante los diez días que habíamos estado de vacaciones con mi familia. Le agradecí por haberme tenido en cuenta para ese gran ofrecimiento, pero que no lo podía aceptar porque me dedicaría de lleno a la iglesia. Al gerente le pareció una causa muy digna, pues él conocía acerca de mi compromiso con las cosas de Dios, y me dijo: "César, ya que esta casa queda desocupada, se la ofrezco para que comience aquí la iglesia". Y añadió: "Y por la deuda que tenía con la compañía, no se preocupe, todo le queda perdonado". Se puede imaginar usted cómo llegué a mi casa. Saltaba del gozo. Veíamos que la Palabra de Dios se estaba cumpliendo rápidamente en nuestras vidas.

Viendo nacer una iglesia

Al mes que Dios nos dio Su palabra nació lo que hoy se conoce como Misión Carismática Internacional (MCI). Tuvimos nuestra primera reunión el 19 de marzo de 1983, en la sala de nuestra casa con tan sólo ocho personas. Cuando ya estaban asistiendo unas treinta personas, me dediqué a diseñar lo que yo autodenominaba "planes estratégicos", donde intentaba darles participación a quienes se destacaban como líderes. Aunque trataba de motivarlos para que se involucraran en el ministerio que Dios nos había confiado, después de que ellos salían de mi oficina, nunca más volvía a verlos. Inquieto por esto fui al Señor en oración y el Espíritu Santo me dijo: "Sigue haciendo tus planes que yo los sigo desbaratando". Con esto entendí que debería esperar en Él hasta comprender Sus planes. Gracias a Dios la respuesta no tardo mucho y vino a mi mente el número doscientos; pensé que el tiempo prudente para alcanzar esa cantidad de personas sería de seis meses. Ese número lo comencé a escribir por todas partes, la meta estaba definida: doscientas personas para el mes de septiembre de 1983.

Este desafío era demasiado grande para mí, pues la iglesia más grande que había pastoreado no superaba los ciento veinte miembros. Entonces, oré al Señor para que me mostrara cómo podía alcanzarlo, y Él me dio una estrategia sencilla y eficaz. Consistía en ejercitar mi fe a través de las visiones y los sueños.

Recuerdo que para alcanzar mi primer desafío me senté en el piso del auditorio que tenía capacidad para ciento veinte personas y comencé a soñar. Era tal la presencia de Dios en este sueño que pude oír el ruido de los motores de los carros cuando parqueaban, escuchaba las pisadas de las personas al caminar apresuradamente para tomar un buen lugar en el salón, e incluso, veía cómo el recinto se llenaba completamente de personas que debían hacer filas y esperaban que salieran algunas para poder entrar.

Luego, compartí este sueño con la iglesia, conformada en ese entonces por unas treinta personas, quienes también se comprometieron a forjar el mismo sueño. Toda la iglesia estaba verdaderamente impregnada de ese espíritu de conquista y a los tres meses el milagro ocurrió tal como lo había soñado.

Esta primera experiencia le dio el rostro a nuestro ministerio. Pudimos entender que las cosas de Dios siempre van de lo menos a lo más. Toda la iglesia aprendió a usar el lenguaje de la fe a través de las visiones y los sueños. Por eso, estoy seguro que para ellos nada será imposible. Una iglesia que se mueve en esta clase de fe siempre será una iglesia que avanza y conquista.

Debemos entender cómo, a través de la fe, podemos entrar en el plano espiritual y ver allí todas las bendiciones dadas por Dios para cada uno de nosotros. Pero no se olvide de perseverar en la visualización hasta tener una imagen nítida de lo que quiere conquistar.

Tenga una visión clara de lo que anhela

Su visión debe ser tan clara como la imagen que usted ve en un televisor. Abraham, a quien Dios le había prometido un hijo, se aferró de tal manera a su promesa que una noche comenzó a mirar las estrellas y a imaginar que su descendencia sería como ellas, incontables. Este ejercicio alimentó su fe hasta llegar al cumplimiento de lo que Dios le había prometido. Cuando las imágenes se grabaron en su mente, sus labios empezaron a confesar fácilmente aquello de lo que su corazón estaba plenamente convencido. Los científicos han podido comprobar que lo que una persona logra percibir en su mente, el sistema nervioso lo recibe como si ya hubiese ocurrido, es decir, lo capta como una realidad.

Si su visión no es clara algo anda mal en lo concerniente a su fe. Posiblemente sea el temor, la duda, los traumas o algún argumento que aún no ha sido cancelado y el adversario está usando en su contra.

Cuando Dios nos da visiones muchas veces se ven confrontadas con la lógica y podemos llegar a encontrar personas que tratarán de decirnos: "¿Qué es esto que está soñando?; no siga soñando así. Eso es un absurdo; no acepte ese sueño". Pero debemos saber que todo sueño que proviene del Espíritu siempre nos motiva a proteger nuestras vidas, cuidar nuestra familia y engrandecer la obra de Dios. La única manera de llegar a tener los sueños de Dios, es que el Espíritu traiga Su revelación a nuestra vida, y esto es algo que solamente ocurre cuando nuestro espíritu está conectado y unido al Espíritu de Dios. No es fuerza humana, no es poder humano, es solamente la unidad de nuestro espíritu con la presencia divina.

Desde que mis ojos espirituales se abrieron, he podido ver la salvación de miles y miles de almas que se convierten al cristianismo continuamente, y también he visto la sanidad física en muchos cuerpos operando a través del Espíritu Santo.

Puedo decirle que hay una gran diferencia entre aquel que ve y tiene visión y aquel que está ciego espiritualmente. Posiblemente cuando usted abrió su corazón a Jesús recibió visión, pero las mismas circunstancias lo hicieron alejarse de ella, pero hoy usted debe elevar una oración diciendo: "Señor ten misericordia de mí, y ayúdame a recobrar la visión, que entienda el propósito tuyo para mi vida, que entienda que tener visión es lo más importante. Quiero recobrar la visión para poder cumplir Tu propósito en esta tierra".

Los hombres de fe que tienen un sueño y una visión clara nunca retroceden en medio de la batalla, porque tienen una fuerza interna que los hace valientes, aguerridos; siempre están avanzando, conquistando, sin miedo a las presiones o amenazas, dispuestos a hacer la voluntad de Dios por encima de todas las cosas.

CAPÍTULO 3
VISLUMBRANDO EL FUTURO

Al lado de mi amada esposa he vivido los mejores momentos de mi existencia, ella ha sido una motivación permanente, ha estado observando más allá de los límites vislumbrando el futuro a partir de las visiones que Dios nos ha dado. Como soñadores, nos afirmamos y actuamos en el presente, confiando en un mañana de grandes realizaciones.

Atrevernos a soñar implica vislumbrar el futuro; quizá no veamos materialmente en forma inmediata todo lo que deseamos, pero el hombre de fe llama las cosas que no son, como si fuesen. Lo que sembremos para el Señor ahora dará su fruto a su debido tiempo, pues nuestro trabajo para Jesús no es en vano. Debemos sembrar correctamente hoy, para cosechar con éxito mañana. El que tiene sueños sólidos es el que trasciende el límite del presente y se traslada al futuro como si ya estuviera dado.

He podido comprender que la mejor manera de formar líderes eficaces es ayudándoles a aprender el lenguaje de la fe a través de los sueños y las visiones. Líderes de esta magnitud siempre tendrán la fuerza de conquista, podrán levantar y poner en alto cualquier ministerio.

El Apóstol Pablo dijo: "Así, todos nosotros, que con el rostro descubierto reflejamos como en un espejo la gloria del Señor, somos transformados a su semejanza con más y más gloria por la acción del Señor, que es el Espíritu"(1). Él anhelaba que cada cristiano pudiera entender la importancia de ver con los ojos espirituales aquello que el Señor ha reservado para los que son de la fe; enfatizando que todos pueden hacerlo. Debemos entender que a través de la fe, podemos entrar en el plano espiritual y ver todas las bendiciones que Dios tiene para cada uno de nosotros, pero es importante perseverar en la visualización hasta tener una imagen nítida de lo que queremos conquistar.

Los sueños transforman las circunstancias

El primer libro de la Biblia, Génesis, en el capítulo treinta y uno, versos ocho en adelante, nos habla de algo que sucedió entre Jacob y Labán. Labán era el suegro de Jacob y éste era de esos suegros ventajosos, oportunistas, sagaces en los negocios, bien calculador, que todo lo hacen con un interés personal. A pesar que le cambió el salario como diez veces, Dios protegió a Jacob, Él tiene una manera sorprendente de revertir las circunstancias.

A veces en el mundo espiritual el enemigo quiere causar algún daño y prepara circunstancias adversas. Posiblemente usted está viviendo una situación difícil en lo económico, en lo familiar y no ve salida alguna. Trabaja, pero cuanto más lo hace menos le alcanza el dinero y no ve manera de aumentar las finanzas. Tiene que entender que detrás de esto hay una fuerza demoníaca de maldad.

Labán es un prototipo del espíritu satánico de opresión financiera, el cual trata de mantener a la gente en esclavitud. El que Labán le cambiara el salario diez veces a su yerno, nos habla acerca de aquellos que constantemente buscan un nuevo empleo, creyendo que obtendrán mejores ingresos pero todo sigue igual, es como un círculo vicioso donde no encuentran salida.

Un Dios justo

Sin embargo, lo que cambió las circunstancias en la vida de Jacob no fue el esfuerzo extra, sino un sueño. Labán le dio a su yerno una cierta cantidad de ovejas blancas y le dijo que todas las que se reproduzcan pintadas o manchadas, ésas serían su salario, su paga. Pensando de manera lógica sabemos que una oveja blanca da ovejas blancas y no manchadas ni pintadas. Es decir, Labán estaría sacando ventaja. Pero Jacob tuvo un sueño el cual fue una revelación divina. Por medio de él comprendió que a pesar que lo que su suegro hacía era injusto, Dios igual lo bendeciría y esto cambió completamente su vida. Jacob entendió que en el momento en que llevara a las ovejas a beber agua, debía poner junto a los abrevaderos ramas de árboles peladas, en algunas partes, de tal manera que quedaran franjas blancas; cuando las ovejas iban a beber miraban las varas que habían sido puestas delante de ellas creando una impresión, que Dios luego usaba para que las ovejas parieran pintados y manchados. Cuando los animales estaban en época de celo, Jacob recordaba y visualizaba el sueño que había tenido y vio un gran milagro, pues ellas concebían y parían pintados y manchados. La bendición del Señor estaba con él porque Jacob creyó el sueño que Dios le había dado.

Dios le ama y quiere bendecirle

La verdad que aprendemos de esta historia bíblica es que aunque su situación económica parezca difícil, y si bien aquellos que lo rodean pueden ser injustos, si usted recibe una revelación de cómo Dios anhela prosperarlo y, la cree y la visualiza, ésta será una realidad en su vida. La Biblia está llena de promesas de bendición, visualice cada una de ellas, manténgase firme creyendo y las verá cumplidas. Jesús en la Cruz del Calvario obtuvo la victoria para su prosperidad y provisión, ella debe ser parte de su vida hoy.

Como familia hemos experimentado esta verdad un sin número de veces. Cuando mi esposa quedó embarazada de nuestra tercera hija sentimos la necesidad de tener una casa propia. Habíamos visto una muy amplia; aunque no contábamos con las finanzas necesarias fuimos a conocerla y junto a mi esposa dijimos: "Esta es la casa que necesitamos". Comenzamos a orar para que Dios nos diera los recursos. Mientras seguíamos pidiéndole a Dios, todos los días en mi mente recorría cada uno de los lugares de aquella casa, orando cuarto por cuarto y reclamándola para nosotros en el Nombre de Jesús. Aunque en el frente tenía un gran letrero de venta, los días pasaban y no se vendía. Una tarde recibí una llamada telefónica, era la dueña que me dijo: "Señor Castellanos, quiero venderle la casa". Le respondí: "Gracias, pero no cuento con el dinero necesario para hacerlo". Ella agregó: "No necesito el dinero, lo que sí quiero es que quede en buenas manos y usted me inspira confianza; solamente dígame en qué términos podría usted abonarla, y acordaríamos en esos plazos". En menos de quince días nos estábamos mudando a nuestra nueva vivienda.

La fe comienza con pequeñas conquistas

No hay nada imposible para aquél que cree. No se conforme o acepte la situación a la cual se está enfrentando; Dios anhela darle la victoria y que usted alcance un nuevo nivel de conquista. No piense que sus sueños se terminaron, usted mismo es quien los debe construir; Dios está de su lado y Él lo llevará a conquistar cada uno de los anhelos de su corazón.

Jacob soñó y visualizó lo que anhelaba y eso fue lo que recibió. Dios lo bendijo y lo prosperó, y Él puede hacer lo mismo con usted.

El Dr. Cho, quien lidera la iglesia más grande del mundo, al comienzo de su ministerio era tan humilde que su sueño era tener un escritorio, una silla y una bicicleta; éste fue su primer gran desafío pues en ese momento alcanzar estas tres cosas implicaba una intervención divina, pues lógicamente, era algo imposible. La fe es declarar aquello que anhelamos como si ya lo tuviéramos. Así comenzó el Pastor Cho a llamar las cosas que no son como si fueran y a los meses obtuvo su gran milagro: un escritorio, una silla y una bicicleta, tal cual como se lo había pedido a Dios.

Para el pueblo de Israel, su primera gran conquista era tomar Jericó. Para nosotros como Iglesia nuestro primer gran desafío era superar los ciento veinte miembros. Como lo comenté en el capítulo anterior, comencé a dibujar en mi mente el sueño que anhela ver hecho realidad; esto me ayudó a romper esa pared invisible que anteriormente no me permitía alcanzar mis metas. Dios nos dio el milagro en tres meses.

Quiero un celular

Dios ha usado de manera especial a mi cuarta hija para enseñarme grandes lecciones de fe, pues desde muy pequeña ha tenido la capacidad de creer; la fe siempre ha sido parte de su vida.

Cuando tenía ocho años de edad me dijo:
– Papi, quiero que me regales un celular.
– ¿Para qué quieres un celular?
   Sonriendo contestó: -Para llamar a mis discípulos.
– Sara, no creo que aún estés en edad para tener un celular.

Dos horas más tarde, sentí en mi corazón un gran deseo de comprarle lo que ella anhelaba y dárselo como una sorpresa. Al llegar a casa la llamé y le dije:

– Sara, ven, quiero mostrarte algo.
– Sí papi, yo ya sé lo que me vas a mostrar, es mi celular.
– ¿Cómo lo sabes?

Me tomó de la mano y me llevó hasta su cuarto, cerró la puerta y me mostró como en un pliego de papel había dibujado un celular, incluyendo específicamente la marca que ella quería y debajo había escrito: Señor Jesús, gracias por mi celular, porque aunque mi papá dice que no tengo edad para tener uno aún, sé que para Ti sí la tengo.

Podemos determinar el tamaño de nuestros sueños

Cuando Sara tenía cinco años de edad habíamos ido a caminar a un centro comercial, al llegar me llevó a un almacén y me dijo: "Papi, quiero comprar esta motocicleta". Cuando yo vi el precio, le contesté: "Mi amor, ese es un juguete muy costoso para ti, y no te voy a comprar esa motocicleta". Mi hija no discutió más acerca del tema. Fuimos al almacén de al lado donde vendían unas carteritas de cuero. Ella se fijó en una de diez dólares y me dijo: "Papi, ¿me puedes obsequiar esa billetera?". Yo le dije: "Claro, mi amor". El costo era muy razonable, por lo tanto le obsequié la billetera. Luego me dijo: "Papi, ¿me puedes regalar diez dólares?". Y yo le dije: "Claro, mi amor". Y le di los diez dólares. Inmediatamente ella me miró y me dijo: "A partir de ahora, voy a reunir el dinero para comprar mi moto en una semana". Ese mismo día fuimos a visitar a mis suegros y estaban allí mis cuñados con sus esposas y les compartió el deseo que tenía de comprarse esa moto, e hizo que cada uno de ellos le obsequiara diez dólares. Después fue a la reunión de doce de mi esposa, allí también contó lo que anhelaba y cada una de las mujeres presentes le regaló diez dólares, lo mismo hizo en la reunión de doce de hombres. Luego, aprovechó la visita de unos pastores que habían venido a aprender acerca de la Visión G12, les compartió su sueño y obtuvo el favor de ellos una vez más. En tan sólo una semana había reunido la cantidad exacta de lo que costaba la moto y me entregó todo el dinero para que se la comprara.

Ella había recibido la sustancia de la fe por eso no le importaba si la moto costaba mucho o poco; ella ya había alcanzado la completa seguridad en su corazón que le permitió dar el paso de fe para lograrlo. Ese día pude comprender que Sara había entendido de una manera muy clara el mensaje de la fe, recuerdo que le dije: "Sara has nacido a la vida de fe, y podrás obtener todo lo que te propongas porque la fe está en ti". Sé que esa experiencia marcó su vida y la he visto lanzarse a conquistar cosas que muchas personas de su edad no se atreverían.

Ahora mi hija tiene catorce años y hace unos meses atrás, junto a dos de sus hermanas, nos acompañó en una gira de Convenciones que se llevaron a cabo en cuatro continentes diferentes; ella era quien daba la charla de apertura en cada lugar. Dios le ha impartido claridad de pensamiento, su mente ha sido abierta a la Palabra y la comparte con una gracia muy especial cada semana en su célula.

Referencia Bíblica:

(1) 2 Corintios 3:18

Capítulo 4
MADURANDO EN MEDIO
DEL DESIERTO

Cuando comprendimos con exactitud la importancia de soñar, comenzamos a hacerlo entendiendo que el respaldo de Dios estaría presente en todo momento, siempre y cuando nuestra fidelidad a Él fuese genuina. Mi esposa y yo sabíamos que el Señor cumpliría integralmente Su parte y que a nosotros nos correspondía actuar de acuerdo a Su dirección para que los sueños y las visiones se convirtieran en una realidad; sin embargo, otro proceso sería clave e importante para que así sucediera: la adquisición de madurez, pasando por el desierto.

En la búsqueda de la realización personal, pasar por el desierto equivale a afrontar pruebas, dificultades e incluso, presiones que sólo pueden ser superadas manteniendo firme nuestra mirada en el Señor. Teníamos que estar listos para experimentar luchas, tribulaciones, escasez y todo aquello por lo que nadie, humanamente, quisiera pasar; pero que era necesario, para poder entrar en la dimensión de la realización, el alcance de metas y la consolidación plena de la visión.

Han sido muchas las experiencias que hemos tenido que vivir como parte del proceso de madurez pasando por el desierto. Dios había planeado hacer con mi vida y con el ministerio que me entregaba grandes cosas, pero Satanás en su intención de robar, matar y destruir, decidió atacarme directamente colocándome en camino de muerte.

Llevaba unos tres años en la vida cristiana cuando, una tarde, después de cierto tiempo de oración, abrí los ojos y sólo capté una profunda oscuridad a mi alrededor; imaginé que se trataba de una falla en el fluido eléctrico de mi cuerpo, pero al mirar hacia abajo, noté que no había piso y que estaba suspendido en el aire, asido de la nada. Debajo de mis pies sólo observé un profundo abismo plagado de legiones de demonios que se movían como alfileres en medio de la oscuridad, casi irremediablemente, la ley de la gravedad indicaba que iba a caer en aquel sórdido lugar y una voz lo confirmó: "¡Si tú caes, cualquiera de los demonios que has visto te tomará y te llevará a un lugar más profundo en el que quedarás hasta que seas juzgado!". Al instante clamé al Señor, diciendo: "¡Jesús, yo he creído en ti, te ruego que me ayudes!". Sentí que una fuerza superior me tomó de los brazos y me levantó rápidamente, al tiempo que otra voz como de trueno, decía: "¡Todavía no es hora!". Caí nuevamente y regresé al cuerpo bañado en sudor. En esa oportunidad no conocí la muerte como tal, pero Dios me estaba preparando para lo que sucedería días mas tarde.

Sepultado bajo escombros

Un mes después de aquella revelación un compañero del ministerio me compartió la noticia acerca de la muerte de Kathryn Kuhlman, una mujer con un ministerio poderoso, muy usada por el Espíritu Santo. Me rehusé a creer la noticia indicando que nos encontrábamos en los días finales, cuando Dios necesita más a sus siervos y que tal vez los que morían eran aquellos que no iban a soportar las pruebas que han de venir antes del segundo retorno de Cristo a la tierra; me refería a esto cuando sentí un fuerte impacto sobre mi cabeza que me estremeció al tiempo que oía caer encima de mi cuerpo y quedé sepultado en un mar de escombros. El techo de la cafetería donde nos encontrábamos se había venido al piso. Sentí la muerte. Quedé prácticamente inmóvil experimentando cómo mi espíritu salía del cuerpo.

En mi voluntad no quería que mi espíritu se fuera, pero ya no tenía dominio sobre esa parte espiritual; me alejé tanto que perdí la vista de mi cuerpo. Repentinamente vino a mí la revelación de los días pasados y le dije a Dios: "Señor, todavía no es hora, dame las fuerzas para volver al cuerpo y levantarlo en el Nombre de Jesús".

Al terminar aquella pequeña oración, mi parte espiritual regresó inmediatamente al cuerpo. En principio el espíritu no encajaba en el cuerpo, pero repetí "en el Nombre de Jesús" y fue entonces cuando la parte espiritual se ligó a la material logrando las fuerzas para apartar los escombros. Escuché voces diciendo: "¡Miren, ese está moviéndose, está vivo!". Fui recogido y llevado en ambulancia hasta un hospital donde me tomaron quince puntos de sutura. Cinco días después estaba volviendo a mis actividades pastorales.

Su Espíritu me dio vida

Una de las experiencias más conmovedoras que puedo compartir, tiene que ver con el atentado del cual fuimos víctimas junto con mi familia, el 25 de mayo de 1997. Aquel domingo había compartido con la iglesia sobre el poder de la bendición, y por lo tal les había enseñado acerca de la intercesión; les decía que la genuina oración tiene mas gemidos que palabras. Al terminar la segunda reunión nos dirigíamos a festejarle el cumpleaños a nuestra segunda hija, al detenernos por un semáforo en rojo, dos hombres a bordo de una motocicleta se aproximaron por el lado de mi ventana, pues yo estaba conduciendo el vehículo, y sin decir una sola palabra, empezaron a dispararnos. Yo recibí cinco impactos; el primero rozo la base del cráneo, el segundo entro por la parte izquierda del cuello y salió por el lado derecho; otros dos entraron por el pecho y el último, que iba para el corazón, pegó en el reloj y el metal desvió la bala. Mi esposa Claudia recibió un disparo que entró por su brazo izquierdo y la bala quedó ubicada a dos centímetros del corazón. Empecé a entrar en estado de shock; mientras sentía que ya estaba partiendo de este mundo, mi esposa reaccionó rápidamente y puso su mano sobre mi brazo y me habló con autoridad diciendo: "¡César, no te mueras!". Al mismo tiempo escuché otra voz que me decía: "¡¿Crees que te mueres, o que te salvas?". Al instante sacudí mi cabeza y dije: "Yo no me puedo morir". Inmediatamente confesé el texto que había predicado ese día: "Y si el Espíritu de aquel que levantó a Jesús de entre los muertos vive en ustedes, el mismo que levantó a Cristo de entre los muertos también dará vida a sus cuerpos mortales por medio de su Espíritu, que vive en ustedes" (1). Seguidamente a la confesión, el espíritu de vida regresó de nuevo al cuerpo e inmediatamente abrí mis ojos y le pregunté a mi esposa por mis hijas, luego le dije que apagara el vehículo y a los minutos fui trasladado a una clínica cercana.

Le doy gracias a Dios por mi esposa pues ni en un sólo momento aceptó la idea de que yo pudiera morir. No admitía que se le acercaran personas con actitudes negativas ni que fueran a compadecerse de ella, sólo permitía el acceso a aquellos que fueran aprobados en su fe. Llegó a tener tal seguridad de mi sanidad que al lado del lecho donde yo yacía inconsciente, firmó los pagarés de nuestra nueva vivienda, porque decía: «Quiero darle esta sorpresa a mi esposo para cuando despierte, el nuevo hogar que él ha estado deseando». Debido a esto, el nivel de intercesión creció no sólo en nuestra familia sino en toda la iglesia. Y después de diez días, Dios se glorificó y me levantó prácticamente de entre los muertos. El superar esta prueba trajo mayor unidad en todo el equipo, donde, a pesar de que tuve que ausentarme por algunos meses, ellos dijeron: «Pastor, no se preocupe, nosotros le seremos fiel a la iglesia como si usted estuviese presente». La adversidad que vivimos trajo mayor compromiso, más fidelidad y ensanchó el amor de tal manera que ya no necesito estar presente en la iglesia, predicando constantemente, porque el equipo de pastores lo hace tan bien como si yo mismo estuviese allí.

SACANDO FUERZA DE LA DEBILIDAD

En esta parte mi esposa Claudia comparte, lo que fue para ella ese momento donde por poco los dos perecemos. "Al sentir que perdía a mi esposo, me estremecí, estaba perpleja mientras miraba cómo su cuerpo se desplomaba después de haber recibido cinco impactos de bala en él, todo lo que contemplaba me decía que no había esperanza de vida para él. Pero yo me rehusé a aceptar esa situación, pues no quería quedarme viuda; en esos momentos saqué fuerza de la debilidad, y a pesar de que yo había recibido un impacto también, puse mi mano sobre el brazo de mi esposo y le dije: ¡César no te mueras! Doy gracias a Dios que él comprendió que su misión en la tierra aún no había culminado, por eso luchó por vivir. Recuperó rápidamente el conocimiento y lo llevamos a una clínica que estaba a diez minutos de distancia, sin saber que lo más difícil lo viviría los próximos diez días. Al mirar su cuerpo, su estado inconsciente, su cabeza y cuello completamente hinchado, lleno de tubos que lo mantenían conectado a una máquina, todo esto trataba de debilitarme en la fe. Pero en medio de ese gran dolor y angustia el Señor me dio una palabra que se transformó en una promesa de restauración: "Por lo cual también, de uno, y ése ya casi muerto, salieron como las estrellas del cielo en multitud, y como la arena innumerable que está a la orilla del mar" (2).

Después de estar diez días en la clínica el Señor milagrosamente lo levantó dejándolo completamente sano. La promesa que Dios me había dado en Hebreos, fue la que me fortaleció y mantuvo enfocada en medio de la tribulación, como viendo lo invisible, lo grandioso que Dios iba a hacer.

Su Palabra en medio de la prueba

Usted debe creer que el poder creativo de Dios está en usted, está en su mente, sabiendo que allí se libran también las batallas espirituales más grandes. Desde el momento que tomé la decisión de servir al Señor Jesús con todo mi corazón, me he esforzado por mantener un contacto diario con Su Palabra, sé que gracias a ello he podido ajustar mi vida y mis pensamientos a Sus enseñanzas. De lo que uno ha atesorado en el corazón es lo que expresa en los momentos de prueba, pues de la abundancia del corazón habla la boca.

Antes que como familia atravesáramos este tiempo tan terrible, mi esposo había negociado la compra de un apartamento, dejando todo listo para que nos lo entregaran en muy poco tiempo, pero aún faltaban firmar unos pagares, lo cual debía hacerse justo los días en que él se encontraba en la clínica. En esos momentos la situación de mi esposo era muy incierta, la infección se había propagado en su cuerpo y los médicos luchaban por controlarla. A pesar de todo lo que pasaba por mi mente, decidí no mirar las circunstancias, sólo mantenía mis ojos en la promesa que Dios me había dado, que César viviría y se multiplicaría como las estrellas del cielo. Con una firme determinación, sabiendo que Dios no me dejaría en vergüenza, firmé la negociación guardando la esperanza de que tan pronto él saliera de la clínica gozaría de la sorpresa de la nueva vivienda. Doy gloria a Dios que todo salió como lo había creído. Salomón dijo: "Por sobre todas las cosas cuida tu corazón, porque de él mana la vida" (3).

Debemos aprender a guardar nuestra mente y nuestro corazón, como a nada en el mundo. Jesús dijo: "Si permanecen en mí y mis palabras permanecen en ustedes, lo que quieran pedir se les concederá" (4). Él también dijo: "Yo soy la vid y ustedes son las ramas. El que permanece en mí, como yo en él, dará mucho fruto; separados de mí no pueden ustedes hacer nada" (5).

La adversidad en los manos de Dios

Cuando usted se transforma en una persona de fe, con una mente positiva, sabrá que Dios está a su lado y que los cielos están abiertos, pues lo que nunca había podido conquistar y aquellas metas que parecían imposibles de alcanzar, las obtendrá en muy corto tiempo, las verá hecha una realidad.

Todos los seres humanos tenemos que vivir algunos momentos aparentemente de tragedia, momentos que nos dejan feas impresiones, nos producen traumas y nos causan heridas. Pero he podido entender que, así como hay heridas físicas que necesitan ser tratadas para traer sanidad, del mismo modo, las heridas emocionales necesitan un proceso especial para ser cicatrizadas y para poder convertirnos en canal de bendición para otros".

Referencias Bíblicas:

(1) Romanos 8:11; (2) Hebreos 11:12, RV 1960;
(3) Proverbios 4:23; (4) Juan 15:7; (5) Juan 15:5.

Capítulo 5
ENCENDIENDO LA LLAMA
ROMÁNTICA EN EL MATRIMONIO

Con mi esposa Claudia llevamos más de veintinueve años de matrimonio, y haciendo un balance juntamente con ella para considerar cuáles fueron los años más difíciles, nos dimos cuenta que desde el primer momento hubo mucha armonía entre nosotros.

El milagro del amor

Desde el primer instante en que vi a Claudia experimenté una serie de sentimientos diversos: casi me faltó la respiración, mi corazón comenzó a galopar, sentí frío, calor, nervios, risa. Quería causarle la mejor impresión. Aquel día tuve la plena certeza de tener frente a mí a la mujer de mis sueños: dulce, tierna, segura de sí misma. Cada cosa que ella hacía, cada palabra que decía, cada gesto era preciso y firme, como la melodía de una orquesta excelente, o un desfile de caballería.

Pero aún faltaba lo más importante: el visto bueno de Dios. Por eso lo busqué en oración para tener la certeza de que este encuentro provenía de Él, y estaba dispuesto a rechazarlo si era producto de una tentación. Cuando en ese mismo instante oí la voz de Dios —«Hijo, no temas, ella será tu esposa»— me sentí como un general que vence su mayor batalla, como el buscador de perlas que encuentra la más bella.

Ese día me postré y adoré al Señor de todo corazón. Descansé en Él, esperando Su tiempo para la culminación del milagro. Lo nuestro era algo más que una mera atracción física o sexual, pues había entendido que ella era la otra mitad de mi vida, y por fin la había hallado.

Dios fue nuestro mejor aliado

A ese día le siguieron otros, también semanas y meses de perseverar en oración. Yo le rogaba a Dios que continuara trabajando en nosotros. Pero lo más interesante de todo era que Él ya estaba en el asunto. Se convirtió en nuestro gran aliado, transformando los imposibles en posibles, ayudándonos a soportar la espera.

Cuando tuve la plena certeza de que Claudia era la mujer elegida por Dios para mí, decidí caminar en la dimensión de la fe. Me comportaba como si ya estuviese casado. Cuando regresaba a casa por la tarde, tenía la sensación de que mi bella esposa estaría pendiente de mi llegada; en mi mente nos imaginaba complementándonos en el ministerio. Me sentía el hombre más afortunado del mundo. Hoy, al dar una mirada retrospectiva, me doy cuenta de que todo lo que soñé, y mucho más aún, lo he vivido junto a ella.

Doy gracias a Dios, que me guardó para mi amada esposa; y a ella la preservó para mí, pues a su lado no se siente el peso de la vida. Ella sabe afrontar las dificultades de una forma muy especial, pues Dios le ha dado la habilidad de volver en simple lo difícil. A la adversidad más grande ella siempre le ve el lado positivo; a las personas de carácter difícil, siempre les ve la parte amable. Por eso me atrevo a decir que Claudia ha aprendido a ver las cosas con los ojos de Dios. Juntos tenemos la plena certeza de que Dios nos unió, para que juntos construyamos una generación para Dios.

Una promesa divina

Recuerdo que a los pocos meses de haberla conocido, mientras estaba en oración, recibí una profecía que me estremeció el corazón. El Espíritu de Dios me dijo lo siguiente: «Hijo, te he escogido para que me sirvas y me manifestaré a través de ti con señales, maravillas y prodigios; y la joven con la que ahora estas saliendo ella será tu compañera, y también me manifestaré a través de ella con señales, maravillas y prodigios». Aquel día la busqué, emocionado, para contarle lo que el Señor me había revelado. Y la reacción de ella fue de asombro y me dijo: "¿Estás seguro de que Dios te habló? ¿No será sugestión tuya?". Yo le respondí: «Tengo la plena certeza de que es la voz de Dios, pues sé muy bien cuando Él me habla».

Pidiendo señales a Dios

Poco después de esa conversación me fui un día al campo. Estaba caminando, pensando en lo que Claudia me había dicho. Entonces le pedí al Señor que me diera otra señal, y mientras pensaba qué tipo de señal podría pedir, oí a un niño que me llamaba, pidiéndome ayuda con unas ovejas que se le habían dispersado. Entonces el Señor me dijo: «Aquí está la señal que me pediste, ve y cuenta las ovejas: si hay ocho, la señal se cumple, si no hay ocho, no se cumple». Esas palabras me llenaron de espanto, pues no quería ni pensar en llegar a perderla. Corrí rápidamente a donde estaban las ovejas. Sólo conté cinco. Entonces cerré los ojos, pensando: «¡No puede ser!» Pero al abrirlos de nuevo me di cuenta de que habían aparecido dos más, y el niño tenía otra, con lo que eran ocho ovejas en total. De todo corazón dije: «Gracias, Señor, por confirmarme que ella será mi esposa».

Pero, dos meses después, pensando en todo lo que me había ocurrido, y en la señal de las ocho ovejas, le dije al Señor: «Padre, no es que desconfié de tus promesas, pero me gustaría pedirte una última confirmación, pero esta vez por medio de tu Palabra; que en el lugar en que abra la Biblia, en el lado izquierdo, en el versículo ocho, tú me confirmes sobre esta relación». Abrí la Biblia lleno de fe, sabiendo que mis manos eran dirigidas por el Señor. Casi me desmayo al leer: "Y los dos llegarán a ser un solo cuerpo. Así que ya no son dos, sino uno solo" (1). Después de eso dije: «Padre, no tengo más que añadir, toma Tú el control total de esta relación, y bendice a mi futura esposa». Sé que fue el Señor quien cambió el aspecto de las cosas para que luego pudiéramos tener Su bendición en el matrimonio.

Una mujer segura de sí misma

Algo que siempre he admirado de mi esposa es su fe determinante. Esta fe se ha convertido en uno de los pilares de nuestro matrimonio. Y yo le pido a Dios que no me permita fallarle a la mujer que tuvo el valor de casarse conmigo. Aunque todo hogar pasa por pruebas y adversidades, siempre he tenido la plena certeza de que yo era el único hombre para Claudia, y ella la única mujer para mí. El habernos casado jóvenes ha sido para nosotros una experiencia muy enriquecedora, pues hemos crecido juntos en todas las áreas, sin tener que pasar por el proceso de sanar heridas del pasado.

Aunque algunos son atraídos por la apariencia física de la otra persona, cuando conocí a Claudia, quedé fascinado con todo lo que ella era; su belleza, su corazón tierno, su dulzura, su madurez, su pureza. No había absolutamente nada que quisiera cambiar en ella. Y hoy, varios años después de matrimonio, ella sigue gozando de esas mismas cualidades, pero añadiéndoles el dulce toque de la experiencia.

El matrimonio fue idea de Dios

La unión matrimonial no es idea del hombre, sino idea divina. Dios creó al hombre con la capacidad de amar y ser amado, y por tal motivo es muy normal sentir atracción hacia el sexo opuesto: el hombre hacia la mujer, la mujer hacia el hombre. Dios le dio a Adán una ayuda idónea, una compañera que fuese su apoyo y soporte e hizo que ambos formaran un verdadero equipo.

A Dios le plació que el matrimonio fuera la extensión de Su propia naturaleza: "Y Dios creó al ser humano a su imagen; lo creó a imagen de Dios. Hombre y mujer los creó" (2). La plenitud de dicha, de paz, de abundancia y grandeza de Dios fue extendida a la raza humana a través de la primera pareja. Si ésta hubiese acatado los principios preestablecidos por Dios, no habría pasado por tantas dificultades como el dolor, la enfermedad, la miseria, las tristezas y desengaños.

Dios le había preparado cuidadosamente un lugar a esta pareja para morar con su descendencia. El Señor se encargó de tener en cuenta hasta el más mínimo detalle para que ellos fuesen eternamente felices. Sólo hubo un detalle en que Dios no quiso intervenir: la voluntad que le había entregado al ser humano. Esto vendría a ser la herencia que les confiaba para que la administrasen como mejor les pareciera.

Podemos afirmar que el principio fundamental de la felicidad conyugal quedó sujeto a la obediencia de la pareja a la Palabra de Dios. Aunque la pareja no sea experta en temas que tratan con la relación conyugal, las finanzas matrimoniales, la educación de los hijos, etc., por el simple hecho de obedecer lo que Dios dice, recibirán Su guía para tener el mejor hogar del mundo, pues el principio de la sabiduría es el temor a Dios.

El mayor desafío que enfrenta cualquier persona es construir su propio hogar. Para lograrlo, antes tiene que analizar si realmente podrá llevar a cabo esta labor. El matrimonio sólo se puede construir entre dos personas; y se requiere que ambas pongan todo de su parte para cumplir el propósito divino de levantar una generación para Dios.

Bendición conyugal

Después del Señor, mi esposa es mi mayor bendición. Ella ha traído tanta alegría y dicha a mi alma, que cuando estoy a su lado es como si el tiempo se detuviera y entráramos en un estado eterno. Dios le ha dado tanta dulzura, que todas sus palabras están cargadas de una fe dinámica, y adornadas de gloriosa esperanza. Todas sus actitudes motivan a la conquista, y sus caricias son tan refrescantes que uno se olvida de que hay problemas en este mundo. Ella es la mujer más maravillosa y más sencilla a la vez. Ni un solo día de los que hemos compartido le ha traído tristeza a mi vida, sino que ella encarna lo que Dios pensó que debería ser la esposa ideal. Y yo me siento el hombre más afortunado de la tierra, porque Dios me dio una mujer doblemente bella, pues su belleza interna la hace muy diferente a cualquier otra mujer. Ninguna otra, por hermosa que parezca, se le podrá igualar jamás.

El matrimonio es una bendición

La idea de Dios al darle una compañera al hombre fue hacerle a él las cosas más fáciles. Dios creó a la mujer de la misma naturaleza del hombre. Luego se la trajo a éste y los bendijo. Los problemas matrimoniales suelen deberse a un sin número de errores que los cónyuges cometieron al elegir a su compañero o compañera. Pero Dios, en Su gran misericordia, nos ayuda a enderezar esos errores, a restaurar las relaciones y les da una segunda oportunidad a las parejas. Recordemos que para Dios no existen problemas sin solución.

Un acto de fe

El matrimonio es un acto de fe en todos los aspectos, pues las personas deciden convivir con alguien que posiblemente pocos años antes ni sabían que existía. Pero la atracción mutua dejó paso al amor, y ese amor los llevó a tomar la decisión de unir sus vidas ante las leyes de sus respectivos países, pero también ante ese Dios que nunca han visto, pero que saben que es real, y que establecerá su paz y bendición dentro del seno familiar y su descendencia.

La sabiduría ha sido derramada en ti

Mi esposa es una bendición, Dios le abrió la mente para que ella supiera cada paso que debería dar, cómo educar a sus hijas para tener el mejor hogar del mundo. Cada palabra que sale de sus labios está cargada de poder, y el ejército de ángeles está pendiente de todo lo que dice, pues ella conoce el secreto de la palabra hablada. Gracias a esto ha llenado nuestro hogar de Palabras de fe y de esperanza, y cada una de nuestras hijas acude a ella con confianza plena, porque saben que aunque los problemas aparenten ser muy grandes, con su dirección, parecen insignificantes. Para mis hijas su mamá es su modelo y la meta de todas es llegar a ser como ella.

El milagro del romanticismo

Así como Isaac amó a Rebeca desde el momento en que la vio, lo mismo sucedió conmigo, y no ha habido ni un solo día en nuestro matrimonio en que haya dejado de amar a mi esposa. Al principio no sabíamos ser románticos, recuerdo la primera invitación a salir que le hice a Claudia. Yo ignoraba que la parte romántica de la mujer se estimula con palabras de halago y cariño, con todo aquello que las hace sentir únicas en el universo. Habíamos caminado varias cuadras, cuando le tomé la mano, la acerqué a mí y la besé. Aún recuerdo la expresión de asombro en su rostro. En sus ojos estaba la expresión: «¿Qué pasa contigo? Lo que estás haciendo no es emocionante para las mujeres». Y yo que creía que ésa era la única forma de expresar el amor.

Es increíble que Dios nos creara tan distintos, para unirnos luego y hacernos entender que somos el complemento perfecto: Claudia ha sido tímida y reservada; mientras que yo soy extrovertido e impulsivo. Pero sabemos que en el matrimonio nuestros temperamentos se han acoplado perfectamente. Algo que me sorprende en gran manera es que la llama de ese amor romántico nunca ha disminuido en nuestro matrimonio. Nosotros hemos cuidado y protegido diariamente esa flor tan delicada llamada amor. Como oxígeno para el cuerpo es el romanticismo para el matrimonio. Sé que mi esposa necesita de mis palabras; y yo necesito de sus caricias; pero también ella necesita de mis caricias y yo necesito de sus palabras.

Lo que eleva la calidad y la categoría de los hoteles son los pequeños detalles. De la misma manera sucede con los matrimonios: Lo que engrandece el hogar es algo pequeño, del tamaño de un detalle. Muchos no entienden esto, y piensan que el romance comienza a las diez u once de la noche, después de una ardua jornada de trabajo. Van directo al grano; pensando que así cumplen con el deber conyugal. Pero nosotros sabemos que la intimidad conyugal es la culminación de una serie de pequeños y agradables detalles que se han producido a lo largo de todo el día. Si en un hogar se viven momentos de hostilidad y agresividad, ese ambiente no es propicio en absoluto para la intimidad. Esos son los momentos en que muchas personas –casi siempre mujeres- se sienten humilladas y abusadas.

El romanticismo es como un termómetro: Cuando el matrimonio marcha bien, el amor romántico es estable; cuando algo anda mal, se enfría. Nunca debemos permitir que las dificultades nos roben el milagro del amor romántico.

Desafíos que nos marcan
Cuán importante es que ambos cónyuges crezcan en la fe. Hace unos años nos encontramos en Seúl Corea, en una de las conferencias del Dr. Cho. Estando allí fuimos invitados a conocer el edificio que habían terminado de construir no hacía mucho tiempo. Era un edificio inteligente, con los mejores acabados y decorado de excelencia. Él nos compartió cómo Dios había provisto para que ese sueño fuera una realidad, y al

momento ya estuviera completamente pago. Mientras el Dr. Cho nos compartía cómo la gracia y el favor de Dios estuvo con él en la adquisición de aquel hermoso lugar, entendí que la fe que él tenía, había empezado con la experiencia que compartí anteriormente. Su primer desafío de fe ministerial no había sido ese gran edificio, sino que lo primero que tuvo que conquistar fue un escritorio, una silla y una bicicleta. Por su confesión y por su fe los obtuvo, fueron una realidad para él. Ahora, al estar frente a tan tremenda edificación pude comprender que cuando nacemos a la fe, podemos lograr cada una de las cosas que nos proponemos.

Cuando el ángel Gabriel se le aparece a María y le dice: "Quedarás encinta y darás a luz un hijo, y le pondrás por nombre Jesús. El Espíritu Santo vendrá sobre ti, y el poder del Altísimo te cubrirá con su sombra. Así que al santo niño que va a nacer lo llamarán Hijo de Dios" (3).

La fe nació en la vida de María en ese mismo instante, pues el ángel le dijo: Ahora, ese era el momento de la concepción; ella entendió que la fe había llegado y que no debería hacerla esperar. La fe vino a María a través de la palabra. De igual manera la fe viene a nuestra vida a través de la Palabra de Dios, pues el Señor usará un verso, o una frase de las Escrituras, para que en ese momento concibamos en fe, y unidos podremos conquistar todos los sueños que tenemos como pareja y familia.

Referencias Bíblicas:

(1) Marcos 10:8; (2) Génesis 1:27; (3) Lucas 1:31,35.

CAPÍTULO 6
DESCANSANDO EN LAS PROMESAS

Nuestra mirada hacia el futuro sólo se mantendrá firme mientras descansemos en las promesas de Dios; a Él nada lo toma por sorpresa. A veces, cuando atravesamos la etapa del desierto en nuestra vida, o en el ministerio, se puede llegar a pensar equivocadamente que el Señor nos ha dejado a la deriva; sin embargo, como se expresa en el conocido poema de las huellas, cuando vemos en la arena sólo las marcas de dos pies, es cuando Jesús nos lleva en Sus brazos.

Dios nunca entrega una visión sin acompañarla de promesas, éstas serán vitales para alcanzarla y son las que nos permiten descansar confiando en que el Señor cumplirá Su Palabra. Desde un principio, las promesas divinas han estado con nosotros, han sido nuestro asidero, el fundamento para reír y seguir adelante, aunque todo parezca gris.

Con Claudia llevábamos seis años de matrimonio, donde la provisión financiera era muy similar al maná que el pueblo de Israel tuvo en el desierto, donde todos los días ellos tenían que salir a recogerlo. Cada día teníamos que orar por la provisión económica; aunque leíamos la Palabra y encontrábamos que habían muchas promesas dadas por Dios en cuanto a las finanzas, las veíamos tan lejos por las mismas luchas que estábamos pasando en esa área.

Un día había sido invitado a predicar en un iglesia y en esa reunión el poder de Dios se había manifestado de una manera extraordinaria; mas cuando salí de aquel lugar y estaba caminando de regreso a mi casa me sentí frente a otra realidad: "Mi crisis financiera". Inmediatamente sentí que el Señor estaba caminando a mi lado y empezó a hablar conmigo, y me dijo: "¿En cuántos días Dios formó el universo?". Le respondí, en seis días y en el séptimo descanso. Vuelve el Señor a decirme: "Hijo has entrado en el séptimo año, donde reposarás en el área financiera". Pude entender que las presiones de los primeros seis años quedarían atrás y que a partir de ese momento sería como un nuevo comienzo para nuestra familia. Pero por las siguientes semanas continuábamos batallando para que el maná llegara, aunque trabajaba medio tiempo en el ministerio y el otro medio tiempo en lo secular, la crisis financiera se empezó a agravar.

Un día después de haber trabajado arduamente tratando de conseguir algo de dinero para llevar a mi hogar, pero todo había sido en vano, llegué a mi casa bastante afligido; me sentía derrotado, no quería hablar con nadie. Salude a mi esposa y luego busqué un rincón para desahogarme con Dios. Ese día había preparado en mi mente lo que le quería decir al Señor, pues en parte lo culpaba a Él de mi situación, y le pensaba decir: "Señor ¿Qué pasa contigo? ¿Acaso así tratas a los que te aman y te sirven?". Más gracias a Dios que Él no permitió que nada de esto saliera de mis labios, pues apenas abrí mi boca para hablarle, empezaron a salir palabras en otro idioma, que yo no entendía, salían con fuerza y con autoridad. Luego por mi propia boca vino la interpretación: "Porque de cierto te bendeciré de tal manera, que tú mismo quedarás asombrado y me dirás basta". Después de esa palabra, tuve la sustancia de que Dios me prosperaría; rápidamente fui donde mi esposa y le dije: "¡Mi amor somos prósperos!". Y ella con una expresión de asombro, me dijo: "¿Cómo?". Después de que le compartí lo que Dios me había hablado, ella dijo amén.

Justo en ese momento nuestra crisis financiera se había empeorado, y ya habían pasado tres meses en que no había podido cumplir con mis diferentes obligaciones. Al día siguiente tenía una entrevista con un misionero amigo mío para hablar sobre asuntos del ministerio. Pero de pronto él me pregunta: "¿Cómo van tus finanzas?". Por lo general uno trata de guardar una buena apariencia ante los demás, y le dije más o menos. Luego él me hace otra pregunta, como si discerniera las luchas que había tenido al respecto: "¿Cuál es la necesidad más apremiante?". Entendí que tenía que confesarle a este amigo mi necesidad, y le dije: "Debo tres meses de renta". De nuevo me pregunta: "¿Cuánto es lo que debes?". Después que le dije la cifra él no me hizo más preguntas, llevó su mano al bolsillo, sacó su chequera, y escribió un cheque que luego me entregó diciéndome: "Esto es para que pagues tus tres meses de renta". Cuando recibí ese cheque, no sabía si cambiarlo o enmarcarlo, porque había visto de una manera rápida que la aflicción financiera había sido removida de nuestras vidas. Después de eso nunca más volvimos a tener problemas en el área económica.

El patriarca Abraham, fue alguien que supo descansar en las promesas divinas hasta verlas cumplidas. Dios tenía un sueño para él, el cual comenzó con estas palabras: "Haré de ti una nación grande, y te bendeciré; haré famoso tu nombre, y serás una bendición" (1).

Cuando el Señor le dijo a Abraham que haría de él una nación grande, no se estaba refiriendo a la nación donde él vivía. Cuando nosotros recibimos esta promesa, concentramos todas nuestras fuerzas en Colombia, sin embargo también nos dijo: "Deja tu tierra, tus parientes y la casa de tu padre, y vete a la tierra que te mostraré" (2).

La visión no se desarrolló donde él estaba, sino que Dios lo sacó de su territorio, lo llevó a la tierra prometida y allí se la reveló. Abraham recibió la promesa y luego la visión. Dios trabaja dando primero la promesa y luego la visión. En ella Dios le dice que su descendencia será tan numerosa como las estrellas del cielo, o como la arena del mar. El Señor me dio la revelación del ministerio cuando no estaba pastoreando, y Él le dio la promesa a Abraham cuando aún no tenía hijos. Es decir,

Dios habla cuando en la realidad las cosas no se dan. Es como si a un hombre que no tiene empleo, y ni un solo centavo en el bolsillo, Dios le dijera que va a ser millonario, sería un milagro. De la misma manera, que Dios le diga a alguien que va a tener una descendencia como las estrellas del cielo, cuando la mujer es estéril, demanda un prodigio. Que Dios le revele a alguien que va a tener una de las iglesias más grande del mundo, cuando no tiene ni un miembro, es también un gran milagro. Dios da la promesa cuando las circunstancias resultan adversas. El secreto está en que nosotros lo creamos. Si nos atrevemos a creer, Dios nos va a bendecir y nos va a prosperar en gran manera.

Aunque esta promesa Dios se la dio a Abraham, también nos alcanza a nosotros por ser parte de su linaje por medio de la fe en Jesús. Lo único que Abraham tenía para alcanzar su sueño era la promesa dada por Dios, por eso no miró las circunstancias, sino que siempre se mantuvo firme, sensible a la voz y la dirección del Padre.

Yo creo que eso es lo que muchos líderes cristianos hoy en día necesitan aprender, a estar en quietud con Dios para poder escuchar de una manera clara las directrices que Él está dando. Abraham le creyó a Dios y le obedeció, pero con el paso de los años, aunque tenía la promesa no veía los resultados y, al no ver la respuesta a sus necesidades, entró en un conflicto interno. Dios le había prometido bendición a través de su descendencia pero llegó el momento en que él empezó a mirar hacia el futuro y dijo: Señor, yo no quiero que mi siervo, mi criado, el nacido en casa, sea el que me vaya a heredar, yo quiero un hijo mío, y en ese momento el Señor le hace una invitación: "Sal fuera de tu tienda y mira las estrellas", Abraham empezó a mirar las estrellas y Dios le dijo: "Cuéntalas", y él trató de contarlas pero le fue imposible. Y el Señor agregó: "Así será tu descendencia, tan numerosa como las estrellas del cielo que de multitud no se podrán contar". Abraham recibió la promesa no solo de un hijo, sino de una gran multiplicación a través de su descendencia; él tomó aquella promesa y le dio forma visual a través de las estrellas, de manera que todas las noches tenía un punto de apoyo para visualizar. Abraham contemplaba estrella, tras estrella y veía en cada una de éstas el rostro de sus descendientes; él siempre lo confesaba y lo proclamaba, y le decía a su mujer: "Sara, nuestra descendencia va a ser tan numerosa como las estrellas del cielo, yo estoy viendo a mis descendientes en cada estrella".

Nuestra Promesa

Desde el momento en que dimos inicio a la Misión Carismática Internacional, sentimos que esta promesa era también para nosotros, y la pusimos como el lema de nuestro ministerio. Dios me había dicho: "Sueña con una iglesia muy grande, porque los sueños son el lenguaje del espíritu; porque la iglesia que tu pastorearás será tan numerosa como las estrellas del cielo y como la arena del mar que de multitud no se podrán contar".

La palabra de Dios es eterna y permanece para siempre en los cielos, que grandioso es ver que la misma promesa que Él le dio a Abraham siglos atrás, nos la ha dado en este tiempo presente. Pues todos nosotros, a través de la fe en Jesucristo, somos parte de la descendencia de Abraham. El Apóstol San Pablo dijo que si somos de Cristo somos legítimos herederos, o descendientes de Abraham, las mismas bendiciones que Dios le dio al patriarca nos pertenecen a cada uno de nosotros y, así como él tomó la promesa y se apropió de ella, nosotros como iglesia hicimos lo mismo, tomamos esta promesa, la hicimos nuestra y empezamos a reclamarla ante el Señor. Donde quiera que íbamos siempre declarábamos que nuestra iglesia sería una de las más grandes del mundo, aunque en ese momento sólo teníamos treinta miembros.

Recuerdo en una ocasión, mientras estaba con un pastor amigo –de mucha experiencia–, le comenté: "Voy a tener una iglesia de tres mil miembros, Dios me va a dar tres mil miembros". El asombro se dibujó en su rostro pues él no veía de qué manera esto podría llegar a ser una realidad, cómo podría llegar a tal crecimiento. Se sonrió y con un tono de burla expresó: "...oh, grande es tu fe". Él no creía que yo podía lograrlo, pero a mí no me afectó, pues yo ya tenía la visión clara y creía firmemente en la promesa que había recibido de la Palabra de Dios.

La promesa que Dios le da debe llegar a ser parte de su vida. Lo fue para Abraham y debe serlo para usted también.

Esa promesa se convierte en una palabra rhema – una palabra específica para una situación y momento específico-. Usted debe comprender que las multitudes no están fuera, están dentro suyo; el milagro se concibe primero en su espíritu y luego lo verá hecho una realidad en el plano natural.

El Apóstol Pablo cuando dirige su epístola a los Gálatas les dice: "Queridos hijos, por quienes vuelvo a sufrir dolores de parto..." (3). Pablo sabía que él había engendrado a los gálatas por medio de la oración, la intercesión y el clamor. Él tenía la plena certeza y convicción que aunque ellos se habían desviado, si él volvía repetir el proceso de concebirlos por medio de su oración, obtendría la sustancia y ellos serían alcanzados y conquistados para Dios nuevamente.

Referencias Bíblicas:

(1) Génesis 12:2; (2) Génesis 12:1; (3) Gálatas 4:19.

Capítulo 7
DETERMINE QUE TENDRÁ
UNA FAMILIA SACERDOTAL
Por Claudia de Castellanos

"Y yo me suscitaré un sacerdote fiel, que haga conforme a mi corazón y a mi alma; y yo le edificaré casa firme, y andará delante de mi ungido todos los días" (1).

Este es un verso muy especial para mí, pues fue el primero que le hice memorizar a mis hijas cuando ellas eran pequeñas. En cierta ocasión, mientras predicaba en California acerca de él, el Espíritu Santo me mostró que cuando ellas eran sólo unas niñas, al hacerles repetir esta palabra, estaba marcando su naturaleza y su futuro. Sé que todo lo que ellas han podido lograr en Dios, y aún lo que harán por Él, será el fruto de esta declaración. Al ellas proclamarlo era un decreto que se levantaba en el cielo y Dios hizo que se hiciera realidad.

Luego el Espíritu Santo me reveló lo que Ana, la madre de Samuel, hizo para que esta promesa fuera efectiva. A pesar de que hubo un tiempo cuando se practicaba la separación entre madres e hijos, ella pudo, desde que su hijo era pequeño, pronunciar y profetizar sobre él. Por eso aunque luego Samuel vivía en un lugar y Ana en otro, ella tenía paz y él fue ungido todos los días de su vida. Ore con su cónyuge al Señor y pídanle que les revele, cuál es la palabra rhema para cada uno de sus hijos. Luego profetícela sobre ellos y así estará marcando el futuro de cada uno.

Sin resentimiento en el corazón

Todas las mujeres pasamos por circunstancias donde aparentemente sentimos que algunas personas son injustas con nosotras. Todos los seres humanos somos vulnerables a esto. Tal vez exista alguien que nos traiciona, que nos decepciona, que nos atropella con palabras, o alguien que nos hiere constantemente, por lo que nos sentimos decepcionadas y llenas de rencor, y se nos hace difícil perdonar. Pero quiero decirles que la primera causa por la cual se puede perder toda la bendición que Dios tiene para las mujeres, es cuando hay resentimiento y cuando se tienen en el corazón heridas vivas, cuando uno dice que perdona pero no olvida, siendo que la realidad es que no se ha perdonado. Cuando uno tiene dolor en su corazón, no puede heredar estas bendiciones. Por eso la mujer no debe guardar resentimientos. Su corazón debe estar totalmente sano, porque entonces es cuando usted puede heredar.

La sobreprotección a los hijos

Elí sacerdote perdió el fruto porque sobreprotegió a sus hijos, pues aunque veía sus faltas nunca los disciplinó (1 Samuel 2:29). A veces uno tiene una venda en los ojos y justifica las malas acciones de un hijo, por eso se debe pedir al Señor que imparta un criterio de justicia y que quite la venda para que tengamos un amor completo y equilibrado, en el cual se refleje el verdadero cariño, pero que junto a él esté la corrección y la disciplina la cual se debe hacer con amor.

Cuando hay un espíritu de sobreprotección, se pierde el fruto. En el caso de Elí, aunque tenía profecías, todas fueron invalidadas y la bendición que había sobre su casa pasó a la vida de Samuel. Muchas veces, nuestros padres o abuelos han permitido la sobreprotección y esto ha traído maldición a nuestra vida. Debemos orar para que Dios cancele estos argumentos para poder ver gran fruto.

Dios quiere darnos una nueva naturaleza

Leí la biografía de la reina de Jordania, una norteamericana que se casó con el rey de ese país. Cuenta que cuando se comprometió con su esposo, él le hizo muchos regalos, pero el más especial fue el cambio de nombre. Ella se llamaba "Lisa", pero cuando se casó, el rey le cambió el nombre por "Noor" que significa "Luz". Ella comentaba que en su mente, y en sus sueños, fue transformada en otra mujer conforme al nombre que le había sido dado.

Algo similar Dios quiere hacer con usted. No es necesario que se case con un rey de determinada nación para que el cambio ocurra, porque usted se ha casado con el Rey de reyes y el Señor de señores, y el Espíritu Santo es quien le regala dones que son joyas cuyo valor sobrepasa cualquier precio, que no pueden ni siquiera compararse con el diamante más valioso en la tierra. Dios es el que cambia su nombre. Hoy, Él cambia la naturaleza de su vida, porque el nombre marca la naturaleza. Por eso, esta mujer que se casó con el rey, al recibir el cambio de nombre fue mudada en otra mujer.

Todos los que hemos tenido la oportunidad de ser aceptados por Dios, lo primero que llegamos a experimentar es nuestro cambio de nombre. Cada nombre tiene un significado, el cual está muy relacionado con el carácter de las personas. Un ejemplo sencillo: todos los centros comerciales tienen un nombre que los identifica, y por el nombre uno relaciona la clase de producto que tienen, pues los almacenes a través de los nombres han logrado determinar la naturaleza de sus productos.

Algo que aprendemos a lo largo de las Sagradas Escrituras es la importancia que Dios les daba a los nombres, pues ellos estaban relacionados con la personalidad y la naturaleza de cada uno. Abel, el hijo mayor de Adán, en relación a los de su época, vivió muy corto tiempo, ya que muchos llegaban hasta los setecientos años. Al ver el significado de su nombre: "Soplo", entendemos por qué su vida fue breve. Abraham, quien antes se llamaba Abram (padre enaltecido) era un hombre que no había tenido hijos. Su esposa Sara era estéril, pero a pesar de ello él manifestaba la naturaleza de padre enaltecido y un día Dios le dijo: Ahora no te llamarás más padre enaltecido, sino que te llamarás "padre de muchedumbres de gentes"; Dios le cambió el nombre porque quería que su marca sea: Padre de multitudes.

El significado de Isaac es "risa"; cuando él nació muchos se reían porque Sara siempre dijo: Soy anciana, y si a mi edad tengo un hijo, a todo el mundo le dará risa, y éste fue un hijo que trajo mucha alegría y gozo a su hogar.

Sara antes se llamaba Saraí, lo cual significa: princesa triste. Ella era una mujer muy triste porque no podía tener hijos, era estéril, pero Dios cambió su nombre y le dijo que ya no sería más una triste princesa, sino que desde ahora sería Sara, princesa; quitó la palabra tristeza y la convirtió en una princesa radiante.

Dios quiere cambiar nuestra debilidad en fortaleza

Cada uno de nosotros tenemos que batallar con una serie de temores que nos rodean, y muchas veces nos espanta el tener que enfrentarnos a ellos, pero he podido entender que en las manos de Dios nuestra debilidad es transformada en una gran fortaleza. Pablo dijo: "Lo que se siembra en debilidad, resucitará en poder" (2). Cuando uno muere a su debilidad, va a resucitar en poder, y eso que era su flaqueza se convierte en su mayor fortaleza. Por ejemplo, si su debilidad era la esterilidad ministerial, en las manos de Dios, usted será transformada en una mujer con fruto abundante para Él, pues el Señor en un solo momento le dará las multitudes. Aunque Abraham y Sara no podían tener hijos, Dios los hizo padres de naciones. Así, la debilidad de ellos se convirtió en su mayor fortaleza.

Cuando llegamos a Jesús, experimentamos un milagro que nos hace nacer de nuevo y Dios cambia nuestra debilidad, convirtiéndola en fortaleza. Yo era una mujer muy temerosa que no podía hablar en público, tenía muchos temores de los desafíos y de conquistar, pero cuando nací al ministerio, el temor se fue disipando y nació el don de la fe. Yo no sé cuál sea su debilidad, pero Él la hará desaparecer y usted tendrá un corazón puro como el de un niño. Si su debilidad era la duda, ésta se extinguirá y nacerá una fe genuina, y cuando esté preparado hará la obra de Dios.

Mi madre es un gran ejemplo y una tremenda líder. Ella escribió en la pared de mi casa, antes que mi padre se comprometiera y que mis hermanas fueran pastoras: "...mi familia y yo serviremos al Señor" (3). Y hoy en día tanto mis padres como mis hermanos, somos una familia que servimos al Señor. Las circunstancias no la detuvieron, ella creyó y le dio otro rostro al hogar aunque vivía en medio de dificultades y muchos disgustos. Mi mamá decía que ella y papá eran como el agua y el aceite, pero el Señor cambió la naturaleza de su matrimonio y llegaron a ser agua pura. A ella le tomó cuarenta y cinco años darse cuenta de que ambos eran diferentes, pero a usted puede tomarle sólo un momento.

Hoy el Señor cambia su naturaleza y la transforma en una mujer firme en la fe y en Su Palabra. Usted será como una esponja que absorberá cada bendición preparada por Dios, y Él la verá como una persona que nunca ha traspasado la ley.

Su oración será tan sincera, que tocará el corazón de Dios y Él le dirá que, aunque tenía un saldo en rojo, su deuda está cancelada. El Señor entrará en pacto con usted y levantará una nueva generación que le glorificará, no sólo formada por sus hijos naturales, sino también por sus discípulas.

Rut determinó que tendría una descendencia para Dios

Si estudiamos la vida de Rut, podemos preguntarnos: ¿Por qué la naturaleza de Rut fue cambiada? Porque estaba muy cerca de Noemí; fueron tan unidas, que la nuera vino a ser verdaderamente su hija. "Los ancianos y todos los que estaban en la puerta respondieron: Somos testigos. ¡Que el Señor haga que la mujer que va a formar parte de tu hogar sea como Raquel y Lea, quienes juntas edificaron el pueblo de Israel! Que seas un hombre ilustre en Efrata, y que adquieras renombre en Belén!" (4). Todo lo que usted sea y haga marcará la naturaleza de sus hijos

Rut fue una mujer de pacto

Usted debe ser una mujer de pacto. Tiene que tener un pacto de amor con Dios, no importa su edad, su nacionalidad, su posición económica. Este pacto, cuando es hecho de corazón, influye en todos los aspectos de la vida. Si es una mujer de pacto en su matrimonio, nunca pensará en otra persona que no sea su cónyuge, sabiendo que el día que se casó, formó una familia para toda la vida. Si es madre de pacto, enseñará a sus hijos en el camino de Dios. Ser una mujer de pacto es serle fiel a Dios en el lugar donde Él la ha puesto. Si usted hoy decide ser una mujer de pacto, verá a su Iglesia como el lugar donde recibe un excelente alimento espiritual, un lugar donde anhela que sus hijos crezcan, un lugar donde puede echar raíces. Rut era una mujer de pacto y aunque su esposo había fallecido, tomó la decisión de acompañar a su suegra Noemí, quién había quedado desamparada y sin familia. Ser una mujer de pacto le abrió la puerta de mayor bendición a su vida.

Rut fue una mujer que trabajaba con determinación

Rut y Noemí tuvieron que regresar de las tierras de Moab, a Israel, la cual era la tierra de origen de Noemí. En aquel momento había una gran hambre en la tierra y ambas estaban muy empobrecidas. Rut, al llegar, decidió hacer trabajo de sierva. Trabajaba desde muy temprano sin descansar en todo el día, para llevar a su casa el sustento para Noemí y para ella. Rut sabía que esa era la voluntad de Dios para su vida.

Dios se agradó de Rut porque ella sabía en lo profundo de su corazón, que toda la bendición que ella necesitaba estaba dentro del pueblo de Dios, y por tal motivo ella determinó que el Dios de Noemí, sería también su mismo Dios.

Una de las características más importantes de las personas que alcanzan el éxito en la vida es que trabajan con determinación.

Rut fue sabia en la decisión que tomó al elegir su compañero

El deseo de esta mujer era levantar una descendencia para Dios. Al leer el Antiguo Testamento descubrirá que el deseo del corazón de Dios, siempre fue levantar familias enteras que le sirvan, Rut sabía esto. Ella era una mujer joven y hermosa, pero sabemos que Rut no había llegado a aquel lugar a buscar esposo.

Rut propuso en su corazón ser de bendición a Noemí, al tener el enfoque correcto, tomó la decisión acertada. Es muy importante que usted no se equivoque en la elección de su compañero. Las personas que han logrado el éxito son aquellas que han sabido elegir bien a nivel sentimental. Rut eligió a un hombre llamado Booz. Aparentemente era un hombre mayor, pero era un hombre que tenía una bendición y una herencia sacerdotal. Booz juntamente con Rut concibieron un hijo llamado Obed, de cuya descendencia nació el Mesías.

Rut llegó a ser una mujer que marcó la historia, porque fue una mujer de pacto, y esto trajo grandes riquezas y bendiciones a su vida.

Quizá años atrás hizo un pacto con el Señor, el cual aún no ha cumplido. Hoy puede renovar su pacto de consagración y entrega a Dios. Si aún no ha hecho pacto con Dios, puede hacerlo ahora mismo. Prométale que le será fiel, que le servirá, que le amará y levantará una generación santa para Él. Haga pacto con Dios diciéndole que será fiel a su llamado, a su Iglesia, que le será fiel en sus diezmos y ofrendas, y al hacerlo se sorprenderá de las puertas de bendiciones que se abren para usted.

Referencia Bíblica:

(1) 1 Samuel 2:35, RV 1960; (2) 1 Corintios 15:43;
(3) Josué 24:15b (4) Rut 4:11.

Capítulo 8
RESTAURANDO LA BENDICIÓN DE LA SEXUALIDAD

Lamentablemente, la información sobre la vida sexual que llega a manos de la mayoría de los adolescentes, no podría ser más incorrecta e inapropiada, pues los canales por los que fluye dicha comunicación tienen el toque de la maldad. Como consecuencia, muchos jóvenes y adolescentes se lanzan a explorar ese mundo nuevo, fascinante y peligroso. Algunos quedan después atrapados en su pasado y reciben las consecuencias de su curiosidad.

En el lado opuesto, algunos extremistas religiosos llegaron a creer que la intimidad sexual con su cónyuge, les restaba fuerza espiritual y les hacía perder cierto grado de santidad; la intimidad sexual con su esposo o esposa les hacía sentir culpables.

La sexualidad, una fuente de recreación permanente

Adán y Eva estaban desnudos y no se avergonzaban, había transparencia. Qué importante es que cada pareja recupere la inocencia perdida. Esto es posible si se restaura la relación con el Espíritu Santo a través de la Palabra, que ayuda a renovar la mente y lleva a la fuente genuina y verdadera. La Palabra de Dios nos limpia y nos muestra el verdadero sentido de la sexualidad. Dios creó al hombre y la mujer con impulsos sexuales para que la pareja disponga de una fuente de recreación permanente y que no todo sea monotonía y trabajo.

Los problemas llegan cuando se traspasan las leyes del matrimonio, y uno de los cónyuges se lanza a las aventuras extramatrimoniales. Salomón dijo que quien esto hace, heridas y vergüenza hallará, y su afrenta nunca será borrada.

Pero también dijo: "¡Bendita sea tu fuente! ¡Goza con la esposa de tu juventud! Es una gacela amorosa, es una cervatilla encantadora. ¡Que sus pechos te satisfagan siempre! ¡Que su amor te cautive todo el tiempo!" (1).

Si usted ha tenido una información incorrecta sobre la sexualidad, debe renunciar a esa semilla que le ha traído infelicidad a su vida, porque ha sido contaminado en esa área tan hermosa y bendecida. Debe beber de la fuente genuina y poderosa que es la Palabra de Dios, la cual nos orienta correctamente sobre lo que es la vida sexual exitosa.

La sexualidad en el matrimonio causa alegría y es libre de culpabilidad. El propósito divino en la sexualidad no se centra sólo en la procreación, sino en que la pareja pueda recrearse continuamente. Cuando se rescata la pureza y se cancelan argumentos del pasado dentro del matrimonio, la sexualidad de la pareja toma una dimensión más elevada que brinda un mayor deleite, donde ambos pueden disfrutar en plenitud.

La Biblia nos dice que los hombres de Dios fueron santos y tenían matrimonios saludables, gozando de relaciones perfectas con sus esposas. Dios aprueba el amor sexual solamente entre cónyuges. Cuando la experiencia sexual se desarrolla dentro de los parámetros correctos, con una mente sana, sin malicia, la confianza mutua de la pareja crece mucho, así como la paz, el respeto, la seguridad y el amor.

Debemos proteger nuestra mente

He llegado a la conclusión que los problemas íntimos de casi todas las parejas tienen que ver con el área de la mente, pues es donde se levantan las mayores murallas de distanciamiento que llevan a los matrimonios por la senda de la confusión, frustración o separación.

Para algunos, la sexualidad es sólo el placer de un momento. La intimidad conyugal debe ser la culminación de las palabras de ánimo, respeto y afecto que la pareja se transmite durante el día o la semana. Nadie quiere sentirse tratado como un objeto, por eso la sexualidad no se puede desprender de la armonía que debe existir en la vida de pareja. En esto se parecen el amor romántico y el buen vino, mejor cuanto más añejo.

Todos los días he amado a Claudia en nuestros veintiocho años de matrimonio. Ha sido esa sierva amada y ha llenado mi vida de felicidad, pues me ha comprendido en todas las áreas. Sus caricias, como brisa fresca, han conmovido cada partícula de mi ser. Por medio de sus gestos afectuosos ha escrito el más bello poema de amor, un poema que sólo yo puedo leer, porque está esculpido en lo más profundo de mi corazón.

Las palabras llenas de amor

Las palabras deben transformar lo caótico en bello y agradable. Cada palabra de nuestra boca trae bendición o maldición, pues están cargadas de un poder que activa la esfera angelical, o el poder de las tinieblas.

Esto sucede incluso cuando estamos bromeando. Hace tiempo tuvimos a una pareja de misioneros hospedándose en nuestra casa. Una mañana, saludé a Claudia como acostumbraba en ese entonces: "Hola, gordita, ¿cómo estás?" La esposa del misionero me preguntó asombrada: "¿Cómo la llamaste?". "Gordita", le respondí. "¿Por qué la llamas así?" "Por cariño". "Eso no tiene nada de cariñoso para una mujer; hay otras palabras que suenan mucho mejor. Puedes llamarla: Perfecta".

¡Qué ignorantes éramos del poder de las palabras! Supongo que a nadie, por muy gordo que sea, le gusta que lo llamen así. Creo que la misionera estuvo en lo cierto; llamar a mi esposa: "Perfecta", ha funcionado, pues aunque los años pasan, no se le notan.

El poder de las caricias

Cuando Isaac acariciaba a Rebeca, el rey Abimelec se dio cuenta de que era su esposa, no su hermana como ellos habían pretendido delante de él. Esa manera de tratarse tan especial los delató, porque las caricias son el termómetro del corazón.

Las caricias de mi esposa han sido un bálsamo que ha traído refrigerio a nuestro hogar. Me emociona cuando se acerca y me acaricia. Es como cuando un entrenador da una palmada en la espalda a un deportista, haciéndole ver que lo está haciendo muy bien. Si en un hogar no hay caricias, falta el estímulo para seguir adelante, uno se precipita hacia la monotonía. Esperar una caricia y que no llegue es como quitarle el salario al trabajador, como castigar injustamente al que no cometió falta alguna.

Debemos entender que los días que vivimos son difíciles, el blanco de Satanás es el hombre y él está usando todos los medios para corromper su mente y hacerlo esclavo de sus propias pasiones. Aunque Dios había dejado a Adán y a Eva en el huerto, ellos ya no estaban ahí. Dios hace tres preguntas a esta pareja; las mismas son para nosotros hoy y se aplican también a nuestra vida sexual:

¿Dónde está su sexualidad?

"Pero Dios el Señor llamó al hombre y le dijo: ¿Dónde estás?" (2).

Cuando Dios dio instrucciones a la primera pareja, Adán nunca imaginó que tendría que enfrentar una fuerza espiritual que trataría de seducirlo para desobedecer el mandato divino. Es importante entender que, en ese momento, Adán era un ser predominantemente espiritual; con su palabra de autoridad podía desbaratar cualquier artimaña del adversario. El enemigo fue muy astuto y previó todo esto, no se presentó de una manera agresiva y desafiante, sino que, haciendo uso de su sagacidad, escogió la criatura más astuta y graciosa del huerto; a través de ella, logró entrar en diálogo con ellos y suavemente fue llevándolos hacia la red que había preparado.

Aquel fue uno de los días más tristes para Dios, porque el hombre que Él había creado no era un ser cualquiera, era Su propio hijo, pues tenía Su imagen y Su semejanza. Aquel día los cielos se estremecieron, los ángeles lloraron y Dios sintió tristeza, porque la pareja creada había muerto en su espíritu por causa del pecado.

Satanás había logrado atraer la mirada de la primera pareja hacia el árbol que Dios les había prohibido y llevó a ambos a tener imágenes diferentes del árbol; esa visualización incorrecta, los había motivado a rebelarse contra Dios y, sin medir consecuencias, estuvieron dispuestos a comer del fruto prohibido.

Ahora el Padre Celestial está llamándole, y dice: "Hijo, ¿dónde está tu sexualidad?". No importa hasta donde ha llegado usted, ni los errores que haya cometido; si ha manejado incorrectamente su sexualidad, Dios quiere darle una segunda oportunidad.

¿Quién ha sido su maestro?

Dios quería saber de dónde Adán había recibido la información acerca de su sexualidad, por eso le preguntó: "¿Quién te enseñó que estabas desnudo?" (3).

El apóstol Santiago dijo: "Amados hermanos míos, no erréis. Toda buena dádiva y todo don perfecto desciende de lo alto, del Padre de las luces, en el cual no hay mudanza, ni sombra de variación." Sólo hay dos fuentes de donde recibir información sobre la sexualidad; una proviene del Padre de las luces, quien no varía Sus conceptos ni cambia de opinión; otra proviene del error acompañado de seducción y engaño.

Días atrás una mujer me pidió que hablara con su marido; había descubierto que, cuando estaba solo, era seducido por la pornografía. Aunque al principio este hombre trató de encubrir su falta, las pruebas eran tan evidentes que tuvo que confesar su pecado. Cuando le pregunté sobre el origen de este mal hábito, la respuesta que me dio fue: "Por el abandono de mis padres llegué a odiar tanto a mi mamá que empecé a contemplar lo más bajo que hacía la mujer, para hacerme a la idea de que mi mamá había sido una mala mujer. El odio a mi madre me llevó a que la pornografía fuera mi maestro". Aquel día, el hombre pudo perdonar a su mamá, logró arrancar todo el odio de su corazón, Dios le dio una gran liberación a su vida espiritual, restauró su hogar y su vida sexual. Se rompió una maldición que lo había acompañado desde la niñez; ahora Dios lo usa restaurando hogares y ministrando liberación a hombres que están viviendo lo que él conoció en el pasado.

El rey Salomón dijo: "Porque el mandamiento es lámpara, y la enseñanza es luz. Y camino de vida las reprensiones que te instruyen. Para que te guarden de la mala mujer, de la blandura de la lengua de la mujer extraña. No codicies su hermosura en tu corazón, ni ella te prenda con sus ojos; porque a causa de la mujer ramera el hombre es reducido a un bocado de pan; y la mujer caza la preciosa alma del varón" (4). La enseñanza de Dios es la fuente correcta que nos da luz, cada parámetro establecido por Él es para instruirnos y protegernos del error. Porque el enemigo está al acecho a través de la mala mujer, o de la seducción de la mujer extraña, o de la belleza de la mujer ramera. El adversario trata de atrapar el alma del varón a través de alguna de ellas porque, si logra atarlo con sus redes, le quita la fuerza de conquista; es cuando el hombre deja su hogar desprotegido, el adversario luego viene y hace estragos, ya sea en su mujer o sus hijos, o en su propia vida, sin que el hombre pueda impedirlo.

La sexualidad dentro de los parámetros establecidos por Dios produce una gran satisfacción, que sólo podrán conocer aquellos que acatan las leyes divinas. Todo aquel que hace del Espíritu Santo su Maestro, nunca tendrá culpabilidad, ni remordimiento, ni frustración, ni amargura, porque Dios bendecirá cada área de su vida.

¿Qué has hecho?

"Entonces Dios el Señor le preguntó a la mujer: ¿Qué es lo que has hecho?" (5).

Cada persona tendrá que ser confrontada algún día por Dios para dar cuenta de sus hechos; la primera pareja tuvo que comparecer ante Dios para explicar el por qué de sus acciones.

Una pareja se acercó a hablar conmigo después de una conferencia para matrimonios; este hombre me dijo: "Pastor, tengo un problema que con nadie he podido compartir y tiene que ver con el área sexual". Después de haber escuchado su lucha, pudimos llegar a la raíz del asunto; todo se había originado en la niñez, desde entonces se había abierto una puerta que lo perseguía continuamente. Después que este hombre pudo dar cuentas a Dios de sus hechos, la maldición que lo atormentaba fue quitada de su vida y experimentó una gran liberación.

Muchas personas libran grandes batallas en esta área, sin entender que necesitan ayuda y que la mejor ayuda sólo viene de Dios. Debemos entender que aquellos que decidieron entregarse a una vida de promiscuidad sexual, por lo general terminan solos y llenos de aflicción. Salomón dijo: "Aléjate de la adúltera; no te acerques a la puerta de su casa, para que no entregues a otros tu vigor, ni tus años a gente cruel; para que no sacies con tu fuerza a gente extraña; ni vayan a dar en casa ajena tus esfuerzos. Porque al final acabarás por llorar, cuando todo tu ser se haya consumido. Y dirás: ¡Cómo pude aborrecer la corrección! ¡Cómo pudo mi corazón despreciar la disciplina! No atendí a la voz de mis maestros, ni presté oído a mis instructores. Ahora estoy al borde de la ruina, en medio de toda la comunidad" (6).

La advertencia del proverbista: "Aléjate de la adúltera", significa tener dominio propio y tomar la decisión de terminar la relación incorrecta, cortar definitivamente con ese pasado y nunca volver allá, ni con los pensamientos. Continuar con ese tipo de relación traerá consecuencias funestas para su vida y su familia. Generalmente, quienes quedan atrapados son los que cerraron los oídos al consejo, prefiriendo abandonar la iglesia que era lo único que les daba protección.

Referencias Bíblicas:

(1) Proverbios 5:18, 19; (2) Génesis 3:9;
(3) Génesis 3:11, RV 1960;
(4) Proverbios 6:23-26, RV 1960;
(5) Génesis 3:13; (6) Proverbios 5:8-14.

CAPÍTULO 9
LA MUJER EN EL MINISTERIO
Por Claudia de Castellanos

Indudablemente el curso de la vida del ser humano está determinado por las decisiones que tome. Si son correctas, lo llevarán al éxito, sino, lo lamentará más adelante. Cuando descubrí en la Biblia que "Vivimos por fe, no por vista" (1), comprendí la importancia de la toma de decisiones teniendo como fundamento la confianza en el Señor. Al mirar hacia atrás, puedo decir que Dios ha sido mi guía en cada una de las decisiones que he tomado; de igual forma al apoyar a mi esposo en aquellas que así lo han requerido. Contando con el privilegio de ser cristiana desde mi juventud, el dar pasos de fe ha sido una fortaleza en mi diario vivir y estoy segura que es algo básico para el desarrollo de todo creyente.

A los catorce años hice la decisión más importante de mi vida: reconocer a Cristo como mi Señor y Salvador y entregarle mi corazón. Recuerdo que hice una oración muy sencilla pero, a la vez, con una gran fe de que estaba haciendo lo correcto. Ese fue el comienzo de una serie de bendiciones que Dios tenía reservadas para mí. Esa primera decisión fue la base para otras que fueron marcando el curso de mi vida y del ministerio. La otra decisión importante que tuve que tomar fue la de casarme con César, y esto representaba un dilema ya que, aunque yo tenía la convicción de que como siervo de Dios era un hombre íntegro y lleno del Espíritu Santo, mi familia, por no ser cristiana, no entendía esto y, por lo tanto, veían en él un futuro inestable e incierto; sin embargo, a pesar de que me casé muy joven, lo hice con la seguridad de estar guiada por el Señor y teniendo en mente el pasaje bíblico que dice: "... pero el que confíe en él no será defraudado" (2). Hoy puedo decir que mi matrimonio no me ha traído tristezas porque deposité toda mi confianza en Dios y, con César, decidimos que el Señor y Su Palabra se convertirían en el fundamento de nuestro hogar.

En 1989, Colombia estaba viviendo una de sus etapas más difíciles, y el Espíritu Santo me guió a tomar otra decisión trascendental: ingresar en la política. Un día cualquiera de ese año no podía conciliar el sueño y, como a las cuatro de la mañana, el Señor me llevó a un pasaje bíblico ubicado en 2 Crónicas capítulo veintinueve en relación con Ezequías, impulsándome con él a interceder por mi nación. Experimenté un profundo dolor por lo que ocurría y en el espíritu, pude ver la violencia, el daño causado por el narcotráfico a miles de familias en desolación y apartadas de Dios. Sentí compasión y entendí que uno de los frutos del Espíritu tenía que ser desarrollado por Colombia, y éste era el amor.

La Palabra de Dios se hizo rhema (específica) en mi corazón, dándome los pasos para que la nación fuera restaurada. Dios puso en mí el sentir que era necesario entrar en pacto de santificación con mi familia y el liderazgo de la iglesia, así que hicimos una convocatoria para un día de ayuno y oración, en el que todos tomamos los pecados de Colombia orando y pidiendo perdón por ellos como si fueran nuestros. Pocos días después, el Señor me dio la oportunidad de reconfirmar la decisión de ingresar en la actividad política observando un programa de televisión en el que una líder, practicante del ocultismo, daba a conocer sus aspiraciones gubernamentales y sentí el celo de Dios de una manera profunda; fue cuando me vi desafiada, creyendo que había llegado el tiempo en que los cristianos debíamos participar en política para establecer un cambio en el país.

Dios quiere obrar, pero lo hace a través nuestro

Esa fue una decisión importante que tomé, no porque me sintiera capaz, ya que como persona prefería mantenerme en el anonimato, sino porque el celo de Dios era mi guía y cuando Él pone algo en nuestro corazón y le obedecemos, entonces viene el revestimiento del Espíritu Santo para que la tarea sea cumplida. Esto nos motivó a conformar un partido político con orientación cristiana, donde invitamos a varios líderes cristianos para que nos acompañaran en este gran desafío. Gracias a ellos pudimos hacer presencia como cristianos en la reforma de nuestra constitución a través de uno de nuestros delegados.

En el año de 1991 fui elegida Senadora de Colombia, y vine a ser la primera Senadora Cristiana en el Congreso de mi nación.

La adversidad en las manos de Dios

Después de veintiún años de ser cristiana viví una experiencia que se convirtió en mi Peniel, mi quebrantamiento: la derrota electoral en 1994. Una vivencia dolorosa, pero que me condujo a entender literalmente lo que dice la Biblia acerca de "... ¡si el grano de trigo no cae en tierra y muere, se queda solo. Pero si muere, produce mucho fruto!" (3).

Aparentemente venía llevando una vida exitosa: esposa del pastor de una de las iglesias más grandes de Colombia, un hogar hermoso, con hijas maravillosas, senadora de la República y sin problemas financieros; en pocas palabras, la vida que cualquiera anhelaría. Sin embargo, era un grano de trigo que no había muerto. Me dispuse a volver al Congreso y en las encuestas electorales de 1994 aparecía como segura ganadora con toda la potencialidad para ocupar los primeros lugares; no obstante, para sorpresa de todo el mundo y mi decepción personal, perdí faltándome sólo cien votos para conservar la curul. Creo que fue esa la primera vez en la vida que me sentí frustrada, derrotada, incluso, llegué a pensar que la Biblia dice una cosa y estaba viviendo otra, y le reclamaba al Señor, diciendo: "...te pondrá a la cabeza, nunca en la cola..." (4). Pero esos reclamos no tuvieron respuesta pues era necesario mi Peniel (verme cara a cara con Dios) para morir a mis deseos y a mis propias metas. Dios es fiel a Su Palabra, y si no fui cabeza en esa oportunidad el problema no estaba en Él, estaba en mí. Entendí que el Señor me había llevado a un lugar muy alto para dejarme caer. Al perder las elecciones algo se rompió dentro de mí.

Yendo a la Cruz

Mi peniel no fue como el de Jacob que duró sólo una noche en la que se mantuvo peleando con un ángel hasta que logró su bendición; el mío se prolongó por casi un año, durante el cual experimenté el trato divino. Pasaba días enteros en mi cuarto de oración, instantes depresivos en los que veía a mis enemigos espirituales burlándose de mi situación y como esto me molestaba; a través de la lectura de la Biblia Dios me daba a entender que tenía un ego muy grande, y eso tenía que morir. No tenía deseos de hablar con nadie, excepto con César, aunque no le compartía lo que sentía internamente porque en el peniel se está solo con el Señor; comprendí que a César también le había tocado pasar por su peniel y que los frutos del ministerio se debían a él y no a mí. Sin embargo, el Señor quería usarme aunque no lo entendía y, por ello, después de la derrota electoral, pensé que mi trabajo debía limitarse a mi papel de esposa y madre.

Llegué a considerar que el pueblo colombiano era desagradecido porque se olvidó de mis logros como senadora en beneficio de ellos, y también a eso tenía que morir porque había hecho todo en mis fuerzas. Estuve en una condición espiritual en la que me vi cara a cara con Dios como le sucedió a Jacob, permitiéndome descubrir mis debilidades y pecados, una naturaleza pecaminosa que debía llevar diariamente a la Cruz, mostrándome en Su Palabra que Él era la Vid y yo una rama que nunca daría fruto si no estaba pegada a Él. Me arrepentí, reconocí que había estado viviendo en el plano natural y no en el espiritual, que sin Dios era nada, que no tenía fuerzas sin Él. Durante todo este tiempo no escuché la voz de Dios.

Fue en un viaje a Israel al cual casi me negué a ir, cuando, caminando por las calles de Jerusalén, escuché por primera vez la voz del Espíritu Santo, diciéndome: "¡Hija, te he traído a esta tierra porque desde ahora escucharás Mi voz. Todo lo que has vivido hasta hoy ha sido simple preparación. De aquí en adelante comienza tu ministerio!". Creo que no lo entendí en el primer momento. Ya llevaba veintiún años en la vida cristiana, era pastora, había desarrollado un liderazgo y hecho muchas cosas que podrían considerarse características de una persona que lo tenía todo definido, pero el Señor me indicó que todo ello era parte del proceso en el que quien va a ser usado por Él tiene que entrar. Un proceso de dolor que no es fácil sobrellevar humanamente, en el que se tiene que morir, y auto-negarse pues de lo contrario no se da fruto. En esa ocasión fui sensible a la voz de Dios cuando me dijo que fuera al Jordán para ser bautizada nuevamente.

El Espíritu de Dios sobre mí

Cuando salí de las aguas del Jordán, sentí literalmente en el espíritu que los cielos se abrieron y que Dios envió a Su Espíritu Santo; fue entonces cuando mi vida cambió. Lloré profundamente sintiendo un verdadero quebrantamiento. Terminado el evento que nos había conducido hasta Israel, el pastor que lo dirigía me pidió que predicara en el lugar donde Jesús compartió el Sermón de la Montaña; yo no estaba incluida en el programa, pero sabía que esa invitación venía del Señor, y cuando abrí mis labios, fui mudada en otra mujer. Recuerdo que hablaba con una voz tan potente que me asombraba a mí misma; sin duda, el Espíritu Santo estaba actuando a través de mi vida. Desde ese momento he escuchado la voz de Dios y ella me ha dirigido paso a paso. Mi tiempo devocional fue transformado dándome intercesión profética e interpretación de lenguas, además de la capacidad de observar los corazones de nuestra gente para conocer sus necesidades espirituales.

Poco tiempo después, el Señor confirmó en labios de una profeta, que llegó a nuestro país, que evidentemente sí tengo un llamado a la política, y en cuanto al ministerio, en labios del profeta Bill Hammond, me dijo: "¡De ahora en adelante no estarás detrás de tu esposo, sino a su lado, y los dos tendrán la misma unción ministerial!".

Sólo cuando me dispuse a quebrarme, a morir, el crecimiento de la iglesia se elevó, pasamos en un año de mil doscientas a cuatro mil células y, al año siguiente, completamos diez mil; actualmente superamos las veinticinco mil. Definitivamente yo estaba siendo un obstáculo para esa multiplicación. Hoy doy gracias al Señor por la derrota electoral de 1994, por ese doloroso peniel, que no sólo fortaleció mi carácter, sino que me permitió comenzar a oír Su voz. Lo que dice la Biblia es real: "Porque todos los que son guiados por el Espíritu de Dios son hijos de Dios" (5).

Quiero finalizar diciéndoles que Dios no hace excepción de personas, que usted también puede escuchar la dulce voz del Espíritu Santo, y para que eso ocurra, primero tiene que morir.

Referencias Bíblicas:

(1) 2 Corintios 5:7;   (2) Romanos 9:33b;   (3) Juan 12:24;
(4) Deuteronomio 28:13a;   (5) Romanos 8:14.

CAPÍTULO 10
EL PODER DE LA INNOVACIÓN

La toma de decisiones para el progreso de nuestra vida y del ministerio en general, ha estado acompañada de un principio sin el cual el alcance de importantes metas hubiera sido imposible: la necesidad de innovar en forma radical y continua. Toda visión implica cambios. Estar dispuesto a romper con los moldes tradicionales forma parte del reto.

Claudia era una mujer más bien tímida en la época en que la conocí, poco le gustaba hablar en público; pero desde el mes de septiembre de 1989 tuve que prepararme para todo lo contrario y acostumbrarme a verla de continuo en la televisión colombiana, dirigiéndose a la nación entera. ¿A qué me estoy refiriendo? Sencillamente a que el Señor renovó su mente para comenzar a usarla como agente de cambio en el país. Los antecedentes tienen que ver con algo que ella ya comentó, pero que yo expondré desde mi perspectiva. Una noche estábamos viendo en televisión la emisión de un espacio político que el gobierno le había adjudicado a los diferentes partidos y, en esa oportunidad, hablaba una mujer declarada abiertamente como practicante del ocultismo. El emblema que identificaba a su movimiento era una escoba (símbolo de la brujería). No estaba preparado para observar aquello, pero mucho menos para notar la actitud de mi esposa quien, en tono de inconformismo, me dijo: "¡Mira por dónde van los brujos!, y nosotros ¿qué estamos haciendo?". Las frases que pronunció después me sorprendieron aún más". ¡Y si para que se produzca un cambio en esta nación tengo que incursionar en política, estoy dispuesta a hacerlo. Quiero ser parte de la solución, no del problema. ¡Si los demás no actúan, yo sí, porque los cristianos tenemos la respuesta a las necesidades de nuestra gente!". Nunca imaginé lo que sucedería en los días venideros.

Dios usó aquel programa político para innovar la mentalidad de mi esposa

Uno de nuestros primeros interrogantes fue: ¿qué pensará la iglesia respecto a una posible participación en política? Encontramos la respuesta haciendo una encuesta a seis mil personas. Para nuestra sorpresa, el noventa y cinco por ciento de los encuestados estuvo de acuerdo con que los cristianos nos convirtiéramos en una alternativa de cambio para la nación.

Se inició tímidamente tratando de conquistar el concejo de la ciudad de Bogotá y aunque teníamos seguridad del triunfo, no alcanzamos el objetivo, pero mi valiente esposa no se desalentó; por el contrario, tomó esta experiencia como preparación para seguir adelante y, al poco tiempo, se postuló para la Presidencia de la República. Desde este momento comenzó a dirigirse a los colombianos por televisión y, mientras la veía, pensaba: "¿De dónde sacó Claudia esa fuerza política que antes no le conocía?" Aunque ocupó el quinto lugar entre doce candidatos, obtuvo un reconocimiento nacional que fue al mismo tiempo la demostración de la fuerza de cambio que representaban los cristianos. Poco tiempo después, mi esposa se candidatizó para ingresar en el Congreso de la República y logró resultados positivos que la convirtieron en la primera senadora cristiana y, a la vez, la más joven. Tiempo después fue nombrada por el Señor Presidente de la República como la primera Embajadora Cristiana en la Nación de Brasil, desempeñando una excelente labor allí. Ahora nuevamente toma las banderas del pueblo de Dios como senadora dentro de una de las organizaciones políticas más importantes del país.

De no haber sido por la innovación que Dios operó en la mente de mi esposa, la conquista de uno de los cargos más apetecidos e importantes de la nación, con sólo dos años de trabajo político, hubiera sido prácticamente imposible. Comprendí que para que Dios cambie la manera de pensar, primero coloca un inconformismo en nosotros en relación con lo que hacemos y en lo que vemos en el entorno, luego va trayendo ideas y a veces las mismas son tan innovadoras que parecen locura para muchos, pues nos sacan de lo común. Cuando estas ideas son aceptadas, entendiendo que vienen de parte de Dios, es cuando la mente se renueva. Esta ha sido nuestra experiencia desde que iniciamos el ministerio.

Desde el momento que Dios nos creó nos dotó con un espíritu de conquista. Para poder conquistar el plano espiritual debemos mantener nuestra mente constantemente renovada. Sabemos que los suizos fueron los pioneros en la relojería, pero por no atreverse a innovar cuando tuvieron la oportunidad de implementar la relojería digital, los japoneses tomaron el liderazgo en esta área. Debemos entender que muchas cosas que fueron muy útiles en el pasado, posiblemente no lo sean hoy. Renovar nuestra mente nos mantiene siempre activos, así como el río que corre por la quebrada mantiene su agua fresca todo el tiempo. Todas las promesas del Señor han sido una realidad en nosotros pues, ya sea en nuestra vida personal o ministerial, siempre hemos tenido la disposición a innovar; la mente ha estado abierta para dar más de lo que estamos dando, y los temores han sido vencidos por la seguridad de que Dios desarrolla Su propósito a través nuestro.

La correcta motivación

La motivación que tienen algunos para realizarse en ciertas áreas de su vida, está basada en el amor propio e imponiéndose a los demás, alimentando su orgullo; pero el altivo es aquel que se ha salido de la senda correcta y anda por caminos equivocados. El verdadero creyente, tanto en lo que hace, como en los éxitos alcanzados, siempre da la gloria a Dios, y nosotros sí que tenemos motivos para darle la gloria al Padre. Conforme con la medida de fe que Dios repartió a cada uno, la capacidad de diseñar y soñar siempre innovando dentro del ministerio, ha alcanzado límites insospechados.

Lo que ha sucedido con mi esposa en el campo político se ha trasladado a otras esferas del ministerio. Al conocer la importancia de innovar constantemente, dimos paso a una renovación que no sólo facilitó el crecimiento, sino que ha sido modelo para todo el mundo.

Renovando nuestra vida

Durante los primeros seis años de nuestro ministerio fuimos pastores apegados a la tradición, con conceptos errados como el pensar que no podíamos vivir del ministerio, sino que debíamos trabajar duramente en lo secular para bendecir a la iglesia. Confundíamos humildad con pobreza y llegamos a creer que el pastor debía andar en el vehículo más viejo y vivir en la casa más deteriorada. Incluso pensábamos que un ingreso a la universidad, como era el deseo de Claudia, iría en contra de la santidad; sin embargo, el Espíritu Santo comenzó a romper todos esos moldes y a derribar los muros que impedían el crecimiento. Dios nos entregó la capacidad de la creatividad, llevándonos a un cambio total que se inició en la misma selección del nombre de la iglesia, nos pareció estratégico no colocar en él algún término que se asociara con lo evangélico para que no produjera rechazo o apatía, y la estrategia funcionó.

Seguimos con cambios en las reuniones juveniles, las cuales se habían convertido en nuestro dolor de cabeza, porque la asistencia fluctuaba entre los cincuenta y los setenta jóvenes, así que dejamos a un lado los coros tradicionales, colocamos música moderna, un equipo de danzas muy bien organizado y los resultados no se hicieron esperar: miles y miles de jóvenes comenzaron a ver a la iglesia como el lugar de encuentro para ser bendecidos los fines de semana.

La ministración general fue transformada, así como la preparación y edificación de cada uno de los miembros de la congregación. Establecimos seminarios especiales para la familia en lugares distintos a la iglesia, cambiamos el culto de las damas y se concretaron grupos ministeriales a los que les fuimos delegando funciones que facilitaron el crecimiento.

La lista de cambios es casi infinita y la de logros también, todo porque decidimos poner en práctica el poder de la innovación, romper los moldes. Tenemos que ser creativos: el mundo es de la gente que innova. Hay que hacer de la Biblia algo práctico, porque la Palabra de Dios sigue vigente en nuestros días. Si anhelamos ser instrumentos eficaces en las manos de Dios, entonces tengamos en cuenta que Él nos insta a ser creativos para influenciar positivamente en los demás, somos la luz del mundo y la sal de la tierra, la única condición es estar dispuestos para la tarea viviendo en integridad y con un corazón perfecto como el Señor lo demanda.

Todo cuanto hemos logrado hasta el momento tiene su origen en un propósito divino, asociado a la renovación de nuestra mente, una mente resuelta siempre a soñar, innovando en el actuar.

CAPÍTULO 11
APRENDIENDO A ESCUCHAR
LA VOZ DE DIOS
Por Claudia de Castellanos

"Al irse Jesús de allí, dos ciegos lo siguieron, gritándole: –¡Ten compasión de nosotros, Hijo de David!– Cuando entró en la casa, se le acercaron los ciegos, y él les preguntó: –¿Creen que puedo sanarlos? –Sí, Señor– le respondieron. Entonces les tocó los ojos y les dijo: –Se hará con ustedes conforme a su fe–. Y recobraron la vista. Jesús les advirtió con firmeza: –Asegúrense de que nadie se entere de esto– (1).

Dios quiere abrir nuestros ojos y oídos

Uno de los mayores milagros que el Señor anhela hacer en nosotros es abrir nuestros ojos y oídos. Usted dirá: "Pero si yo veo y escucho perfectamente, no tengo ningún problema con ello". Sin embargo, usted necesita otros ojos y otros oídos. Durante veintidós años de mi vida cristiana, Dios me permitió ver solamente a través de mis ojos físicos. Y le doy gracias porque no nací ciega ni sorda. Yo conocía de las historias bíblicas y cualquier pasaje que alguien compartiera de la Biblia, más o menos tenía idea acerca de él. Si era de Moisés, sabía que era el que había sido salvado de las aguas; si mencionaban a Abraham, conocía que era el padre de la fe; si compartían de la conversión de Pablo, sabía que era quien persiguió a la iglesia.

Pero durante veintidós años, no vi milagros extraordinarios en mi vida. Era una mujer aparentemente cristiana que no vivía en lo sobrenatural.

Cuando viajamos de Bogotá a la ciudad de Houston, después del atentado, mis hijas salían a estudiar y yo quedaba en casa. Rápidamente hacía los oficios en el hogar y me ponía a orar. Cuando empecé a tener esa comunión con el Espíritu Santo, Él me dijo: "Hija, quiero mostrarte algo: Tú necesitas otros ojos; necesitas un milagro muy grande porque también eres sorda. Tú no has escuchado mi voz". Me quedé asombrada. Él me dijo: "Sí, tú ves el mundo natural pero no puedes ver el mundo espiritual, sabes de la Biblia como si fuera historia, como si se tratase de la historia de Colombia, de la historia Norteamericana, de la Segunda Guerra Mundial... pura información. Pero no tienes oídos para escuchar Mi voz. Yo nunca he hablado que quien lee la Biblia tendrá fe. Yo he dicho en Mi Palabra que quien escuche Mi voz tendrá fe". Yo nunca había pensado que era ciega. En esa ocasión, tuve que admitir mi condición. Si para usted no ha sido real el mundo espiritual, quiero advertirle que muy probablemente esté ciego.

Dios quiere darle hoy la vista

Tal vez usted no ha visto milagros extraordinarios en su vida, aunque concurre los domingos a la iglesia y hace tiempo que es cristiano. Pero la bendición es que sus ojos serán abiertos y verá milagros extraordinarios.

La fe nos ayuda a apropiarnos de las promesas

El Señor ha prometido que usted y su casa serían salvos, pero quizás no tenga un esposo comprometido que verdaderamente viva en el camino de Dios, o tal vez tiene un hijo rebelde que le ha hecho sufrir demasiado. La Biblia nos dice que la prosperidad es para el justo, pero tal vez usted vive en la esclavitud de dos o tres trabajos, y todavía no tiene la bendición plena en el área financiera. Lo que hoy necesita es escuchar la voz de Dios.

En la Biblia podemos observar dos tipos de palabras: la palabra "rhema" y la palabra "logos". Yo puedo hablar el logos de Dios, la palabra escrita, sin embargo eso no traerá la fe. Pero, el obtener la rhema implica algo más. Es estar horas y horas en la presencia de Dios esperando que Él se revele a usted. Uno cree que tiene una vida productiva cuando se la pasa corriendo de un lado al otro, cuando tiene muchas cosas para hacer, porque se nos ha dicho que aprovechemos muy bien el tiempo.

La oración no puede ser instantánea

Hoy día todo es instantáneo. Pero permítame decirle, que el tiempo que usted dedique a la oración no debe ser instantáneo (o por lo menos no debería serlo). Si usted quiere oír la voz de Dios debe tomar un tiempo especial en Su presencia, pues allí la semilla de fe es impartida. Durante siete meses estuve orando, y fue en ese lapso que, por primera vez, pude concebir verdadera fe en mi corazón

–considerando que llevaba más de veinte años de cristiana y más de dieciocho años casada con un hombre de Dios. El Señor me dijo: –"Hija, no vas a conformarte con saber lo que pasó con Pedro en la Biblia, lo vas a vivir. Él fue testigo de la multiplicación de los panes y los peces y fue protagonista de la pesca milagrosa. Si crees, tú también lo verás, porque en este momento te daré vista espiritual y contemplarás miles de mujeres en una sola reunión, allí te daré una nación de mujeres, y lo que no has alcanzado hasta hoy, lo conquistarás en un solo día". Si yo a través de mi testimonio había ganado en aquel tiempo diez o veinte mujeres, creo que era mucho. Las hubiera podido contar con los dedos de mi mano. Pero oí la voz del Espíritu, oí la voz de Dios y eso me cambió.

Dios quiere abrir nuestros oídos

Las Sagradas Escrituras declaran: "El Señor omnipotente me ha concedido tener una lengua instruida, para sostener con mi palabra al fatigado. Todas las mañanas me despierta, y también me despierta el oído, para que escuche como los discípulos" (2). Usted necesita que sus oídos sean abiertos para escuchar la voz del Espíritu Santo. Yo pude oír por primera vez la voz del Espíritu, y por medio de Su Palabra, me dio fe y tuve esa gran reunión. El Señor, en una sola convocatoria me dio veinte mil mujeres y tres mil de ellas nuevas. Fue como una nación toda para Dios, una nación de mujeres.

Necesitamos ver

Cuando fui a Seúl, Corea tuve la oportunidad de asistir a un estadio donde se reunieron cien mil mujeres. Allí entendí que ver es poseer, pues al momento declaré: "Desde ya creo que tengo cien mil mujeres en Colombia". Luego era necesario ganarlas en oración para que se hagan una realidad.

El diablo también conoce el poder de esta verdad, por eso siempre está tratando de poner imágenes inapropiadas ante nuestros ojos. Cuando las revistas pornográficas llegan a manos de un joven, esa semilla cautiva su mente. Dios creó el matrimonio para que dentro de él podamos disfrutar de una vida sexual sana y santa, acorde con la Biblia. Pero cuando el enemigo pone imágenes inadecuadas, está sembrando lascivia, adulterio y fornicación. Podemos ver entonces que las imágenes y las visiones se aplican tanto para el bien como para el mal.

Si usted vive una vida religiosa, si no ama apasionadamente a Jesús, si no ama la oración, si no ve milagros día a día, si es esclavo del trabajo, si maldice, si tiene amargura en su corazón, no está viendo. Si sale el domingo de la iglesia con toda la fe que pueda tener, pero ya el lunes esa fe coge alas y se va, no está viendo con sus ojos espirituales. El Espíritu Santo fue enviado para mostrarnos lo que debemos ver.

Hoy necesita ver y escuchar

Yo no sé cuál es el milagro que usted necesita hoy, pero le sugiero que pida dos cosas: que sus ojos puedan tener visión y que sus oídos sean abiertos. Ciertos ciegos se acercaron a Jesús, y lo único que Él les dijo fue: "¿Creen que puedo hacer esto?". Todo dependía de la respuesta de estos dos ciegos. Hoy yo le pregunto: "¿Cree que Dios puede darle la vista? ¿Cree que su oído será abierto?". Si cree, así será. Conforme a su fe será hecho. Cuando usted ve lo que Dios quiere que vea, se convierte en una persona extraordinaria. Cuando escucha la voz del Espíritu Santo, recibe la fe que mueve montañas, puede visualizar la gente viniendo a recibir a Jesús, las sanidades, la liberación, ve cómo la rebeldía sale del corazón. Pida al Señor que abra, mañana tras mañana, su oído para que oiga como los sabios, entonces no tendrá que ir al Internet o a la televisión para escuchar las noticias negativas que muchas veces nos quitan la poca fe que tenemos, no será así, sino que irá a la Palabra de Dios, al logos, que luego el Señor transformará en rhema. Ese rhema impartirá la semilla para que milagros ocurran. Luego tendrá una palabra para su cónyuge, para sus hijos, para sus discípulos porque tendrá la lengua como de sabio.

Debemos activar nuestra fe

El Espíritu Santo le estará tocando, estará abriendo sus ojos para que vea lo que Dios quiere hacer en el mundo espiritual, traerá aquellas imágenes que usted necesita ver:

de multiplicación, de sanidad, de liberación, de restauración familiar. Podrá ver con claridad todas las promesas que hay en Su Palabra para usted.

Cierre sus ojos y visualice el milagro que necesita: vea a sus hijos sirviendo a Dios, vea su cónyuge totalmente comprometido con Jesús; vea que usted, su familia y su descendencia impactarán vidas por el testimonio de santidad que hay en usted. Véase rodeado de discípulos que anhelan cumplir el mandato de Dios, vea un equipo fiel, vea como conquista su área financiera, vea su nación transformada.

Referencias Bíblicas:

(1) Mateo 9:27-30;   (2) Isaías 50:4

Capítulo 12
ESTAR DE ACUERDO

Hace un tiempo, hablé con un pastor en Portugal, quien me compartió que el Señor lo había inquietado sobre el concepto de "estar de acuerdo". Un día preguntó a Dios sobre el por qué de Satanás, si se suponía que era un querubín que vivía en santidad y se movía en un ambiente de plena pureza. Fue cuando recibió una tremenda revelación divina de cómo el adversario concibió el mal dentro de sí. Pues él era uno de los de mayor jerarquía en el ámbito angelical, dado que el Reino de Dios está organizado en ángeles, arcángeles, serafines y querubines. Lucifer, un querubín protector, tenía la responsabilidad de guardar el propiciatorio, el lugar más santo de Dios. Por tener esa tarea, estaba muy cerca de Dios, extendía sus alas cubriendo el propiciatorio y escuchaba todo lo que Él decía. Hubo un momento en que Dios –Padre, Hijo y Espíritu Santo– dijo: "Hagamos al ser humano a nuestra imagen y semejanza" (1).

Hacer al hombre a imagen y semejanza de Dios, significaba que el ser humano tendría Su naturaleza, existiría un ser superior a los ángeles, los habitantes del Reino celestial. Aunque ese querubín era perfecto, santo y lleno de sabiduría, permitió lo incorrecto en su corazón. No estuvo de acuerdo con la decisión de Dios; pensó que Él se equivocaba al crear seres de barro que serían perfectos, los elevaría a Su nivel y ocuparían un sitio de privilegio en Su Reino. Pensó que el plan divino sería un fracaso, no podía aceptar semejante idea de Dios. Comenzó a propagar su desacuerdo entre los ángeles bajo su liderazgo, así inició una campaña de descrédito de Dios. Al concebir el mal en su propio corazón, contaminó a muchos a su alrededor. Para aquel bello ser, conocido como el querubín protector, no podía existir alguien mejor que él, ni a quien él no controlara, y no estaba dispuesto a admitir que Dios tuviera preferencia por una persona formada del barro. ¿Por qué Él pensó en crear un ser a Su imagen y semejanza? El negativismo y el desacuerdo se extendieron, y la tercera parte de los ángeles se levantó contra Dios. Dios intervino, expulsando de Su Reino al rebelde junto con todos los ángeles que se unieron a él.

Por su rebelión, el adversario perdió los beneficios que disfrutaba en el Reino de Dios. Y desde el momento en que Él puso al hombre en el huerto del Edén, se esforzó en demostrar a Dios que él tenía razón al afirmar que el ser humano nunca sería perfecto. Lo primero que hizo Satanás en el huerto del Edén fue tentar a la pareja, porque de esa manera ejercía control sobre toda la humanidad.

Jesús, el mayor ejemplo de fidelidad

El Padre dijo a Jesús que quería que dejara Su posición de autoridad y tomara la posición del hombre que estaba caído, por lo que sería menor que los ángeles. Jesús no discutió con el Padre; nunca dijo no estar de acuerdo. Quizás, muchos pensamientos pasaron por Su mente, pero los declinó a todos, aceptando el deseo del Padre. Lo único que expresó, fue: "Me agrada, Dios mío, hacer tu voluntad" (2). Nunca usted encontrará desacuerdo en la relación de Dios Padre, Hijo y Espíritu Santo; cada uno sabe cómo someterse al otro. Jesús supo cómo someterse al Padre. El Padre le encomendó una misión, y la aceptó. Dios le había preparado un cuerpo humano, y lo aceptó, viviendo como hombre, aunque retuvo Su identidad de Hijo de Dios.

Ejerciendo Su ministerio, Jesús dijo: ";Acaso no crees que yo estoy en el Padre, y que el Padre está en mí? Las palabras que yo les comunico, no las hablo como cosa mía, sino que es el Padre, que está en mí, el que realiza sus obras" (3). "El que habla por cuenta propia busca su vanagloria; en cambio, el que busca glorificar al que lo envió es una persona íntegra y sin doblez" (4).

La rebeldía y la autoridad

El espíritu de rebeldía se despierta cuando hay desacuerdo con la autoridad. Esto lo vivimos a nivel ministerial con alguien que formaba parte de nuestro equipo. Cuando presentábamos un proyecto que sabíamos que sería de bendición, siempre esa persona decía: "No estoy de acuerdo". Por tratar de ser condescendientes con este hombre, dejamos de conquistar varios frentes. Y por causa de que había dado lugar al desacuerdo, dejó una puerta abierta al adversario, quien trabajó en su mente hasta sacarlo del propósito de Dios para su vida.

Cumpliendo la voluntad del Padre

Jesús nos enseñó lo que es un verdadero sometimiento. Aun en el momento más difícil para Él, en el huerto de Getsemaní, habló con el Padre, y dijo: Padre, mira si hay otra forma de redimir a la humanidad, sin tener que pasar por esto. Pero si no hay otro camino, me someto a Tu voluntad". Nunca discutió con el Padre, ni estuvo en desacuerdo. Es el mayor ejemplo de sometimiento, por eso debemos aprender de Él. Por algo Jesús dijo: "...aprendan de mí, pues yo soy apacible y humilde de corazón..." (5). Cuando el querubín protector pensó que era una locura que Dios creara un ser superior a él, nació el mal. Por eso el enemigo se levantó contra el hombre. Pero cuando Jesús decidió estar de acuerdo con lo dicho por el Padre y aceptó obedecer, se sembró la semilla del bien para la humanidad. Desde entonces, el hombre tiene dos opciones: Se inclina por el desacuerdo, o se inclina por el acuerdo. Poncio Pilato preguntó al pueblo: "¿A quien escogéis: Barrabás o Jesús?" Gracias a Dios, usted y yo escogimos a Jesús.

La mente, el blanco del adversario

Debemos saber que los dardos del adversario vienen envueltos en pensamientos humanos. Nuestros pensamientos son como semillas y la mente del hombre es como un campo fértil. Si el creyente tiene una motivación incorrecta, la mente se convierte en tierra propicia para que se siembre esa semilla de maldad en tal persona y, con el paso de los años, germinará y dará el fruto incorrecto. Como iglesia, hace un tiempo pasamos por una de las pruebas más difíciles que jamás vivimos; tres de los líderes considerados de primera línea se rebelaron en un solo mes, pensando que se desestabilizaría la iglesia y que cada uno saldría con una buena cantidad de personas. Mas hubo algo que no tuvieron en cuenta: Dios no es cómplice del pecado de nadie. De manera sobrenatural, el Espíritu Santo guardó la iglesia.

Dios tiene todo bajo Su control

Una de las expresiones que uso con frecuencia es: "A Dios, nada lo toma por sorpresa, aunque a nosotros sí". Todo lo que vivimos, ya Dios lo había profetizado aproximadamente veinte años atrás. Un pastor amigo, quien tiene el don de profecía, nos visitó en aquel entonces, y el Señor nos dio una tremenda palabra a través de él, presentando diferentes etapas que pasaríamos como iglesia.

Parte de esa profecía, dice:

"Pasarán un tiempo de fuego; un tiempo en el cual las personas no entenderán lo que Yo estoy haciendo. Tampoco comprenderán lo que Yo estoy diciendo a Mi pastor. Puede ser un tiempo de murmuración. Como con fuego cuiden sus corazones, dice el Señor; deben buscar la unidad en el liderazgo y con Mi pastor. Cuando no comprendan lo que estoy haciendo, oren; cuando no vean la respuesta o no entiendan la dirección en la cual el pastor los está dirigiendo, en obediencia a Mí, caigan de rodillas y oren. Busquen Mi rostro y ministren a las personas que tengan el corazón herido por, quizás, no entender la dirección en la que la iglesia esté yendo en ese momento. Ustedes que son fuertes, ustedes que son maduros, levántenlos, minístrenlos, pero no se dejen contaminar por ellos. Aprendan cómo ministrarles Mi amor, aprendan cómo ministrarles aceptación, sin recibir el rechazo de ellos hacia la iglesia, porque es hacia Mí, dice el Señor".

Después de ser víctimas del atentado, salimos de Colombia con mi familia y dejamos la iglesia bajo la responsabilidad de algunos líderes. En nuestra ausencia, Satanás trabajó de manera diferente en el corazón de tres de ellos.

Uno, muy allegado a nosotros, mientras me debatía entre la vida y la muerte, ya al segundo día del atentado, buscó al gerente financiero y le dijo: "Quiero que me entregue cuentas de todo, porque a partir de ahora tomaré el control". La respuesta del gerente fue: "Pero si el pastor aún no ha muerto y la pastora continúa con vida." Seguía insistiendo, obsesionado por la sed de poder, y dijo: "No me importa, quiero ahora responsabilizarme de todo." A lo que el gerente contestó: "¿Qué información necesita y se la doy? Mas no he recibido órdenes de nadie para hacerle entrega de algo". Después de esto, abandonó la oficina. Se desvió del propósito divino y, de un momento a otro, renunció al ministerio. Otro líder se contaminó con dinero al dejar que la avaricia entrara en su vida, incurrió en el pecado de robo. El tercero cayó en pecados morales, aunque trataba de ocultarlo bajo sus drásticos sermones; los discípulos lo delataron y huyó de la iglesia. Aunque los tres líderes tenían gran influencia sobre el liderazgo, sus discípulos no aprobaron lo que hicieron, salvo unos pocos confabulados con ellos. Mas la mayor parte del liderazgo, incluyendo los del grupo de doce de cada uno, permaneció fiel a la iglesia y la Visión. Cuánto lamentamos que tres líderes que tanto apreciábamos, no soportaran la prueba y dejaran la carrera antes de concluirla.

Somos conscientes de que, como líderes, debemos librar muchas batallas; hay temores, obstáculos que vencer pero, si estamos asidos de Su Palabra y resistimos al enemigo en fe, pasaremos la prueba. Al aprender el lenguaje de la fe, la persona deja de pertenecer a este mundo para convertirse en un ciudadano del Reino de Dios.

Protección para la iglesia

La otra parte de la profecía, era la voz de compasión y misericordia de Dios hacia aquellos miembros de la iglesia más débiles, que fácilmente se pueden herir por lo sucedido. Luego que estos líderes salieron, algunos que los admiraban quedaron un poco confundidos, sin tener un rumbo claro para sus vidas. Mas la palabra profética fue de mucha fortaleza para ellos.

"Mi Cuerpo, Yo los aprecio. Yo no estoy echando a nadie, dice el Señor, quiero congregarlos a todos, aun aquellos que están heridos, y a los que han caído quiero levantarlos. Sé que se levantarán, pero para ello se requiere un arrepentimiento y reconocimiento de parte de ellos a la iglesia. A los líderes que se han ido, el Espíritu Santo les dice: Vuelvan a Mí. Si por teléfono han escuchado queja, murmuración, vuelvan a Mí. Limpia tu corazón de estas cosas, y únanse bajo la unción del pastor que he puesto en este lugar; él tiene la unción para llevarlos adelante, y en la medida que estén siguiéndole, recibirán paz y comerán de Mis pastos verdes, porque él sabe cómo dirigirles en Mi Espíritu Santo. No salten el cerco pensando que el pasto es más verde por allá; porque en realidad, son desiertos pintados de verde por el diablo, para engañarlos. Vuelvan, humíllense, únanse y sigamos adelante, dice el Espíritu. Sigan adelante y pasarán el tiempo de fuego, y todos los que permanezcan después de este fuego, mostrarán que son de oro y plata; porque la plata y el oro no se queman en el fuego de la prueba, la persecución o la murmuración".

Luego de tan fuerte crisis como iglesia, entramos en un crecimiento sólido, lleno de armonía y respeto, experimentamos una gran multiplicación con consistencia. Esto ya lo había profetizado el Señor, diciéndonos:

"Aquellos que permanezcan fieles a Mí, y a la iglesia, demostrarán que en el tiempo de queja tienen carácter de oro, carácter de plata. Toda la paja y toda la madera se quema con la queja y con las cosas que son contrarias. Aquellos que sean fieles a Mí y a la iglesia, serán manifiestos como: Fieles, que tienen corazones rectos y serán usados para apoyar al liderazgo de la iglesia, dice el Señor. En Mi tiempo estableceré personas fieles en los lugares de responsabilidad y ministerio, pero sólo luego de probar que son fieles, en unirse al pastor en estos tiempos difíciles, dice el Espíritu Santo. Saldrán de este tiempo de prueba y verán los campos, serán usados como congregación para ganar muchas almas. Alcanzarán a muchos que recibirán sanidad. Y dice el Señor, necesito levantar, después del tiempo de fuego, del tiempo de prueba, capitanes sobre cincuenta, capitanes sobre doscientos, capitanes sobre quinientos, repartiendo liderazgo sobre el rebaño, porque van a crecer y crecer. Se escribirán libros acerca de este ministerio, dice el Señor".

Aunque vivimos nueve meses de prueba, esto trajo mayor unidad e integración entre nosotros, con el liderazgo y con la iglesia. El Señor preparó todo para que volviéramos al país, y no sólo ver el desarrollo ministerial de cada uno de los fieles, sino que Él permitió que diéramos las directrices para el gran crecimiento que ahora estamos viviendo.

Referencias Bíblicas:

(1) Génesis 1:26a;   (2) Salmo 40:8;   (3) Juan 14:10;
(4) Juan 7:18;   (5) Mateo 11:29.

Parte 2

ESTRATEGIAS PARA EL ÉXITO

Capítulo 1
PROYECTÁNDONOS
HACIA EL ÉXITO

En esta segunda parte intentaré exponer en detalle lo relacionado con el modelo de los doce, una estrategia de multiplicación y liderazgo; elementos con los que el Señor nos ha permitido, lograr lo que ya han visto hasta ahora y, lo que es más importante, proyectarnos al éxito en todo momento. Creo necesario, ante todo, aclarar que la proyección al éxito es algo que también le compete a usted. Nadie alcanzará una dimensión de crecimiento, como la comentada, si individualmente no convierte el éxito en un ideal por medio del cual el Señor pueda derramar Sus bendiciones, haciendo efectiva Su Palabra.

No existe una persona que no anhele ser exitosa en lo que hace. Pero, ¿qué es el éxito? Podríamos identificarlo como metas conquistadas, sueños realizados, obstáculos vencidos, triunfos aclamados, y todos aquellos logros que niños, jóvenes y adultos deseamos alcanzar.

Como seres humanos, todos ansiamos ser reconocidos, valorados y aceptados; de ahí que las más profundas heridas sean producidas por el rechazo. Sin embargo, mis propias experiencias y mi relación con personas que han superado los obstáculos, me permiten garantizar que ni el rechazo, ni las barreras familiares, sociales o culturales, ni la situación económica constituyen impedimentos para alcanzar el éxito.

Guillermo Carey, el "padre de las misiones", tituló su primera predicación: "Emprende grandes cosas para Dios y Dios hará grandes cosas". Este mensaje fue el punto de partida para que millones de misioneros entusiastas salieran a las naciones paganas a conquistar almas para Cristo.

Moisés fue un gran hombre de Dios, como ningún otro había sido levantado; Dios mismo hablaba con él cara a cara. Todos sabemos que el Señor ha levantado tremendos ministerios y los ha usado de una manera extraordinaria, pero cada ministerio, por grande que sea, cierra su ciclo y da paso a las nuevas generaciones. Algunas denominaciones no han comprendido que el Señor permite concluir una etapa para traer algo nuevo. Dios le dijo a Josué: "Mi siervo Moisés ha muerto" como diciendo: "Ya culminó ese ciclo". Muchos viven de las glorias antiguas del liderazgo, pero se les olvida que nosotros somos la generación del presente y que Dios quiere avivar Su fuego a través de nuestra vida. Ahora somos nosotros los protagonistas de la historia. No intentemos levantar los huesos de Eliseo de la tumba, o traer la presencia de Elías a la tierra. Josué, Eliseo y tantos otros ya no están; estamos nosotros y hoy Dios quiere usarnos.

Cuando el Señor le dijo a Josué: "Mi siervo Moisés ha muerto", fue porque luego le confiaría la responsabilidad a él. Los siervos de Dios tienen ejemplos para inspirarse. Aquellos que nos antecedieron han marcado un rumbo con sus vidas, sus enseñanzas, sus libros, etc. Lo que ocurrió en el pasado ya cumplió su propósito, ahora es nuestra oportunidad. Debemos hacer lo que Dios ha puesto en nuestros corazones. Usted es el hombre, usted es la mujer de Dios para esta época. No le pida que envíe a otro, pues Él lo escogió a usted.

El Señor le enseñó a Josué cuatro principios fundamentales para aplicar eficazmente la Visión:

I. Tener un corazón de siervo

"...Jehová habló a Josué hijo de Nun, servidor de Moisés..." (1). Tener un corazón de siervo asegura la protección divina. Josué, en todo momento, estuvo pendiente de las necesidades de Moisés, el siervo de Dios; no porque éste se lo pidiera sino porque lo hacía de corazón. Moisés acostumbraba a internarse en el monte y pasar días enteros allí; mientras tanto, Josué esperaba por cualquier cosa que se le ofreciera. Tenía un corazón de siervo, era un servidor fiel, por eso, Dios lo guardó en el momento de prueba. Cuando el pueblo de Israel vio que Moisés había subido al monte y no regresaba, se incomodó y pidió a Aarón que les hiciera dioses a quienes adorar. Atendiendo a la voz del pueblo, erigió un becerro de oro con el cual la gente se corrompió. Pero Dios guardó de la corrupción a una sola persona: Josué, porque se mantenía ocupado, sirviendo fielmente al siervo de Dios. De esta manera, Josué fue preservado y la unción de Moisés pasó de una generación a otra.

La unción es traspasada a través de la imposición de manos

Quien da la unción es la autoridad apostólica, y esta autoridad la reproduce en la persona que Dios ha elegido; de tal forma, pasa de una generación a otra.

Hace unos años, estuvimos con el Dr. Cho en Corea. Compartiendo con él, su primera pregunta fue: "¿Qué es G12? Porque muchos pastores en Corea han venido a preguntarme". Le dije: "Pastor Cho, nadie puede desconocer que el padre de la iglesia celular es usted. Nosotros fuimos inspirados en la visión que Dios le dio. Tratamos de aplicarlo como ustedes, pero no obtuvimos el mismo resultado, hasta que oré al Señor y me dio la revelación del Gobierno de los doce". Hice un breve recuento de lo que era nuestro ministerio y cómo Dios nos había bendecido hasta experimentar una gran explosión celular. Luego le dije: "Pastor Cho, todas las células que hay en Colombia son suyas, porque siempre lo hemos reconocido como una autoridad espiritual". Se conmovió al escuchar esas palabras. Se acercó a orar por nosotros e imponiendo sus manos sobre nuestras cabezas, dijo: "Señor, la unción que Tú me has dado, la deposito en ellos. Tú les has entregado a ellos el mundo, dales la gracia para que puedan administrar esta gran responsabilidad". En ese momento sentimos que recibíamos una herencia que sólo podía ser trasmitida a través de la imposición de manos. Aunque en lo natural Dios ya nos había bendecido, era necesaria esa oración específica.

La antorcha de la multiplicación

Dios es el Dios de tres generaciones. Para que la Visión se desarrollara, se necesitaba que esa unción celular se transmitiera a la siguiente generación por medio de la imposición de manos. Dr. Cho ha sido la autoridad espiritual en lo concerniente a la iglesia celular; Dios fue vinculándonos espiritualmente con él a través de sus enseñanzas, con las cuales siempre nos alimentamos desde hace más de veintitrés años. Nos mantenemos conectados a sus instrucciones; de esta manera, nos sentimos unidos a la fuente. Esto nos inspira en la fe. Puedo leer obras de otros escritores, pero no encuentro la misma fuerza que trasmite el Dr. Cho. Sé que él está conectado a la fuente divina, que es Dios.

En el año 1995, al visitar su iglesia en Corea, Dios me dio una visión. En ese momento sólo teníamos mil doscientas células en nuestra iglesia. Dios me mostró al Dr. Cho corriendo, vestido con indumentaria de atleta y con una antorcha en su mano; era como una carrera de relevos. Corriendo llegó hasta donde yo estaba y me entregó la antorcha, entonces el Espíritu me dijo que esa era la antorcha de la multiplicación. Luego de esta visión, nos multiplicamos en células; de mil doscientas, en seis meses pasamos a cuatro mil. Dios honra a las autoridades, por eso le dijo a Moisés que orara por Josué, quien sería su sucesor, porque necesitaba de su misma unción. El pueblo de

Israel dijo entonces a Josué: "Nosotros obedeceremos todo lo que nos has mandado, e iremos adondequiera que nos envíes. Te obedeceremos en todo, tal como lo hicimos con Moisés. Lo único que pedimos es que el Señor esté contigo como estuvo con Moisés" (2). La gente quiere ver el respaldo de Dios en sus líderes. Usted necesita la unción, el fuego de Dios, y un corazón de siervo para que Su respaldo se manifieste en su vida.

II. Guiar correctamente a sus discípulos

"Ahora, pues, levántate y pasa este Jordán, tú y todo este pueblo, a la tierra que yo les doy a los hijos de Israel" (3). El Señor instó a Josué a levantarse y a hacerlo junto al pueblo. Dios nos está llamando a una nueva conquista; significa que el líder es quien primero debe levantarse, luego todo el pueblo. El líder necesita el apoyo de su gente. Debe actuar de la manera que lo hacía Israel cuando salía a la guerra, como un solo hombre. Nadie debe estar quieto. Jesús dijo a Sus discípulos: "A la verdad la mies es mucha, y los obreros pocos. Rogad, pues, al Señor de la mies, que envíe obreros a su mies". La mies representa la gran cosecha de almas que están a punto de su salvación, pero si no somos diligentes en llevarles el mensaje, podrían perderse para siempre.

Martín Lutero tenía un amigo muy cercano a él, quien lo cubría a través de la intercesión. En una ocasión, el hombre tuvo un sueño; se vio en un campo muy grande cuya cosecha estaba ya lista para ser recogida, pero en todo ese lugar sólo había una persona haciendo el trabajo. Se angustió mucho. Cuando se acercó, vio quién era la persona que estaba recogiendo esa gran cosecha, era su amigo Martín Lutero. En ese momento, entendió que no podía quedarse sólo con orar e interceder, sino que debía actuar, ir a la conquista, salir de su lugar. Ese día oró y dijo: "Señor, yo quiero salir, yo quiero conquistar". Los creyentes de hoy en día deben agregar a la intercesión el ingrediente del trabajo, y ayudar a recoger la gran cosecha que Dios nos ha preparado para este tiempo final. Sólo podremos lograrlo de una manera eficaz, si usted se compromete y decide implementar correctamente la Visión.

Usted debe dar el paso en fe como lo hizo Josué, que se lanzó y se impulsó hacia la conquista. Visualizó y se percató de que debía conquistar. Se preparó, oró, confió en el Señor y obtuvo la victoria.

III. Saber cómo traer la bendición

"Tal como le prometí a Moisés, yo les entregaré a ustedes todo lugar que toquen sus pies" (4). Conquistar implica derribar murallas y pisar -tocar con los pies - nuevos territorios, así como lo hizo el pueblo de Israel para entrar a Jericó y poseerlo. Ellos echaron a todos los moradores de aquella tierra, enfrentándose a gigantes y a todo tipo de adversidad.

Tal vez usted se pregunte cómo podrá conquistar un territorio. El apóstol Pablo escribió: "Alabado sea Dios, Padre de nuestro Señor Jesucristo, que nos ha bendecido en las regiones celestiales con toda bendición espiritual en Cristo" (5). La tierra de las promesas está en el plano espiritual. Lo espiritual predomina sobre lo terrenal. Si la bendición que necesito es terrenal, ¿por qué Pablo dice que la bendición de Dios es espiritual y está en los cielos? Para entenderlo mejor, vamos a trazar una línea imaginaria. Por encima, pondremos el gobierno de Dios y el mundo espiritual; por debajo, el plano natural. Al cruzar esa línea imaginaria entramos al Reino de Dios; los ojos espirituales se abren y podemos ver todas Sus bendiciones para nosotros.

El Dr. Derek Prince decía que Dios tiene un depósito lleno de todo lo que necesitamos, cuyo administrador es el Espíritu Santo y que, teniendo buena relación con Él, podemos obtener lo que deseamos. La fe nos lleva a cruzar esa línea para relacionarnos con el Espíritu de Dios. Si usted, en el plano espiritual, puede ver aquello que necesita, lo traerá a lo natural. Por esto siento gran gozo cuando, al visitar diferentes iglesias, veo fotos de multitudes, pues la visualización ayuda a tener una mayor claridad del objetivo. Años atrás, predicando en Bogotá, pedí a unos pastores que subieran a la plataforma para mirar el coliseo y sentir que no estaban allí sino en Lima, Perú, de donde ellos son. Les pedí que soñaran que Dios les había entregado las multitudes. Luego los llevé al estadio e hice lo mismo. Hace un año, esos pastores con sus iglesias reunieron sesenta mil personas en el Estadio Monumental de la ciudad de Lima.

IV. Ser un vencedor

"Durante todos los días de tu vida, nadie será capaz de enfrentarse a ti. Así como estuve con Moisés, también estaré contigo; no te dejaré ni te abandonaré" (6). Empezar la carrera de la fe cristiana no es lo más importante, sino tener la plena certeza de llegar con éxito hasta el final. ¿Cuántos salieron con Moisés de la tierra de Egipto? Sin embargo, sólo dos llegaron a la tierra prometida. ¿Por qué tanta gente quedó postrada en el desierto? Porque quitaron sus ojos de Dios y los pusieron en las circunstancias. Dios había prometido a Josué que no lo abandonaría. Esa promesa también nos alcanza a nosotros y, aunque atravesemos diferentes pruebas, debemos creer que Dios nos llevará a la victoria.

Como iglesia, cuando pasamos por ese momentos tan difícil, gracias a Dios no perdimos gente. Sabemos que lo que protegió a la iglesia fue que cada uno estaba ocupado sirviendo. Veían la prueba, pero no murmuraban ni criticaban, sino que oraban. En medio de ella, un equipo de pastores los aconsejaba, los orientaba y los ministraba. Los únicos afectados fueron los que tenían un corazón rebelde, quienes desde un principio manifestaron ese espíritu incorrecto. Ellos querían construir su propio reino, levantar su propio ministerio y contaminar a los demás. Diez de los doce jóvenes del equipo de liderazgo se mantuvieron firmes con sus discípulos; así pasaron la prueba. Dios guardó la iglesia, porque todos cultivaron un corazón de siervo fiel.

Al proyectar su vida hacia el éxito, manténgase fiel y sirviendo en el lugar que Dios lo ha puesto.

Referencias Bíblicas:

(1) Josué 1:1, RV 1960;   (2) Josué 1:16,17;
(3) Josué 1:2, RV 1960;   (4) Josué 1:3;   (5) Efesios 1:3;
(6) Josué 1:5.

Capítulo 2
UNCIÓN DE MULTIPLICACIÓN

"El Espíritu del Señor está sobre mí, por cuanto me ha ungido para dar buenas nuevas a los pobres; me ha enviado a sanar a los quebrantados de corazón; a pregonar libertad a los cautivos, y vista a los ciegos; a poner en libertad a los oprimidos; a predicar el año agradable del Señor" (1).

Aquel que quiera evaluar el éxito de un ministerio, necesariamente debe remitirse a su crecimiento en el área espiritual y a su multiplicación numérica. Sólo quienes se mueven guiados por un espíritu conformista argumentarán que es más importante la calidad del creyente que su cantidad en una iglesia; sin embargo, opino que ambas cosas van combinadas. Jesús dijo que seríamos conocidos por "el fruto", y agregó: "Mi Padre es glorificado cuando ustedes dan mucho fruto, mostrando así que son Mis discípulos". Este fruto se refiere tanto al área espiritual como al crecimiento numérico, y sólo será posible cuando la unción del Espíritu Santo actúe en la vida del líder y en la iglesia en general. La unción que Dios da es para la multiplicación. Desde el principio de la creación notamos que los conceptos de crecimiento y multiplicación han estado siempre en la mente y los planes de Dios para el mundo. El Señor dijo a través de los profetas: "Yo Jehová, no cambio, no cambio ni mudo lo que ha salido de mis labios".

Hay quienes piensan que el Dios de ahora es diferente al Dios de la antigüedad. Les sucede lo del niño que estaba leyendo aquellas historias sangrientas en el Antiguo Testamento y preguntó a su padre: "Papá, ¿esto era cuando Dios no era cristiano?". Lo interesante es saber que Dios nunca cambia y que Su propósito con nosotros tampoco. "Y Dios creó al ser humano a su imagen; lo creó a imagen de Dios. Hombre y mujer los creó, y los bendijo con estas palabras: Sean fructíferos y multiplíquense; llenen la tierra y sométanla; dominen a los peces del mar y a las aves del cielo, y a todos los reptiles que se arrastran por el suelo" (2). La bendición vino sobre Adán no cuando estaba soltero, sino ya casado, y esa bendición incluía tres observancias:

Fructificar

Esto significa vivir en santidad. En una de sus cartas, San Pablo escribió a los romanos diciendo que debemos tener como fruto nuestra santificación. Implica que si usted anhela la bendición de Dios, debe vivir en santidad, porque Él sólo bendice a quienes se someten a Sus leyes.

En cierta ocasión, hablé seriamente con una pareja, les dije que si Dios les había dicho que no se casaran, no desobedecieran, o de lo contrario deberían buscar otra iglesia, pues no estaba interesado en pastorear a gente que no quería acatar las leyes divinas. Sólo hay dos opciones: obediencia o desobediencia. Hay muchas iglesias alrededor del mundo pastoreadas por personas que nunca exigirán absolutamente nada con tal de que mucha gente asista a sus reuniones. Pero nosotros nos comprometimos a trabajar con gente que quiere obedecer a Dios, porque invertimos el tiempo en la gente que quiere dar fruto.

San Pedro escribió: "Más bien, sean ustedes santos en todo lo que hagan, como también es santo quien los llamó" (3). Hay una gran diferencia entre el justo y el impío, lo cual se pone en evidencia en el momento de la prueba, porque la mano de Dios siempre está lista para bendecir y proteger a los justos. Lamentablemente, Adán descuidó esta orden de Dios y se centró en lo segundo.

Multiplicar

La primera pareja se multiplicó a tal punto que se extendió alrededor del planeta tierra. Sin embargo, fue una multiplicación sin santidad. Alguien me preguntó: "Pastor, ¿por qué en esa iglesia, a pesar de enseñar una doctrina incorrecta, hay tanta gente?" A lo cual respondí: "No se guíe por la gente, pues aun en las iglesias satánicas la hay. Lo importante es que Dios quiere cantidad combinada con santidad". La primera generación creció mucho, pero fue una multiplicación sin santificación, lo cual es preparar una descendencia para destrucción.

Por esa razón, la Palabra dice que Dios se arrepintió de haber hecho hombre en la tierra y que le dolió en Su corazón; agregó también que quitaría de la faz de la tierra a todo ser viviente que había creado pues el hombre sólo pensaba en el mal. Pero hubo uno que halló gracia y, por causa de él, Dios preservó la raza humana. Noé hizo la diferencia. Si en su ciudad, el noventa y nueve por ciento practica el pecado y usted es el único justo, esto marcará la diferencia. No se deje guiar por lo que la mayoría de la gente hace. Dios lo llamó a una vida de santidad; es el único camino para levantar una generación para Dios.

Señorear

La multiplicación en santidad produce autoridad. Esta es la etapa cuando empezamos a influenciar positivamente en ciudades y naciones, convirtiéndonos en una alternativa de cambio y esperanza. Por ese motivo, mi esposa decidió incursionar en política. Gracias al trabajo que realizó, logramos abolir la tolerancia religiosa y obtener la igualdad de religión en la Constitución colombiana. Nuestra fuerza política cristiana inclinó el electorado a favor del candidato Álvaro Uribe, quien se ha convertido en uno de los mejores presidentes de los últimos tiempos, con un índice de popularidad cercano al setenta por ciento que lo ha llevado a la reelección.

La santidad conduce a una multiplicación genuina; la multiplicación conduce a la autoridad. Dios destruyó la generación de Adán y quedó Noé. Más adelante, Dios repite la bendición dada a Adán y Eva, pero a Noé y su familia, diciendo: "Fructificad, multiplicaos, llenad la tierra". Otra vez les habla de vivir en santidad, de multiplicarse y obtener autoridad, que son los tres pasos de la bendición. Pero los hijos de Noé también se distanciaron de Dios; años después, Él escogió a un pagano llamado Abram e hizo pacto con él, diciendo: "Yo soy el Dios Todopoderoso; anda delante de mí y sé perfecto. Y pondré mi pacto entre mí y ti, y te multiplicaré en gran manera" (4). Luego le dijo que de él saldrían reyes y naciones. Se repiten así los tres pasos; al decir: "Sé perfecto", habla de santidad o fructificación; al decir que establecería pacto con su descendencia, habla de multiplicación; al decir que de él saldrían reyes y naciones, habla de autoridad.

La multiplicación está dentro de nosotros y ésta debe ir acompañada de intercesión, fe y la confesión de la Palabra. Cuando creemos esto con todo el corazón, lo confesamos, lo proclamamos, lo declaramos dondequiera que nos encontremos, veremos siempre el respaldo y la bendición del Señor. Abraham creyó con todo el corazón la promesa que Dios le había dado y lo confesó continuamente. Transcurrieron veinticuatro años y aún no se había cumplido, el Señor quería llevarlo a una nueva etapa, a otra dimensión. Luego, Dios se reveló como El-Shaddai (mi provisión, mi nutrimento), término que proviene de la raíz Shad que significa "pecho", aludiendo al pecho materno. A través de esta revelación Dios sanó las heridas del corazón de Abraham, como diciendo: "Si tu padre humano te falló, Yo Soy el Dios que no falla.

Si tu madre humana te falló, Yo Soy el Dios maternal que no falla". Aunque tenía noventa y nueve años de edad, sus heridas emocionales aún estaban abiertas, por eso Dios tuvo que revelarse para sanarlas.

Más adelante, el Señor Jesucristo decía: "El Espíritu del Señor está sobre mí,... me ha enviado a sanar a los quebrantados de corazón...". Usted puede orar para que el Señor le dé las multitudes, mas si su corazón está herido, Él deberá sanarlo primero. Grandes líderes se han levantado, han surgido con autoridad, poder y elocuencia, sin embargo, algunos de ellos no recibieron la sanidad de sus heridas emocionales y cayeron, convirtiéndose en objeto de burla, como ocurrió con Sansón en el Antiguo Testamento. Dios quiere primero sanar nuestro corazón.

Andando en perfección

En el capítulo diecisiete de Génesis, usted encontrará que primero Dios sana el corazón de Abraham, y luego le dice: "Anda delante de mí y sé perfecto". Una persona con un corazón sano es la que puede caminar delante de Dios en perfección. Establece luego Él pacto con Abraham y su descendencia pero, ¿cuál descendencia, si aún no tenía hijos? Es que su corazón ya estaba listo, estaba sano. Abraham adquirió la sustancia, la fe que su hijo vendría cuando su corazón fuere sanado.

Después de esto fue que el Señor le cambió el nombre por el de Abraham (5). Levantó su ánimo, le proporcionó fuerzas, lo rejuveneció, trajo un nuevo vigor a su vida y renovación a la vida de Sara. Aunque ella tenía noventa años, se rió, se gozó y dijo: "Después de vieja volveré a tener deleite, y mi señor Abraham también experimentará igual que yo".

Dios es un Dios que hace maravillas, pero las hace en aquellas personas que Él escoge. Dios les da Su revelación, les da Su visión y las lleva a grandes conquistas. Abraham pudo constituirse en el padre de la fe, gracias a su visión, a su obediencia, a su compromiso pleno con la obra de Dios. Al año, Abraham tuvo a su hijo Isaac, pero llegó el momento en que Dios quiso probarlo y le dijo: "Abraham, dame tu hijo, el único que tienes, Isaac a quien amas, ofrécemelo en holocausto". Abraham pudo haber pensado: "Si Dios me prometió por tantos años que me daría un hijo, ¿cómo ahora me pide que se lo entregue?". Pero no discutió con Dios porque, cuando Él habla algo, Sus promesas nunca caen en tierra. Estuvo presto a obedecerle sin importar las circunstancias, sin entender lo que sucedía. Decidió ir hasta un monte, en la tierra de Moria para ofrecer a su hijo en sacrificio y cuando ya iba a hacerlo, un ángel le habló desde el cielo:

"–No pongas tu mano sobre el muchacho, ni le hagas ningún daño, –le dijo el ángel–. Ahora sé que temes a Dios, porque ni siquiera te has negado a darme a tu único hijo... Además, tus descendientes conquistarán las ciudades de sus enemigos" (6). Abraham se ganó un derecho, porque lo que acontezca con los hijos también nos beneficia, o nos afecta, a nosotros, y esta promesa fue para las generaciones venideras. Quiere decir que, frente a los enemigos que se han levantado, los descendientes de Abraham tendrán autoridad, los derrotarán. Todo porque un hombre tuvo una visión; de Abraham, pasó a Isaac; de Isaac a Jacob, padre de las doce tribus del pueblo de Israel.

Referencias Bíblicas:

(1) Lucas 4:18,19, RV 1960; (2) Génesis 1:27,28;
(3) 1 Pedro 1:15; (4) Génesis 17:1,2, RV 1960;
(5) Génesis 17:5; (6) Génesis 22:12, 17.

CAPÍTULO 3
ÉXITO A TRAVÉS DE LAS CÉLULAS

Durante los primeros siete años de ministerio, tratamos de desarrollar la Visión Celular tomando como modelo la iglesia del Dr. David Yonggi Cho, pero nuestro crecimiento en células era demasiado lento. En esos años alcanzamos un promedio de setenta células, teniendo sólo un treinta por ciento de la membresía comprometida en ellas. No conocíamos el trabajo con grupos homogéneos y el fruto que veíamos no era el anhelado. Esto me llevó a buscar al Señor en oración. Pero en esta ocasión no me dirigió a sus milagros, ni a su poder para liberar, o a las sanidades que hacía, sino que Su revelación se centró en el equipo de doce que Él conformó.

Sabemos que en el mundo no hubo otro hombre como Jesús, pues siendo el Hijo de Dios, y en quien llegó a posar toda la plenitud de la Deidad, Él puso todo su esfuerzo en entrenar a doce hombres. Jesús decidió escoger a las personas más sencillas para entregarse a la tarea de transformarlas. Y en el corto tiempo de tres años y medio logró hacer de ellos tremendos líderes, quienes pudieron trastornar el mundo entero con Su mensaje. Para lograrlo, Jesús los capacitó, les dio un entrenamiento personalizado y práctico, no perdió ni por un momento la fe en ellos y fue guiándolos para que cultivaran una buena amistad hasta llegar a conformar el equipo de Cristo. Todo lo que Jesús hacía era una enseñanza para ellos. Esto me llevó a entender que si Jesús entrenó a doce, yo debería hacer lo mismo.

Hay una relación directa entre los grupos celulares y los grupos de doce, consiste en que, en las reuniones de hogar, una persona puede hacer méritos para lograr su proyección integrando un grupo de doce. Quienes han podido escalar un peldaño dentro del ministerio, lo han ganado a través del trabajo celular, contribuyendo a la multiplicación. Las células ayudan a cada persona a entender el propósito de Dios para su vida.

Al igual que el modelo de los doce, ésta es una estrategia con fundamento bíblico; en el libro de Hechos, capítulo diez, vemos el nacimiento de la iglesia gentil con un acontecimiento distinto al de los ciento veinte reunidos en el aposento alto. Sabemos que Jesús vino a los judíos, pero ellos no lo recibieron; esto sirvió para que Dios abriera una puerta para la salvación del mundo. Cuando me preguntan "¿Cuánto hace que nació la Misión Carismática Internacional?", respondo: "Hace unos dos mil años". Es que nuestro modelo celular tuvo origen en la casa de Cornelio. En Su infinita misericordia, Dios permitió que este hombre devoto, que adoraba al Dios de los judíos, abriera su casa para que Pedro predicara allí el Evangelio.

Luz en el hogar

La historia dice que Cornelio vio un ángel resplandeciente que se le apareció en un tiempo de adoración y le pidió que enviara a unos hombres para traer a Pedro; esto ocurrió mientras Apóstol experimentaba un tiempo en oración en el cual el Señor le revelaba que no debía negarse a ir a la casa del gentil, porque no debía seguir llamando inmundo o abominable lo que Dios ya había limpiado. Cuando Pedro llegó a la casa de Cornelio, este gentil había reunido a todos sus familiares, amigos y vecinos cercanos, sobre quienes se derramó el Espíritu Santo tan pronto Pedro comenzó a predicar. En ese lugar nació la iglesia del Señor, en una célula de oración. No sólo Cornelio recibió bendiciones, sino toda su casa.

El solo hecho de abrir las puertas de nuestra casa para compartir el Evangelio, permite que se encienda un faro de luz que ilumina a toda la familia trayendo salvación. Abrir una célula fortalece a cada persona espiritualmente y facilita el crecer en el conocimiento de Dios.

La Misión Carismática Internacional ha crecido a un ritmo que impacta al mundo porque contamos con toda una infraestructura para desarrollar el trabajo celular. Llegué a la conclusión, después de conocer otros ministerios en distintos países, de que el mejor método para que una iglesia crezca es a través de las células, o las reuniones de hogar. Así dejamos a un lado todos los programas que absorbían la mayor parte de nuestro tiempo sin dar mayores resultados, estableciendo en toda su extensión solamente uno: "el programa celular".

a. El éxito de la iglesia está en las células

A medida que la iglesia se apropie de la Visión Celular y se esfuerce por desarrollarla, el éxito se evidenciará en las diferentes congregaciones, se verá reflejado en el crecimiento espiritual y numérico. La Visión Celular facilita la formación y la capacitación de discípulos que se encargarán de difundir el mensaje de Cristo en todos los lugares de la tierra.

b. Las células permiten el pastoreo persona a persona

Jesús siempre se ocupó por llegar a la necesidad de cada persona; por eso desarrolló Su ministerio a través del contacto con la gente, sin la limitación de un recinto. La Visión Celular nos permite actuar de igual manera que Él; incluso el creyente más sencillo puede reunir a su familia y el líder de célula ejercerá un pastoreo directo con cada uno.

La labor pastoral se hace más fácil cuando todo el trabajo no recae sobre una sola persona. Cuando un pastor logra movilizar a la iglesia en el trabajo celular, los resultados son más efectivos y cada miembro de la congregación se sentirá siempre cuidado.

c. Las células son pequeños grupos que fortalecen la iglesia

Dentro de la célula se cumple una labor evangelística, ya que personas nuevas son invitadas cada semana y ganadas para Cristo. En los grupos caseros se edifica al nuevo creyente a través de la enseñanza de la Palabra, para que se convierta en un instrumento útil para la obra de Dios.

d. Las células son un canal usado por Dios para suplir las necesidades de las personas

Los miembros de cada congregación no sólo tienen necesidades de carácter espiritual, sino también emocional y material. Las reuniones de hogar contribuyen a su satisfacción, como ocurría en la iglesia primitiva.

e. Las células constituyen un centro de formación de los doce

La estrategia de la multiplicación, trabajada paralelamente a las células, se constituye sobre la base de los grupos de doce y se fundamenta en el modelo de Jesús, quien escogió doce discípulos para desarrollar Su ministerio.

Las células son una eficaz fuente de formación y selección del equipo de doce. Es decir, de las personas que se reúnen cada semana en una casa, en una oficina u otro lugar; pueden seleccionarse los que tengan más éxito dando frutos y proponerlos para que formen parte de un equipo básico de líderes que nos apoyará ministerialmente.

Propósitos de la célula

- Pureza. La presencia de Dios debe experimentarse en la célula. Cual un río de agua viva que transmita fielmente la Palabra sin adulterarla (1).
- Poder transformador. La célula debe propender al cambio de vida de cada uno de sus miembros (2).
- Penetración social. Las células deben alcanzar a miles de personas para Cristo, sin importar raza, condición social o intelectual, porque Dios no hace acepción de personas (3).
- Cambio de valores. La célula debe ayudar a las personas a replantearse sus valores de familia. Esto quiere decir, volver al principio, a la esencia de Dios mismo y de Su Palabra como fuente de vida.
- Servicio a la comunidad. Esto lleva a la atención de necesidades básicas, de paz, respeto, armonía, sanidad y liberación.
- Salvación para nuestra familia. La célula debe cumplir su propósito evangelístico trayendo el mensaje de salvación a toda la familia.
- Relación de la persona con el liderazgo. Cada miembro de las diversas células se siente parte de la congregación (4).
- Toque de Dios. La reunión en una célula brinda la oportunidad de recibir un toque, un cambio o un milagro de Dios a cada vida (5).

Referencias Bíblicas:

(1) 2 Corintios 2:17;   (2) Hechos 26:16-18;
(3) Hechos 10:34, RV 1960;   (4) Mateo 9:19;
(5) Lucas 5:19,20.

CAPÍTULO 4
ENTENDIENDO EL CONCEPTO
DE LOS DOCE

En una oportunidad, un pastor me pedía que orara por él porque tenía una iglesia pequeña. Cuando le pregunté cuántas personas tenía, me respondió: "Quinientos". Le dije: "Eso no es pequeño, tienes una iglesia grande, porque lo que uno puede pastorear correctamente, son doce personas". Cuando la iglesia es de setenta personas, de doscientas personas ya es grande y al pastor no le queda tiempo para atender a cada miembro de manera especial. Cuando el grupo es pequeño, de doce personas, se puede ministrar a cada necesidad de la gente. Lo que el Señor quiere hacer ahora es restaurar lo que Él nos ha enseñado por años.

Hay una queja del profeta Habacuc registrada en su libro. Contendiendo con Dios, le preguntó: "¿Por qué entonces toleras a los traidores? ¿Por qué guardas silencio mientras los impíos se tragan a los justos? Has hecho a los hombres como peces del mar, como reptiles que no tienen jefe" (1). Habacuc estaba diciéndole Dios: "Necesitamos una visión de gobierno ya que cada quien hace lo suyo, edifica su propio reino, construye su propio ministerio y no hay gobierno dentro de la iglesia, no hay unión unos con otros, todos se critican". Luego preguntaba: "Dios, ¿por qué has hecho a los hombres así?". La respuesta del Señor en los primeros versículos del capítulo dos de Habacuc dicen: He oído tu queja, escribe la visión, declárala en tablas, que corra el que la lleva. La visión tardará un poco, se apresura hacia el tiempo del fin pero, aunque demore, espérala porque sin duda vendrá. ¿A qué visión se refiere el Señor? A una visión de gobierno.

La única Visión de Gobierno es a través de los doce, porque logra que nadie se pierda a través de un pastoreo personalizado, supliendo así las necesidades de la iglesia. Al principio, cuando yo terminaba de predicar, se formaban largas filas de personas esperando. Algunos me pedían tiempo para hablar, otros que los visitara; cada vez que se acercaban, le pedía al Señor que me ayudara porque yo solo no podía hacerlo. Cuando Dios nos dio la Visión del Gobierno de los Doce (G12), esta responsabilidad se repartió. Si alguien venía a pedirme un consejo, inmediatamente le preguntaba quién era su líder y le indicaba que hablara con él. Sólo si el asunto era grave, el líder lo traía a mí. Ya no estaba pastoreando solo, tenía doce personas que me apoyaban.

No podemos conformarnos

Después de pastorear por nueve años iglesias pequeñas, Dios me llamó a abrir la Misión Carismática Internacional. Desde que iniciamos el ministerio junto con mi esposa, sabíamos que deberíamos concentrarnos en el trabajo celular; por tal motivo, a los seis meses de empezar la iglesia, comenzamos a entrenar personas para que nos ayudaran en el liderazgo de las células. La única referencia que tenía sobre el ministerio celular era de la iglesia del Dr. Cho en Corea. Como ya lo he expresado, los resultados no eran los anhelados por nosotros ya que, en siete años, sólo logramos alcanzar setenta células.

Yo no estaba conforme y decidí buscar a Dios en oración, deseando una guía de Su parte; fue cuando Él me dio la revelación del G12. Entendí que el contacto de Jesús con las multitudes era esporádico; un día estaba con determinado grupo, al día siguiente con otro diferente. El único grupo que Jesús no cambió, ni estuvo rotando, fue el integrado por Sus doce apóstoles. Por tres años y medio estuvo vertiendo de Su vida en cada uno. Les hablaba con Su ejemplo, con parábolas, con enseñanzas de la vida cotidiana. En ese tiempo formó el carácter de ellos; cada una de Sus enseñanzas quedó grabada en los corazones. Jesús vio que, con esos doce individuos, daría continuidad a Su Visión. Por esto, tan pronto cumplió Su tiempo, los doce se dedicaron a difundir el Evangelio por el mundo, ganando más almas que las que se ganan hoy usando los medios masivos de comunicación. Esto fue posible porque el Señor hizo Su mayor inversión en el elemento humano, las personas, dedicándose a hacer de cada una un líder.

Crecimiento sin precedentes
Cuando Dios trajo esta revelación a mi vida, pude sentir en lo profundo de mi corazón, que Él me decía: "Si entrenas

doce personas y logras reproducir en ellas el carácter de Cristo que ya hay en ti, y si cada una hace lo mismo con otras doce, y si éstas, a su vez, hacen lo mismo con otras doce y así sucesivamente, la iglesia experimentará un crecimiento sin precedentes". De inmediato empecé a ver en mi mente la gran proyección del desarrollo ministerial que tendríamos en poco tiempo, guiados por la experiencia de Jesús, quien vertió de Su Espíritu en cada uno de Sus doce. Un indicador que sirve de referencia para confirmar que el proceso es el adecuado es que el discípulo refleja el carácter de su maestro y, cuando este discípulo da a otros de lo que ha aprendido y experimentado, esa otra vida refleja también su carácter. Esto es posible porque el G12 facilita la transmisión de estrategias, conocimientos y autoridad, permitiendo que la Visión se alcance de manera conjunta, bajo el mismo sentir de unidad.

Desarrollando un ministerio personalizado

También podemos decir que Jesús ejercía un pastoreo directo con Sus doce, se concentró en ellos, los moldeó y capacitó para que cumplieran la misión encomendada de acuerdo con lo que el Señor esperaba. Este pastoreo es el que realizamos constantemente, aplicando el sistema a cada persona que participa de los equipos de doce que ya se cuentan por miles en nuestra iglesia. Hay pastoreo directo, mayor cuidado, atención personalizada; por consiguiente, bases definidas para que quien llegue a la iglesia como nuevo creyente se comprometa, sienta la necesidad y el deseo de convertirse también en un líder útil para la obra de Dios y en un agente multiplicador en su familia y su medio ambiente.

¿Por qué estamos seguros de que aquel que aspire a ese tipo de liderazgo victorioso puede alcanzar su meta? Porque el G12 contribuye a la formación del carácter individual. En esos pequeños grupos se hace más fácil detectar las debilidades y las fortalezas que posee cada persona y, por lo tanto, tratarla hasta que pueda adecuarse a las exigencias del liderazgo. El principio de los doce revela que el Señor tiene una manera de trabajar con cada uno y da las pautas para que esa tarea sea efectiva. Estando con cada uno de nuestros doce podemos observar que, así como Dios ha tenido que cavar profundamente en nuestras vidas para formarnos como los líderes que ahora somos, también nosotros tenemos la oportunidad de hacerlo. Hay que cavar hondo en la vida de ese nuevo creyente que llega ansioso por conocer las verdades de Jesucristo; al hacerlo, en el interior de cada uno se va definiendo el perfil del líder, lo que será elemento clave para reproducirse en otros. Cuando esta importante labor se hace en grupos de doce, los resultados son óptimos, no sólo en cuanto a calidad, sino también en cuanto a cantidad ya que la multiplicación es más rápida y nos queda más tiempo para impulsar el crecimiento.

Una Visión de Gobierno

Tengo la plena convicción de que el G12 ha estado siempre en el corazón de Dios, pues el número doce significa gobierno. Desde la misma creación Dios estableció doce meses para gobernar cada año. Los días son gobernados por dos períodos de doce horas cada uno. Para gobernar al pueblo de Israel, estableció las doce tribus. El rey Salomón estableció doce gobernadores, pues cada uno estaba obligado a abastecerlo a él y a su casa durante un mes del año (2).

En la época de Elías, el pueblo se había entregado a la idolatría y había caído en la apostasía; el profeta, en su celo espiritual, desafió a los profetas de Baal a mostrar el poder de sus dioses y que el Dios verdadero respondiera con fuego aceptando el sacrificio para el holocausto. Elías iniciaba con esto las obras de reconstrucción del altar de Jehová que estaba arruinado, colocando doce piedras conforme al número de las tribus de los hijos de Jacob (3). No es casualidad que las últimas palabras del Antiguo Testamento expresen la manifestación del ministerio de Elías, diciendo: "Estoy por enviarles al profeta Elías antes que llegue el día del SEÑOR, día grande y terrible. Él hará que los padres se reconcilien con sus hijos y los hijos con sus padres, y así no vendré a herir la tierra con destrucción total" (4).

Tengo la certeza de que en los tiempos que vivimos, que son finales, Dios desatará la unción de Elías que caerá como un manto sobre toda la tierra, moviendo a líderes cristianos en diferentes lugares del mundo a actuar con el mismo espíritu del profeta, cuya prioridad sea restaurar el altar arruinado de Jehová. Se necesitan hombres y mujeres con el celo de Dios, que se dediquen a trabajar no en paredes ni en estructuras de un edificio, sino en las personas por quienes Cristo derramó hasta la última gota de Su Sangre, pues el altar de Dios está caído en muchos debido al mal testimonio de algunos líderes religiosos. Él busca hombres y mujeres dispuestos a pagar el precio que este liderazgo demanda y que, en un acto de fe, escojan doce piedras para comenzar la restauración del altar de Dios.

Extendiendo el ministerio

Jesús ganó doce hombres en los que reprodujo Su carácter y quienes serían Sus representantes en el mundo entero. Si Él no hubiera hecho esto, la historia de la vida de Cristo no la conoceríamos. Los doce discípulos de Jesús estaban tan comprometidos con Su visión que hicieron que corriera, la predicaron, la escribieron y la desarrollaron en todas las formas. Nosotros estamos haciendo lo mismo.

Me reúno con mis doce y el equipo pastoral cada semana, tratando de tener un tiempo de compañerismo, es decir, hacemos lo que hacía Jesús. Siempre lo han mostrado como alguien serio y estricto, pero la Biblia dice que Él fue ungido con óleo de gozo más que Sus compañeros y por ello siempre tenía alegría en Su corazón. En el tiempo de comunión con los líderes nos reímos, hay alegría y, en medio de esto, el Señor puede mostrarme la necesidad que alguno está viviendo y nos disponemos de inmediato a orar, ministro liberación y rompemos cadenas para que el liderazgo se mantenga en pureza y santidad. Tenemos tiempo compartido de mucha oración y tratamos de cubrirnos la espalda unos a otros. Nunca permitimos que se hable mal de otro líder y nuestro liderazgo obra de la misma manera. En cada reunión, los líderes reciben los detalles de la Visión, se comparte lo que el Señor nos ha mostrado, se habla de las metas, les motivamos y esto hace que experimenten un mismo sentir con la seguridad de que cada propósito se puede lograr.

Perfil de los doce

Algo que hemos establecido con nuestros doce y con todo el liderazgo es que sean personas de carácter, que sean visionarios y no teman a los grandes desafíos. A los doce que Jesús escogió, los seleccionó por revelación divina, después de haber estado toda una noche en oración. Él sabía que los doce que necesitaba, pertenecían al Padre. Lo ratificó en una de Sus oraciones, cuando dijo: "Tuyos eran y me los diste". Por tal motivo, Jesús se esforzó en verter Su sabiduría y Su espíritu en estos doce, pues sabía que recibirían Su Palabra y la obedecerían, también lo acompañarían en Sus pruebas y darían continuidad al ministerio.

¿Cómo conformar los doce?

Para quien está en el proceso de conseguir sus doce, sugerimos seleccionar primero tres personas y que éstas se encarguen de contactar a otras tres hasta formar una célula de doce; luego, que cada uno se dedique a dar fruto abriendo una célula y, dentro de este grupo que ha ido formándose, se determina quiénes pueden ser los doce principales. Alguien se escoge como un doce cuando ya esté dando fruto, porque si se hace la selección por simpatía o amistad, puede ser que ese buen amigo jamás se multiplique y así no alcanzaremos el objetivo. Quien no se reproduce afecta la posibilidad de conversión de miles de vidas. Todos tienen la posibilidad de entrar en el proceso, incluso aquellos que llegan a la iglesia con muchas ataduras, pero si no se les da la oportunidad, si no son liberados de sus cadenas en un Encuentro y si no se capacitan, su proyección de multiplicación será limitada. Contamos con cientos de testimonios de personas que llegaron a la congregación en condiciones lamentables y hoy son líderes de quinientas, setecientas o mil células. Al que cree, todo le es posible.

Referencias Bíblicas:

(1) Habacuc 1:13,14; (2) 1 Reyes 4:7;
(3) 1 Reyes 18:31,32; (4) Malaquías 4:5,6.

Capítulo 5
TRANSFORMADOS
PARA TRANSFORMAR

Tuvimos muy claro desde el inicio de nuestro ministerio que el Señor nos llamó para cumplir la Gran Comisión, dando estrategias para desarrollar un proceso donde la multiplicación se note desde todo punto de vista. Dios transformó nuestras vidas para que pudiéramos estar en capacidad de transformar a otros. Escudriñemos ahora el contenido del mandato de Jesús a Sus discípulos:

"Por tanto, vayan y hagan discípulos de todas las naciones, bautizándolos en el nombre del Padre y del Hijo y del Espíritu Santo, enseñándoles a obedecer todo lo que les he mandado a ustedes. Y les aseguro que estaré con ustedes siempre, hasta el fin del mundo" (1).

Notamos varias etapas en el proceso. No se trata sólo de ganar almas, también se debe formarlas para ser parte de la multiplicación. El llamado del Señor es para alcanzar las naciones y no será posible a menos que cada nuevo creyente se capacite para regar la semilla. Cuando entendimos el desafío en toda su extensión, el Señor nos guió a definir los pasos esenciales.

Mucho se ha predicado sobre la gran comisión, pero limitándola al anuncio del Evangelio; no obstante, el mandato implica alcanzar cuatro propósitos: Anunciar (ganar), Consolidar (afirmar), Discipular (edificar), Enviar.

En la última iglesia que pastoreé, noté que había algo que aún me hacía falta; era el retener el fruto de aquellos que estaba ganando pues, aunque con mucho esfuerzo los ganaba, con gran facilidad veía que se iban, como si la iglesia tuviera una puerta trasera donde la gente salía sin que yo me diera cuenta. Al visitarlos para motivarlos a regresar, tenían muchos argumentos en contra y no deseaban hacerlo. Gracias a Dios que ahora, a través de la Visión, hemos descubierto la llave para cerrar la puerta trasera, consolidando el fruto de los que hemos ganado.

Una iglesia que se limite a anunciar el Evangelio para ganar almas, sin preocuparse por la conservación del fruto, actúa como la madre que cree que su trabajo es sólo ver nacer los hijos y luego los desampara.

Evangelizar y no cuidar el fruto es una obra incompleta; debemos centrar la atención en ganar almas, pero también en edificarlas. Nosotros vivimos las mismas experiencias; recién comenzado el ministerio, ganábamos multitudes de una forma sin precedentes en Colombia, pero muchos no quedaban en la iglesia. En varias oportunidades me encontré con algunos de los convertidos en distintos lugares, y decían: "Pastor, conocí del Señor en la Misión, pero estoy asistiendo a tal iglesia". Yo decía: "¡Amén, gloria a Dios, esta alma no se perdió, se está edificando!". Pero llegó el día en que Dios llamó mi atención, diciéndome: "Estás equivocado; a esa alma, Yo la traje a tu iglesia. Si hubiera querido mandarla a otra iglesia, lo hubiera hecho. La envié a ti para que cuides de ella y espero que me respondas". Esto me estremeció, pues experimenté que el Señor estaba demandando de nosotros mayor responsabilidad con cada nuevo creyente.

Fue cuando decidí fortalecer el sistema celular. Entendí que por el problema de las distancias en las grandes ciudades, la manera más fácil de estar pendiente de cada nuevo discípulo es a través de una reunión de hogar.

Entrenando con propósito

Como ya he compartido, cuando iniciamos el trabajo celular leíamos los libros del Dr. Cho y tratábamos de ponerlos en práctica, pero notábamos que el crecimiento era muy lento. No fue fácil. Tuve que doblar rodillas y pedir orientación del Señor: "Padre, dame el método, Tú sabes que tratamos de avanzar aplicando el modelo del hermano de Corea, pero algo nos hace falta. Me parece estar frente a una barrera que no sé cómo superar, ¡por favor ayúdame!" Dios escuchó mi oración y un día me dijo: "Te daré la capacidad de entrenar a tu gente rápidamente". Ese era el secreto, entrenar a cada uno en forma rápida.

Hasta ese momento había cometido un error; la capacitación era opcional, preguntaba a la gente si quería capacitarse y, a duras penas, se conformaba un grupito de treinta o cuarenta interesados. Pero el Señor me aclaró que la capacitación no era opcional. "El que se compromete Conmigo, también lo hace con Mi doctrina", me reafirmó el Señor. Desde entonces no volví a preguntar si querían capacitarse, lo planteaba como un requisito indispensable luego de la conversión.

Escuela de Líderes

En los primeros años de ministerio, la capacitación dada al liderazgo era la que considerábamos más necesaria para la formación intelectual de los estudiantes. Notamos que era demasiado avanzada; teología bíblica y sistemática, homilética, hermenéutica, escatología, sectas, historia de la iglesia, introducción al Antiguo y Nuevo Testamento, geografía bíblica. Tal capacitación tomaba un promedio de dos años preparando a los líderes, para que luego pudieran multiplicarse. Pero los resultados no eran los esperados; comenzábamos con grupos de unas ochenta personas y casi todas desertaban al pasar los meses. Sólo ocho o diez culminaban los cursos y, cuando se disponían a abrir células, ya habían perdido todos los contactos, no tenían a quién ganar. Dios siguió siendo fiel y nos reveló la capacitación rápida con un programa piloto que llamamos Escuela de Líderes, un entrenamiento ágil que combina la preparación bíblica con la práctica, sin tomar temas muy profundos, compartiendo lo fundamental: doctrina bíblica básica y la Visión de la iglesia. Un programa de nueve meses al cabo de los cuales el estudiante debe estar preparado para abrir su primera célula. Los resultados no se hicieron esperar; unos meses después de poner en práctica ese programa piloto, reuní varias personas, tres de ellas se capacitaban en la Escuela de Líderes mientras la otra continuaba en el Instituto Bíblico. Al entrevistarlas, el Señor me permitió corroborar la eficiencia del método; dos de ellas, jovencitas estudiantes de medicina, dirigían noventa y cuarenta y cinco células respectivamente; la otra persona era estudiante de odontología y dirigía ya veinticinco células; quien seguía en el Instituto Bíblico era un empleado que sólo tenía tres células. Este balance fue suficiente para cerrar el Instituto Bíblico en forma definitiva, porque lo que no contribuye a la Visión debe hacerse a un lado.

Al fortalecer la Escuela de Líderes, un crecimiento sin precedentes tomó su curso. Con este programa, desde que alguien se convierte, no toma más de nueve meses prepararle para que comience a dar su primer fruto.

Cuando una persona acepta a Jesús la llevamos a un salón, le hablamos de las Cuatro Preciosas Oportunidades de Dios para su vida (me extenderé en este tema, en el capítulo 12), la consolidamos mostrándole nuestro interés en su vida y comprometiéndola firmemente con el Señor; la enviamos a un Encuentro y la citamos para una capacitación. En este proceso, la consolidación, que es la etapa siguiente a la conversión, contribuye a la conservación del fruto.

Anunciar el Evangelio es una parte importante en la cual predicamos y motivamos para que la gente se convierta, pero la consolidación y el discipulado son fundamentales para que cada alma ganada continúe en la iglesia, preparándose hasta dar fruto por sí sola. Toda iglesia que anhele experimentar crecimiento y multiplicación sólidos, debe tener un ministerio de consolidación.

Dios usa el toque del Espíritu Santo para atraer las multitudes, pero si no hay un ejército detrás de ellas para edificarlas y formarlas, el fruto se perderá y Dios pedirá cuentas de esas almas. Si se quiere avivamiento, éste llegará, pero debemos estar listos para retener el fruto.

Referencias Bíblicas:

(1) Mateo 28:19,20.

Capítulo 6
CUESTIÓN DE CARÁCTER

Está comprobado que más del cincuenta por ciento de los líderes que no han podido cumplir eficazmente el llamado de Dios en su vida, se debe a situaciones anómalas o debilidades en su carácter. Es muy importante permitir al Señor que forme nuestro carácter y enseñar a los discípulos esta lección, ya que los problemas de carácter matan cualquier liderazgo en potencia, tendiendo a sacarnos del proceso de Dios.

El Carácter al cumplir Su propósito

En las Escrituras vemos ejemplos de hombres y mujeres que vivieron un trato por parte de Dios para cumplir Su propósito en ellos. Dios tuvo que hacerlo con Moisés, uno de los grandes líderes del Antiguo Testamento. Pasó años de su vida en el desierto antes de que Dios pudiera confiarle Su obra. Nadie quiere pasar por el fuego de la prueba, mas es necesario para obtener ese carácter que nos mantenga firmes cuando alcancemos el éxito. Conocemos algunas personas que pudieron mantenerse firmes con Dios en la escasez; mas cuando alcanzaron el éxito, les derribó. He entendido que, de acuerdo a la dimensión de la prueba, será el tamaño del ministerio. Si usted ha vivido pruebas muy difíciles, crea que su ministerio tendrá una gran proyección.

El Carácter y las relaciones

El éxito de una persona se edifica sobre la conjunción de varios aspectos de su personalidad: emociones, nivel de afectividad, firmeza espiritual, equilibrio sentimental, dominio propio. La debilidad o la fortaleza del carácter dependen del dominio propio, es decir, de la capacidad para no permitir que los deseos dominen el actuar en la vida. Esta actitud define la personalidad. En otras palabras, el dominio propio, como base del carácter, es la habilidad para controlar las emociones y guiarlas en sentido positivo en el proceso de las relaciones con los demás.

El Carácter y el líder

Debemos proponernos forjar líderes con carácter, capacitados para enfrentar los desafíos que día a día surgen. No es sencillo, pero es posible estructurar la personalidad a partir de principios bíblicos y modelos a seguir, logrando en cada uno un grado de responsabilidad que le permita ser usado como instrumento divino. Dios aprovecha cada situación para moldear nuestro comportamiento; una vez que lo logra, nos convierte en líderes idóneos para afrontar cualquier adversidad. Las circunstancias contrarias de la vida son parte de un proceso en la fábrica divina que da forma al carácter. El Señor quiere que Su carácter se arraigue en nuestra vida. No es sencillo llegar a una madurez plena en Cristo, pues implica dedicación, esfuerzo, consagración y negarse a sí mismo. Pero contamos con la ayuda del Espíritu Santo, sin Él sería imposible alcanzarlo. Su presencia en nosotros debe reflejar Su fruto, el cual se muestra en un carácter controlado y equilibrado.

La falta de afecto

Al sanar las heridas que han quedado en nuestra vida por una u otra circunstancia, de tipo emocional o afectivo, se rompen las ataduras que impiden el crecimiento de la persona y, en especial, del liderazgo. Lo que más he observado dondequiera que ministro es un gran vacío de afecto. En países e iglesias que visito, veo cientos de personas, incluso pastores ya comprometidos con el trabajo en la obra de Dios, limitadas por una debilidad de carácter causada por la falta de afecto en el pasado, cuyas raíces permanecen en el corazón, pero ocultan ante su iglesia por temor a perder autoridad. Mientras esto exista, la Visión no llega; si llega, tardará en desarrollarse hasta que se logre el carácter ideal para responder a Dios por ella. En casi todos los países del mundo, el amor fraternal, el ser afectuosos con otros ha perdido su valor; los padres se limitan a ser figuras decorativas que sólo cumplen su responsabilidad material dejando de lado la verdadera labor que Dios les demanda con sus hijos. Las heridas más profundas que anidan en el corazón humano nacen del rechazo y afectan el resto de la vida, a menos que suceda una intervención divina.

Sanando dos generaciones

Hace un tiempo estaba en casa orando por un sobrino de mi esposa y el Señor me mostraba un profundo vacío emocional por falta del amor de su padre, y durante la ministración Dios le decía: "Hijo, sé que muchas veces buscaste a tu padre para que se alegrara de tus triunfos, pero él nunca estaba ni le importaba lo que sucediera contigo. Pero quiero decirte que, aun cuando él no estaba, Yo sí me alegraba de tus éxitos". El muchacho no hacía más que llorar. Dios hace cosas increíbles, porque mientras yo oraba por él en los Estados Unidos, en Colombia estaba su padre asistiendo por primera vez a un Encuentro de tres días, como acostumbramos a realizar. El Señor estaba sanando a los dos al mismo tiempo, fortaleciendo el carácter de ambos.

Soltando el odio

Siempre que toco el tema de la sanidad interior, recuerdo el testimonio del joven que llegó a mi oficina para compartirme su dolorosa experiencia. Cuando su madre quedó embarazada de él, no estaba casada; el padre le propuso matrimonio y empezaron a comprar las cosas para la boda: anillo de matrimonio, vestido, alcoba, pero el día pactado para la ceremonia, este hombre se casó con otra. La mujer quedó destrozada, pasando dificultades que aumentaron cuando el muchacho nació, teniendo también él que sufrir las presiones de la vida. Pero no quedó allí. Me comentaba que, cuando tenía siete años de edad, llegaron unos maleantes a su colegio y uno se aprovechó sexualmente de él. Desde ese día comenzó a odiar tanto a su padre que juró buscarlo y matarlo cuando creciera, pues lo veía como culpable de su desdicha.

La herida causada en su corazón fue tan profunda que día tras día, aunque luchaba por manifestar lo contrario, una voz lo acosaba, gritándole: "Eres un homosexual". Creció y se dedicó a planear cómo matar a su padre, pero cuando estaba a punto de hacerlo se encontró con un joven de la iglesia que le habló de Jesucristo y lo invitó a una de nuestras reuniones; esa tarde recibió a Jesús en su corazón y fue salvo pero, aunque empezó a caminar en la vida cristiana, aún guardaba odio y había voces de condenación en su mente. Sólo después de veintiún días de ayuno que se propuso hacer, pues no deseaba seguir con aquella pesadilla, el Señor le dio la victoria en cuanto a las voces de acusación, pero algo continuaba sembrado en la relación con su padre.

Sanando el pasado

Dios lo inquietó a buscar a su padre para pedirle perdón por lo que planeaba hacer y a perdonarlo por su abandono. Los lazos de odio se rompieron cuando este encuentro sucedió.

Muchas veces se llega al ministerio lleno de heridas. Ronda el falso concepto de que cualquier miembro de la iglesia puede llorar, pero el pastor no. ¿Quién le ministra al pastor? El ministerio tiene cargas y presiones, y las reuniones con las autoridades espirituales se limitan a la organización de actividades y a la definición de algunos negocios. El pastor necesita estar preparado para los desafíos ministeriales y también estar pendiente de las necesidades espirituales de su congregación. Al Señor le importan las vidas pero también se ocupa del pastor.

Existen líderes y pastores ansiosos por alcanzar un ministerio de amplias proporciones, pero las heridas del alma están vivas ahí y, si se anhela servir fiel y productivamente al Señor, deben ser sanas. Para ministrar a otros, primero debe ser ministrado usted. El carácter del hombre de Dios se va formando al entrar en la sanidad interior; se superan los vacíos de manera efectiva, buscando el fruto del Espíritu y permitiendo que el carácter de Cristo se reproduzca en su vida.

Fortaleciendo el Carácter

Dios busca que lleguemos a la perfección; le dijo a Abraham: "Vive en mi presencia y sé intachable..." (1). La disciplina en oración y el estudio de Su Palabra estructuran el carácter del líder. Quien anhele ser prosperado, debe dejar de tener una relación superficial con el Señor. Todos debemos pasar por pruebas y adversidades que se enfrentan permitiendo rencores y resentimientos, o superándolas con sujeción a la Palabra para que el carácter se fortalezca.

En la vida ministerial pueden encontrarse muchos enemigos, incluso la traición, pero la actitud que tomemos depende de nuestro carácter. Hay dos opciones: quedar amargados o perdonar como lo hizo Cristo. Al perdonar, se rompen cadenas y el ministerio crece. No es fácil, pero el carácter de Cristo llega al permitir el proceso en nuestra vida. Trabajamos para que en la iglesia esto se dé en cada líder, por ello todos están haciendo una parte importante en la multiplicación y los frutos no se hacen esperar.

Referencia Bíblicas:

(1) Génesis 17:1.

CAPÍTULO 7
IMPLEMENTANDO LOS ENCUENTROS

Tuve la oportunidad de compartirlo en otro de mis libros que: "La vida del ser humano depende de un encuentro y el que se tiene con Jesús constituye la experiencia más gloriosa que se puede alcanzar". La palabra "Encuentro" forma parte del lenguaje de nuestra Visión, no sólo por el comentario anterior, sino porque con ella denominamos a los retiros espirituales que permiten a cada nuevo creyente experimentar una cercanía genuina con el Señor, y sentir la influencia del poder del Espíritu Santo en el proceso de liberación y sanidad interior que cada quien necesita para desarrollar una vida cristiana productiva.

La decisión de reconocer el sacrificio de Cristo en la Cruz del Calvario por nuestros pecados y aceptarle como Salvador y Señor, es el paso determinante que conduce al nuevo nacimiento. Sin embargo, son muchos los argumentos que el enemigo ha colocado en la mente y el corazón de cada persona antes de que ello suceda. Está comprobado que espíritus inmundos controlan las vidas impidiéndoles desarrollarse como cristianos. Al comprobar esto, el Señor puso en nuestro corazón la necesidad de llevar a cada nuevo creyente a un encuentro con Él y, desde las primeras experiencias, entendimos que no sólo las personas eran totalmente renovadas, sino que su potencial de liderazgo se hacía visible recibiendo más autoridad para multiplicarse.

Si un creyente no da el fruto que Dios espera, aunque tiene todas las posibilidades en el ambiente para hacerlo, es síntoma de que alguna fuerza adversa puede estar operando en su interior y es un obstáculo para su crecimiento. Heridas causadas por el rechazo en la niñez, experiencias traumáticas en la adolescencia, situaciones relacionadas con su vida del pasado, la influencia ejercida por prácticas de ocultismo, noviazgos y relaciones familiares conflictivas, maldiciones proferidas por los padres o por personas con cierto nivel de autoridad sobre ellas, entre otras, son ataduras que deben ser reprendidas y cortadas de cada vida.

El Encuentro, es un retiro de tres días durante los cuales Dios estará impartiéndole vida a cada participante. Allí recibirá dirección y comprenderá que el verdadero propósito de Dios para él se inicia con la revelación de la Cruz. Cada participante debe asistir con un corazón plenamente abierto, con la pureza y sencillez de un niño para recibir todo lo que Dios anhela ministrarle. Es fundamental que durante el tiempo del Encuentro se hagan a un lado toda clase de argumentos, conceptos erróneos acerca de Dios y prejuicios que puedan ser impedimento para recibir todo lo que Él quiere brindar.

He visto vidas que han sido transformadas totalmente durante estos tres días, cambios tan radicales que, por lo general, no se ven en años enteros.

Dios pidió al pueblo de Israel que fuera a un Encuentro

Cuando el pueblo de Israel estaba oprimido en Egipto, Dios tuvo que levantar un libertador que se llamó Moisés. Fue quien debió enfrentar al rey de Egipto. En Nombre de Dios fue a hacerle una petición. Y ellos dijeron: "El Dios de los hebreos nos ha salido al encuentro, contestaron. Así que debemos hacer un viaje de tres días, hasta el desierto, para ofrecer sacrificios al Señor nuestro Dios. De lo contrario, podría castigarnos con plagas o matarnos a filo de espada" (1).

Como podemos ver, la petición de Moisés reflejaba el anhelo de Dios de reunirse con Su pueblo por tres días. Faraón no aceptó la propuesta; por el contrario, endureció su corazón y los trató de ociosos, recargándolos aún de más trabajo para que no tuvieran tiempo de pensar en Dios. Pero Dios comenzó a afligir al pueblo de Egipto con diferentes plagas.

Faraón mandó llamar a Moisés y le dijo que lo dejaría ir a ofrecer sacrificio a Dios en el desierto y que, al estar allí, oraran por Él. Moisés le dijo que irían los niños, las niñas, los adultos y los animales porque era una fiesta solemne para Dios. Pero la respuesta de Faraón fue contundente: "¡Pero no será como ustedes quieren! Si lo que quieren es rendirle culto al Señor, ¡vayan sólo ustedes los hombres! Y Moisés y Aarón fueron arrojados de la presencia del faraón. Entonces el Señor le dijo a Moisés: Extiende los brazos sobre todo Egipto, para que vengan langostas y cubran todo el país, y se coman todo lo que crece en los campos y todo lo que dejó el granizo" (2).

Pablo dijo sabiamente que todo lo que sucedió en la antigüedad es un ejemplo, una enseñanza para nuestros días. Podemos ver que la propuesta de Moisés a Faraón fue que dejara ir a los niños, los jóvenes, los hombres y las mujeres, llevando también todos los bienes, a un encuentro de tres días con Dios. Esto es lo que pide el Señor a cada uno de Sus hijos pues, en esos tres días, Dios puede operar una transformación total en cada vida. Jesús dijo: "Destruid este templo, y en tres días lo levantaré". Los tres días son el tiempo requerido por Dios para efectuar el cambio en una vida.

Estar en un retiro de tres días representa librar muchas batallas a nivel personal, laboral, familiar, superando aun conflictos internos. Una lucha que se desata en el mundo espiritual. Detrás de ella hay una fuerza espiritual demoníaca, maligna, perversa, faraónica, la fuerza de Satanás diciendo: "No quiero que vayan a servir a Dios por tres días, no lo quiero, haré todo por impedirlo". Es cuando viene una opresión tremenda. Algunos, antes del Encuentro, sufren depresión, se llenan de ira, discuten, pelean, se comportan de manera extraña y no saben el porque. Fue por lo cual Faraón se opuso firmemente y no aceptó los motivos de Moisés; presentía que si los dejaba ir, perdería el control total sobre el pueblo, por tal motivo insistía en que parte de ellos, o de sus bienes, quedara en Egipto. Lo que pedía Faraón era algo imposible de conceder, porque Dios cuando pide entrega, pide que sea total.

El Señor desea que tomemos un tiempo de quietud donde nos aislemos de las actividades y evitemos cualquier distracción, para oír claramente Su voz. ¿Por qué Dios pide tres días? Porque es el tiempo requerido por el Espíritu Santo para llevar a cabo la obra de transformar corazones. El salmista dijo: "Encomienda a Jehová tu camino; y confía en él; y él hará". En el Encuentro lograremos encomendar, entregar y rendir la totalidad de nuestra vida a la dirección de Dios.

Pablo tuvo que ir a un Encuentro

Uno de los grandes hombres del cristianismo es el apóstol Pablo, llamado Saulo de Tarso. Por su celo religioso, vio el desarrollo del cristianismo como una amenaza para el judaísmo; creyó que el camino correcto para proteger su religión era exterminar a cada cristiano, motivo por el que eran objeto de su constante persecución. Gracias al respaldo otorgado por las autoridades políticas y religiosas de su nación, se convirtió en el verdugo de los que creían en Jesús. A algunos los encadenaba, a otros los torturaba, a otros los obligaba a blasfemar contra el Nombre del Hijo de Dios. Pablo odiaba de tal manera a los cristianos que deseaba su muerte. Es interesante leer cómo el doctor Lucas define la actitud de odio que vivía Saulo, quien causaba estragos en la iglesia entrando de casa en casa, arrastraba a hombres y mujeres y los metía en la cárcel. Respiraba amenazas y muerte contra los discípulos del Señor. ¿Cada cuánto respira una persona? Segundo tras segundo. De este modo, cada segundo de su existencia, Saulo lo dedicaba a su causa, la destrucción del cristianismo.

Cierta vez, yendo a Damasco para apresar a los creyentes que moraban allí, tuvo una experiencia que transformó su vida, llevándolo a defender la doctrina que antes condenaba. ¿Qué le hizo cambiar de parecer? La respuesta es sencilla, tuvo la revelación de la Cruz. A todo aquel que tenga un encuentro personal con Dios, la Cruz de Cristo le será revelada; recibir esta revelación es lo único que transforma su corazón.

Para Pablo, su posición social, sus títulos, su religión y su linaje habían sido de suma importancia antes de tener un encuentro personal con Jesús. Pero a partir de ese momento, reconoció que el único y verdadero fundamento era Cristo. Lo expresó así: "En cuanto a mí, jamás se me ocurra jactarme de otra cosa sino en la cruz de nuestro Señor Jesucristo, por quien el mundo ha sido crucificado para mí, y yo para el mundo" (3).

¿Qué hizo que Pablo soltara aquello que la mayoría de las personas anhela obtener? La respuesta sigue siendo la misma, su experiencia de la revelación de la Cruz. Muchos hablan acerca de la Cruz de Cristo, sin haberles sido revelada por el Espíritu Santo. "Sin embargo, todo aquello que para mí era ganancia, ahora lo considero pérdida por causa de Cristo. Es más, todo lo considero pérdida por razón del incomparable valor de conocer a Cristo Jesús, mi Señor. Por él lo he perdido todo, y lo tengo por estiércol, a fin de ganar a Cristo y encontrarme unido a él. No quiero mi propia justicia que procede de la ley, sino la que se obtiene mediante la fe en Cristo, la justicia que procede de Dios, basada en la fe. Lo he perdido todo a fin de conocer a Cristo, experimentar el poder que se manifestó en su resurrección, participar en sus sufrimientos y llegar a ser semejante a él en su muerte. Así espero alcanzar la resurrección de entre los muertos" (4).

Pablo quedó deslumbrado al comprender que es imposible alcanzar la justificación por medios humanos y que la única manera de ser libre es a través de la revelación de la Cruz. Su anhelo era sentir lo mismo que sintió Jesús mientras estuvo colgado en el madero, deseaba ser partícipe de Su sufrimiento y Su agonía durante Su crucifixión. Comprendió que si vivía esta experiencia, podría conquistar la próxima, esto es, el poder de la resurrección en su vida. Dios respondió al deseo de su corazón y le permitió vivir la revelación de la Cruz. Esto lo llevó a decir: "He sido crucificado con Cristo, y ya no vivo yo sino que Cristo vive en mí. Lo que ahora vivo en el cuerpo, lo vivo por la fe en el Hijo de Dios, quien me amó y dio su vida por mí" (5).

Verdades que se experimentan en un Encuentro

Pablo, en su defensa ante el rey Agripa, expresó: "A eso del mediodía, oh rey, mientras iba por el camino, vi una luz del cielo, más refulgente que el sol, que con su resplandor nos envolvió a mí y a mis acompañantes. Todos caímos al suelo, y yo oí una voz que me decía en arameo: Saulo, Saulo, ¿por qué me persigues? ¿Qué sacas con darte cabezazos contra la pared? Entonces pregunté: ¿Quién eres, Señor? Yo soy Jesús, a quien tú persigues -me contestó el Señor-. Ahora, ponte en pie y escúchame. Me he aparecido a ti con el fin de designarte siervo y testigo de lo que has visto de mí y de lo que te voy a revelar. Te libraré de tu propio pueblo y de los gentiles. Te envío a éstos para que les abras los ojos y se conviertan de las tinieblas a la luz, y del poder de Satanás a Dios, a fin de que, por la fe en mí, reciban el perdón de los pecados y la herencia entre los santificados" (6).

Pablo contempló la luz, la manifestación de la gloria del Señor, pues sabemos que nadie puede permanecer en Su Presencia. Dios le mostró que todo lo que estaba haciendo contra el cristianismo era un maltrato a Su Persona. Ese mismo día, Dios lo llamó al ministerio y le dio las instrucciones de cómo debería desarrollarse: Con visión. Esto es llevar a la gente a tener una visión clara, para lo cual debemos procurar que sus ojos espirituales se abran, pues sin visión el pueblo perece. Aquellos que se convierten al cristianismo, primeramente deben recibir la revelación de la crucifixión de Jesús. Quien pueda ver la Cruz en su genuina revelación, entenderá el por qué de su llamado.

Una genuina conversión de las tinieblas a la luz

La conversión debe ser completa. Dios desechó al pueblo de Israel porque su conversión fue de labios y no de corazón. Juan el Bautista dijo a los que acudían a él para ser bautizados: "Haced, pues, frutos dignos de arrepentimiento...". La conversión está muy ligada a nuestro cambio de vida, nos esforzamos por hacer aquellas cosas que agradan a Dios.

• Con entendimiento

Es importante entender que las vidas pasan del dominio de Satanás al Señorío de Jesús. En el pasado, Satanás aprovechó la debilidad humana para esclavizar al hombre, mas en Jesús, cada creyente fue rescatado del control del adversario sobre su vida. El éxito de la vida cristiana depende de cómo cultivemos la relación con Cristo, pues convertirnos a Jesús es vivir enamorado de Él.

• Con fe

Sólo a través de la fe en Jesús, la persona puede recibir el perdón de pecados. Una de las estrategias del adversario es esclavizarle con culpabilidad, haciéndole creer que sus pecados aún no han sido perdonados y, de esta manera, mantiene el control sobre esa vida. Sabemos que nuestros pecados merecían un castigo, pero Jesús cargó en Su cuerpo con todos ellos, recibiendo el castigo que debíamos pagar.

• Con aceptación de los privilegios

Dios nos otorga herencia y privilegios entre los santificados. Pablo dijo: "El que no escatimó ni a su propio Hijo, sino que lo entregó por todos nosotros, ¿cómo no habrá de darnos generosamente, junto con él, todas las cosas?" (7). Si Dios entregó lo que más amaba, Su Hijo, para que fuéramos salvos por el simple hecho de creer en Él, ¿no nos proveerá todo lo que necesitamos? Puedo asegurar que Dios tiene mucho más para darnos de lo que nosotros tenemos para pedirle. Podemos disfrutar de Su herencia en este mundo y en el venidero, la cual es la vida eterna.

Sanidad interior y liberación

Constituyen etapas por las que todo cristiano comprometido debe pasar, porque la tarea que debemos cumplir es como participar en una importante carrera atlética y nadie que sea sensato envía un atleta con los pies llagados a la competencia. Las heridas de nuestra gente deben curarse para que, a su vez, puedan convertirse en instrumentos en las manos de Dios para sanar a otros.

Los testimonios de quienes han tenido una experiencia de liberación en un Encuentro se cuentan por miles, pero hay uno que viene a mi mente como una muestra del mover especial del Señor en las vidas durante esos días. Regresábamos de un Encuentro de hombres, cuando uno de ellos se levantó, miró al hijo adolescente y, con lágrimas en sus ojos, dijo: "Hijo, siempre hemos escuchado acerca del hijo pródigo, pero hoy quiero pedirte perdón reconociendo que he sido el padre pródigo. No te he dado ni el afecto, ni el amor, ni el cuidado que te mereces". La imagen de ambos fundiéndose en un sincero abrazo de reconciliación aún permanece viva en mí.

El rechazo que pudo presentarse en la concepción, en la niñez o la adolescencia es el tema de mayor tratamiento durante los Encuentros. Pero el vivir las experiencias de Jesús en Getsemaní y en la Cruz, en un retiro, lleva a la persona a ser sana de todas las heridas emocionales producidas por este hecho. Recibir libertad del oprobio, la humillación, la inseguridad y el temor, entender la obra perfecta de Jesús en la Cruz, cortar todas las maldiciones que vienen por descendencia y comprender con exactitud quién es Dios, recibir Su paternidad como fiel y amoroso Restaurador, constituye una experiencia única y maravillosa.

Los Encuentros han sido pieza fundamental en el proceso de crecimiento y desarrollo de la Visión. A partir de su renovación interior en los retiros espirituales, las personas llegan preparadas para emprender con autoridad la tarea evangelizadora y ejecutar un liderazgo definido.

Después de alcanzar los logros propuestos para su encuentro con Jesús, usted estará en capacidad de continuar soñando y ganará el mundo en todo lo que se proponga.

Referencias Bíblicas:

(1) Éxodo 5:3;   (2) Éxodo 10:11,12;   (3) Gálatas 6:14;
(4) Filipenses 3:7-11;   (5) Gálatas 2:20;
(6) Hechos 26:13-18;   (7) Romanos 8:32.

CAPÍTULO 8
ESTABLECIENDO LA VISIÓN

Hace unos años atrás, durante una gloriosa reunión en la que presencia de Dios nos había llevado a cada uno de los presentes a postraros ante Él, mientras adoraba al Señor, el Espíritu de Dios comenzó a hablar a mi corazón y a decirme:

–"De lo que tienes, ¿qué es lo que más amas?".

Le contesté:

–"El ministerio".

–"Si te pidiera el ministerio, ¿tú me lo darías?".

–"Amén Señor, todo lo que me pidas es para ti. Todo es tuyo, Padre".

Luego me hizo otra pregunta:

–"De las cosas que tú tienes, ¿cuál es la que más amas?".

Entonces entendí a dónde me estaba guiando el Señor, y le dije: –"Mi reloj".

Ese reloj se lo había comprado a un amigo a un precio más bien simbólico, pues él me había dicho que si yo lo llegaría a comprar su valor no sería inferior a los veinticinco mil dólares.

Como pensé que este hombre estaba exagerando averigüé su precio y efectivamente me confirmaron que lo que él había dicho era verdad, el vendedor me dijo: "Señor, este reloj ya no se encuentra en el mercado, pero si lo conseguiría no bajaría de los veinticinco mil dólares". Luego de escuchar estas palabras le di gracias a Dios y desde ese momento empecé a *amar* mi reloj.

Al día siguiente, estábamos nuevamente en adoración. La gloria de Dios había descendido y de pronto oigo una voz que me dice:

– "Hijo, quiero tu reloj".

Quedé tan sorprendido por esas palabras que llegué a pensar que era el enemigo trayendo distracción a mi mente y dije:

– "Señor, tomo autoridad y ato este pensamiento".

Transcurridos unos minutos, oigo de nuevo la misma voz que me dice:

– "Hijo, quiero tu reloj".

En ese momento dije:

– "Dios mío, ayúdame, no puedo concentrarme en la oración, estoy siendo perturbado por el enemigo. Reprendo estos pensamientos porque Señor, ¿para qué querrías Tú un reloj?".

Luego, vino otra vez la voz:

– "Hijo, ¿me vas a dar el reloj, sí o no?".

Y dije:

– "¡Oh Señor, es Tu voz! Toma, el reloj es todo tuyo".

Luego, Él me indicó a quién debía entregárselo. Era uno de los conferencistas. Esperé hasta el último día para dárselo. En mi mente había dibujado todo el cuadro de lo que sucedería: "Iré al hotel, seguro que él ya se habrá ido entonces le diré a Dios que tuve toda la intención de entregárselo pero no lo encontré". Sin embargo, cuando llegué al hotel aquel día, la primera persona con la que me encontré fue con él. Me acerqué, lo saludé y le entregué el reloj. Este hombre me miró sorprendido y me dijo:

"¿Por qué me hace entrega de este reloj?".

Y le respondí:

– "Por favor tómelo como un regalo de parte de Dios y no pregunte".

Tres años después estábamos en la iglesia adorando al Señor y descendió el poder de Dios, y escuché Su voz decirme:

– "Hijo, ¿te recuerdas de aquel reloj?".

Yo le dije:

– "Señor, ¿cómo me voy a olvidar?".

Y el Señor agregó:

– "Déjame enseñarte algo. Si no me hubieses dado el reloj, te hubiera pedido el ministerio".

En aquel instante, por poco me desplomo. Ese día entendí que el reloj no tenía ningún valor comparado al ministerio. Dios me estaba probando en algo muy pequeño, y si no hubiera sido fiel en eso, me hubiera pedido lo grande, que es el ministerio. Dios nos prueba en cosas pequeñas antes de confiarnos lo que es grande; nos prueba en lo material antes de confiarnos lo espiritual.

Años después al ser víctimas del atentado, cuando recibí los cinco disparos, la quinta bala que iba directo al corazón fue desviada por el reloj que llevaba puesto aquel día, pues tenía la base de acero. Dios tiene un plan y un propósito con cada uno de nosotros. Cuando Él me reveló el Gobierno de los doce yo no me imaginaba cómo esta Visión impactaría las naciones de la tierra, por eso el enemigo se levantó contra nosotros para tratar de destruirla antes que naciera. Si usted decide entrar en la Visión experimentará la bendición y la protección de Dios de una manera sobrenatural.

En el libro de Ezequiel el profeta nos relata cómo Dios le había revelado todo el diseño del templo, pero en el capítulo cuarenta y siete, versos uno al doce, Él lleva a Ezequiel a otra dimensión. He podido entender que es la revelación espiritual de Dios en el diseño que Él tenía para la iglesia y por eso habla de ríos que salen de debajo del altar. Estos ríos se refieren a su vida, pero para que Su poder fluya a través suyo, debe desprenderse de sí mismo. Lo que más le cuesta al ser humano es soltar aquello que ama –para mí en un momento fue un reloj–.

Cada uno vive su experiencia de manera personal, la mía fue muy deferente a la de mi esposa pues ella es como otro río. El profeta en este pasaje nos habla de dos ríos. Dios quiere levantar dos ríos en este tiempo final, la vida del hombre y la vida de la mujer; ambos corren hasta el mar donde pierden su identidad y se hacen uno con el mar. Esto representa la total rendición de nuestras vidas al Espíritu Santo y su completo gobierno sobre nosotros. El éxito del ministerio no es ni su capacidad, ni su poder, ni su habilidad, sino la unción de Dios en su vida. Cuando comprende que es un río para glorificar a Dios le será muy fácil implementar la Visión.

El agua hasta los tobillos

"El hombre salió hacia el oriente con una cuerda en la mano, midió quinientos metros y me hizo cruzar el agua, la cual me llegaba a los tobillos" (1).

Esto representa el establecer la Visión. Cuando el agua llega a los tobillos es cuando hemos motivado a nuestros discípulos a ganar almas. El Apóstol Pablo dijo que debemos calzar nuestros pies con el evangelio de la paz. El agua a los tobillos significa que debe entrar en ese río de evangelización, en el cual cada integrante de su equipo se convierte en un ganador de almas, lo cual le lleva a cumplir el propósito de Dios para su vida.

Cuando nosotros éramos aún un grupo pequeño, de unas treinta personas aproximadamente, reuní a la iglesia y les pregunté cómo me veían. Ellos respondieron: "Como el pastor". Luego les pregunté quiénes eran ellos: "Las ovejas".

Agregué: "En un rebaño, ¿Quiénes reproducen las ovejas? ¿El pastor o las ovejas?", y ellos me respondieron: "Las ovejas". Les expliqué que yo no podía estar en las empresas donde ellos trabajaban, o en las universidades, o en los barrios en los cuales vivían, pero que Dios los había puesto allí porque ellos llevarían Su salvación. Debe pedirle al Padre que le imparta la gracia para ganar almas para Él.

Si usted le es fiel Dios, Él le llevará a la siguiente etapa, pues no podemos avanzar a la próxima sino hemos cumplido ésta correctamente.

El agua hasta las rodillas

"Luego midió otros quinientos metros y me hizo cruzar el agua, que ahora me llegaba a las rodillas" (2).

Esto representa su vida de oración al retener el fruto. La consolidación se hace sobre las rodillas, porque para que la gente persevere en Dios tiene que clamar como nunca antes. Por eso encontrará que dentro de la estructuración de la Visión hay programas de ayuno de tres días, siete días, catorce, veintiuno y hasta cuarenta, todo por el cuidado de las almas. Los líderes, para cuidar el fruto pasan noches enteras en oración, a este tiempo lo llamamos: veladas o vigilias de oración. Reunidos claman específicamente por cada una de las vidas que han alcanzado sabiendo que sólo pueden ser protegidas por el Espíritu Santo.

Las presiones que un nuevo creyente vive son muchas; su familia, sus amigos, sus seres queridos generalmente tratan de apartarlo de la vida espiritual por eso la cobertura de oración es tan importante.

Lo que ha hecho que la iglesia en Colombia persevere y crezca es que se cuida a cada uno de los miembros a través de la intercesión. Muchos van a Colombia buscando un método, pero esto no es solo un método, sino un estilo de vida. Cuando uno entra en ese mundo de oración está moviendo legiones de ángeles alrededor de estas personas y crea un ambiente espiritual que protege a los nuevos; el que cada persona nueva persevere es un milagro, se requiere la intervención divina para cuidar cada alma. Cuando somos fieles en esto Dios nos puede confiar la próxima etapa.

El agua llega hasta los lomos

Midió otros quinientos metros, y me hizo cruzar el agua, que esta vez me llegaba a la cintura (3).

Esto se refiere al discipulado. Los lomos es el tiempo que las personas tienen para estudiar la Palabra, lo hacen en la Escuela de Líderes, es un tiempo de orientación y aprendizaje. En la Escuela de Líderes el material que se ha elaborado no es para convertir a las personas en teólogos, sino es donde les damos las herramientas para que desarrollen un liderazgo a nivel laico. Son estudios que los afianzan en la doctrina bíblica y que les enseñan principios de liderazgo para cumplir con el llamado que recibieron del Señor.

Cruzar a nado

"Había crecido tanto que sólo se podía cruzar a nado" (4). Esto representa el enviar. Observe que para enviar la persona ya cruza a nado, es decir, ella puede moverse fácilmente en el río de Dios desarrollando la Visión. "En seguida me hizo volver por la orilla del río" (5). Después que la persona pasa a nado, otra vez el Señor lo regresa para que repita el proceso de ganar, consolidar, discipular y enviar a aquellos que ha ganado para Dios.

Pescas Milagrosas

"Y al llegar vi que en sus márgenes había muchos árboles" (6). Cuando un líder aprende a desarrollar la Visión, comienza a ver el fruto en todo lo que hace. La Palabra dice: "Por donde corra este río, todo ser viviente que en él se mueva vivirá. Habrá peces en abundancia porque el agua de este río transformará el agua salada en agua dulce, y todo lo que se mueva en sus aguas vivirá" (7). Esto habla de una gran multiplicación de peces. Es cuando empezamos a realizar lo que denominamos como: pescas milagrosas; reuniones multitudinarias en las cuales motivamos a todos los integrantes de las células a que traigan nuevos invitados para que sean alcanzados por el Señor.

Establecimiento de las redes

Junto al río se detendrán los pescadores, desde Engadi hasta Eneglayin, porque allí habrá lugar para secar sus redes. Los peces allí serán tan variados y numerosos como en el mar Mediterráneo (8).

Las redes representan los grupos homogéneos: Hombres, mujeres y jóvenes, teniendo también un mensaje especial para los niños. El propósito de la conformación de las redes es llegar a la necesidad de cada persona. El mensaje de los hombres va dirigido a los hombres; las mujeres son ministradas en sus necesidades; los jóvenes son fortalecidos y motivados para que logren superar sus desafíos, teniendo en cuenta que en el momento que decidan unirse en matrimonio sus necesidades no serán las mismas, por eso, comenzarán a trabajar con los hombres y las mujeres.

Para llegar directamente al corazón de los niños los hemos agrupado por edades: Exploradores (5-7 años); conocedores (8-10 años); visionarios (11-13).

El trabajo de células

"Junto a las orillas del río crecerá toda clase de árboles frutales; sus hojas no se marchitarán, y siempre tendrán frutos. Cada mes darán frutos nuevos, porque el agua que los riega sale del templo. Sus frutos servirán de alimento y sus hojas serán medicinales" (9). Las hojas nos hablan del trabajo de células. Sobre las hojas es donde se encuentra el fruto y dice que las hojas no caerán. Las células se mantendrán firmes y las personas que asistan darán, cada mes, frutos nuevos porque reciben el agua que los riega la cual sale del templo. El fruto será alimento y sus hojas medicina y verán prosperidad.

La Visión del Gobierno de los doce es una Visión que trae vida y ayuda a muchas personas; por eso es tan importante que se sumerja en el río de la Visión. Esta es una Visión de gobierno. Qué gran bendición es cuando su esposa puede ser parte activa en el ministerio; luego el Señor los moverá a los siguientes pasos: Hasta los tobillos que es ganar, hasta las rodillas que es consolidar, hasta los lomos que es discipular y a nado que es enviar. Después, la persona que fue enviada repite el proceso con aquellos que gana para el Señor. Esto lo lleva a la pesca milagrosa y, después de esto, puede establecer las redes y el gran fruto que es la sanidad y la prosperidad que viene a través de las células.

Referencias Bíblicas:

(1) Ezequiel 47:3; (2) 47:4a; (3) 47; 4b; (4) 47:5b; (5) 47:6b; (6) 47:7; (7) 47:9; (8) 47:10; (9) 47:12.

CAPÍTULO 9
CAMBIO DE NATURALEZA
Por Claudia de Castellanos

"Y Jabes fue más ilustre que sus hermanos, al cual su madre llamó Jabes, diciendo: Por cuanto lo di a luz en dolor. E invocó Jabes al Dios de Israel, diciendo: ¡Oh, si me dieras bendición, y ensancharas mi territorio, y si tu mano estuviera conmigo, y me libraras de mal, para que no me dañe! Y le otorgó Dios lo que pidió" (1).

Hace unos meses mientras leía la Biblia, me encontré con estos versículos que impactaron grandemente mi vida; escuché al Espíritu Santo decirme que esta palabra sería el rhema para que toda la Misión Carismática y G12 entren a la conquista.

La Biblia no relata exactamente cuáles fueron las conquistas que Jabes obtuvo, pero su oración fue tan poderosa que quedó registrada. Todas las personas que oraron intensamente, experimentaron un cambio en su naturaleza y obtuvieron resultados extraordinarios. En su oración, Jabes quiso decir: "Señor, si Tú me bendices, si Tú ensanchas mi territorio, si Tu mano está sobre mí y me libras del mal, entonces, yo podré ser un conquistador".

Usted no puede tener crecimiento, ser un conquistador, hacer cosas extraordinarias para Dios, si su naturaleza no cambia. Días atrás la televisión mostró un documental de un domador, que tuvo un espectáculo durante seis años en Las Vegas, con un tigre amaestrado al cual él llamaba "gatito". Pero un día, para su tremenda sorpresa, el "gatito" lo mordió en un brazo. El domador le pegó en el hocico, entonces el tigre se abalanzó sobre él arrastrándolo por todo el escenario. Gracias a Dios este hombre no murió, porque el tigre lo tomó del hombro, pues si lo hubiese tomado del cuello las consecuencias hubieran sido fatales. Un animal siempre tendrá su naturaleza animal.

Si usted quiere tener éxito en la vida, su naturaleza debe cambiar. Ahora comprendo que todos los hombres de Dios que vieron hechos extraordinarios en sus vidas, tuvieron que orar intensamente como Jabes, porque el Espíritu Santo es el único que puede cambiar o mudar la naturaleza de una persona.

Era humanamente imposible que Abraham y Sara tuvieran hijos. Para él y para Sara, los años habían pasado, estaban en la vejez, mas Dios mudó su naturaleza para que fueran padres de multitudes.

Jacob quiso vivir una vida correcta pero su naturaleza no se lo permitía; hacía trampa, decía mentiras "piadosas", quería salirse con la suya y era un oportunista. Más cuando vio que el mal venía sobre él, hizo una oración para que el Espíritu Santo cambiara su naturaleza y, desde ese momento, tuvo una vida de integridad total convirtiéndose en un príncipe con Dios.

Más ilustre que sus hermanos

El nombre Jabes significa "aflicción"; entendió que su nombre tuvo origen en el sufrimiento que padeció su madre al darlo a luz. Ella se desahogó en su hijo, pensando que había sido el culpable de su dolor y desde entonces Jabes quedó marcado. Muchos han sido marcados por diferentes aflicciones. Tal vez la causa de esa aflicción sea que los hijos no estén comprometidos con Dios, que sean cautivos de los vicios, inmoralidades o rebeldía. Tal vez la aflicción sea en el área financiera, sufriendo escasez. Quizá para otros la aflicción sea una enfermedad, un dolor o una opresión. Pero sin importar cuál sea la aflicción, hay un medio para ser libre del dolor y la angustia.

Jabes entendió que la única manera de ser libre era clamando a Dios. La Biblia dice que, porque clamó a Dios con todo el corazón y pidió Su bendición, el Señor le respondió y llegó a ser más ilustre que todos sus hermanos. Dios galardonó la disposición de su corazón.

Clamando hasta la victoria

El Señor enseñó a través de Jeremías: "Clama a mí y te responderé, y te daré a conocer cosas grandes y ocultas que tú no sabes" (2).

La oración de Jabes fue similar a la oración de Jacob cuando luchó con el ángel. Jacob estaba en una situación apremiante, su hermano iba hacia a él para matarlo. Pero esa noche, el ángel de Dios se le apareció y Jacob luchó con él. "Suéltame porque ya raya el alba", dijo el ángel. Sin embargo, Jacob estaba determinado a no soltarlo hasta recibir la bendición. El ángel sabía qué era lo que Jacob anhelaba, por eso le preguntó cuál era su nombre y él respondió: "Me llamo Suplantador". Su nombre se había originado, al igual que el de Jabes, cuando su madre lo dio a luz, pues había tomado por el talón a su hermano Esaú quien nació primero como queriendo decir: "Tú quieres ser el primero, pero yo te voy a suplantar". El nombre "Suplantador" había marcado a Jacob, pero el ángel le dijo: "A partir de ahora, tu nombre cambia, ya no serás un suplantador, sino Israel, Príncipe con Dios".

Posiblemente usted anhela tener una iglesia grande, las multitudes, influenciar en las personas, pero hay una naturaleza que lo ha acompañado por años y piensa que ese estigma no podrá quitarlo de su vida. Los anteriores son ejemplos de que, clamando a Dios con el corazón, nuestra naturaleza puede cambiar.

Dios nos bendijo con toda bendición

La bendición de Dios es integral; Dios no bendecirá sólo un área de nuestra vida y afligirá en otra. Algunos dicen: "No hay felicidad completa", pensando que la felicidad es parcial o condicionada, que pueden tener éxito en el matrimonio, pero problemas en las finanzas, que pueden tener un buen matrimonio pero los hijos en rebeldía, que pueden tener un buen matrimonio, buenas finanzas, pero sus cuerpos enfermos, que pueden tener conocimiento teológico pero con iglesias que no crecen, o tener mucha gente sin tener buenos templos, etc. Casi siempre el enemigo quiere limitarnos en nuestras bendiciones.

El Señor a través del Apóstol Juan expresó: "Querido hermano, oro para que te vaya bien en todos tus asuntos y goces de buena salud, así como prosperas espiritualmente" (3). La bendición del Señor comprende el área espiritual, emocional, física y material.

Ensancha mi territorio

En su oración Jabes pedía: "Ensancha mi territorio". Es lo que usted debe hacer, ensanchar su territorio para que su familia viva más cómoda, para tener mejores instalaciones donde la gente pueda acudir a adorar a Dios, para poder influenciar en otras esferas de la sociedad, para conquistar el campo político y económico, para conquistar los medios de comunicación y la literatura.

Si tu mano estuviera conmigo

Necesitamos la mano de Dios sobre nosotros para protección, bendición y unción. Dondequiera que el Señor Jesucristo fuera, la mano de Dios estaba con Él. Cuando acusaron a Jesús de echar los demonios por Beelzebú, Jesús les dijo: "Por el dedo de Dios, echo fuera los demonios". Significa que, cuando la mano de Dios está sobre uno, los demonios y las enfermedades tienen que doblegarse por la unción que Dios ha puesto en nuestra vida.

Me libras de mal

Por años escuché a mi esposo hablar de la guerra espiritual y, en muchas ocasiones, pensé que Dios nos daba la fuerza para enfrentarnos al león. Sin embargo, puedo entender hoy que, cuando usted desobedece la Palabra de Dios, Satanás, al igual que un león estará al acecho y tiene mucha más fuerza que usted. Quizá se cree fuerte, que puede vencer la tentación, pero la Biblia dice que la protección de Dios viene por estar bajo Su Palabra, haciendo exactamente lo que ella dice y siguiendo Su instrucción. De esa manera, usted estará bajo la unción y cumplirá el propósito para el cual el Señor lo ha llamado.

En una ocasión fui con mi esposo a visitar a un amigo suyo, él vivía en una casa campestre y cuando llegamos, salieron a recibirnos dos perros furiosos y lo único que nos separaba de ellos, era una débil cerca de alambre. Los perros me mostraban sus dientes, sus colmillos y rugían enfurecidos pero no se arrimaban a la cerca de alambre. Cuando nuestro amigo salió, le pregunté por qué los perros no se acercaban a la cerca de alambre, él respondió: "Porque saben que toda esa cerca está electrificada y, si llegaran a tocarla, el golpe sería muy fuerte para ellos".

A veces sentimos que las fuerzas del mal rugen, nos muestran los colmillos y no podemos ver a Dios por ningún lado. Parecería que hay una pequeña cerca espiritual, pero los demonios no pueden traspasarla, porque saben que estarían invadiendo el territorio que le pertenece al Señor y recibirían una fuerte represión de Dios. De manera que no nos asustemos por los rugidos de león, ni por los colmillos que el diablo muestra para asustarnos, sino que estemos confiados en que el ángel del Señor acampa a nuestro alrededor y nos defiende.

El Señor le otorgó todo lo que pidió

Dios le dará victoria en todas las áreas de su vida. A partir de este momento, usted se convertirá en una persona con la unción y la fuerza de Dios para conquistar. Cuando el Señor le dijo a Pedro que no sería más Simón, que significaba "caña", que desde ese momento su nombre sería Pedro, "roca firme", llevó una vida de firmeza, convirtiéndose en uno de los apóstoles más usado por Dios. Por tal motivo, cuando supo que iban a crucificarlo, pidió que no lo hicieran como al Maestro, prefirió ser crucificado con la cabeza hacia abajo pues no se sentía digno de morir como Él. Todo, porque su nombre fue cambiado.

Crea que, a partir de este momento, su nombre cambia; tendrá una nueva naturaleza, no lo llamarán más fracasado ni estéril ministerial, porque será un príncipe con Dios con la unción del Señor.

Referencias Bíblicas:

(1) 1 Crónicas 4:9-11, RV 1960;   (2) Jeremías 33:3;
(3) 3 Juan 2.

CAPÍTULO 10
CONSTRUYENDO MUROS
DE PROTECCIÓN

La construcción de muros de protección es un principio bíblico; en la Palabra hay varios ejemplos en relación con ello. Las ciudades antiguas estaban rodeadas de muros para su defensa militar. Jericó, por ejemplo, era una ciudad amurallada, contaba con dobles muros de ladrillo dentro de los cuales hasta había viviendas construidas. Cuando Jerusalén fue sitiada por el ejército de Nabucodonosor, el enemigo no pudo entrar mientras se conservaron las murallas, pero tan pronto algunos hombres de guerra abrieron una brecha para huir, fueron apresados, la ciudad fue tomada e incendiada y el pueblo llevado en cautiverio.

Los muros son necesarios para proteger la Visión de todos los enemigos espirituales que pretendan impedir su desarrollo. Hemos enfrentado muchos de ellos a lo largo de nuestros años de ministerio, pero se han estrellado contra los muros. La experiencia me permite mostrar que deben levantarse cuatro muros de protección: uno alrededor de nuestra vida, otro de la familia, uno más alrededor de la iglesia y el cuarto en torno a la nación. Edificar murallas de protección alrededor de:

1. Nuestra vida

El proverbista dijo: "Como ciudad derribada y sin muro es el hombre cuyo espíritu no tiene rienda" (1).

Durante todos los años de ministerio he aconsejado a muchas personas y he comprobado que la grieta más fuerte, de la cual muchos ni se dan cuenta, está en las propias emociones. Una vida emocional estable es un fuerte muro de protección.

Disfrutábamos de una reunión amena con un grupo de líderes en un lujoso club de la ciudad y, mientras platicábamos, percibí un fuerte vacío emocional en varios de ellos; entonces pedí prestado un salón privado para tener un tiempo de ministración con el grupo. Cuando empecé a compartir sobre el amor paternal de Dios, pude notar el deseo de aquellos veinticuatro hombres porque terminara la conferencia y empezara a orar por sus vidas. No llevábamos dos minutos de oración, cuando uno, quien siempre fue conocido como una persona reservada, empezó a llorar de manera inusual en él. Inmediatamente el ambiente quedó saturado de una atmósfera de gloria, donde ni uno solo podía dejar de llorar. Era un cuadro poco común, porque estamos acostumbrados a ver a los hombres reír, gritar, aplaudir y hasta vociferar a favor de su equipo favorito. Pero verlos llorar, y de la manera como este grupo lo hacía, no es nada común.

En ese preciso momento dos camareros entraron para servirnos café y quedaron tan impregnados de lo que se estaba viviendo que ambos salieron llorando; uno manifestó luego su deseo de integrarse a uno de nuestros grupos celulares.

Cesaron los sollozos y alguien quiso compartir su experiencia, comentó: "Al obtener mi grado de bachiller, recibí al mismo tiempo una mención como el mejor bachiller del colegio; pero al tener el diploma, sentía una profunda tristeza porque la persona que más quería que estuviese era mi papá. Hacía años se había ido de la casa. Recuerdo que atravesé aquel pasillo llorando, porque no tenía ese padre a quien mostrar mis éxitos. Hoy, al comprender el amor paternal de Dios, volví a encontrarme en aquel lugar, pero esta vez ya no estaba solo, pues vi a mi Papá Dios sentado entre el público, esperándome; me vi recibiendo el diploma emocionado porque sabía que Él estaba allí y pude dedicarle ese logro. Bajé las gradas rápidamente, vi cómo mi Papá Dios se levantó de la silla, se acercó, me abrazó y dijo: Hijo, te felicito; déjame decirte que me siento orgulloso de ti. Por ese motivo lloraba, porque entendí que soy importante para alguien y, en especial, para mi Padre Dios".

Dios diseñó al ser humano y lo hizo de tal modo que pudiese sentirse amado para así poder dar amor. Todo niño que viene al mundo nace con el deseo de recibir amor, afecto, calor, cariño, protección, etcétera; por esta razón, cuando es lastimado, esas heridas van directo al alma, ya que en los primeros años sus emociones son tan frescas que cualquier huella, por simple que parezca, se convierte en una marca casi imborrable y, aunque pase el tiempo, estará en su corazón. Las heridas más fuertes del ser humano se arraigan en el alma, son más profundas que las que puedan ocasionarse en una mente consciente, aunque en la mayoría de casos no queda registrada en la memoria. Para que la bendición plena de Dios esté en nuestras emociones es importante que cada cual haga un alto en el camino y, si siente que le han ofendido, perdone de todo corazón, incluyendo a aquellos que le han rechazado, que han producido heridas en su corazón. Todo el que conoce a Dios como su Padre y recibe sanidad en sus emociones, puede llegar a desarrollarse plenamente en los diferentes roles de su vida.

2. Nuestra familia

Cada hombre, padre de familia es como un querubín protector de ella; tanto la vida de la mujer como la de los hijos depende de la dirección que el padre le dé. Es él quien determina el destino de la familia.

Tomemos un ejemplo de la antigüedad, cuando Dios quiso enviar a Moisés para que sacara a Su pueblo de Egipto con mano fuerte y poderosa. Los egipcios endurecieron su corazón pues no querían dejar ir al pueblo de Israel y Dios envió el juicio de las diez plagas; pero antes de que viniera la última plaga, el Señor dio instrucciones específicas al pueblo de Israel. Éxodo 11 y 12 hablan en detalle sobre este asunto.

La instrucción que el Señor dio fue que cada padre de familia sacrificara un cordero, luego depositara su sangre en un recipiente, que tomara un hisopo (una especie de arbusto de esas regiones) y lo introdujera en el recipiente para que se mojara con la sangre del cordero. En seguida, el padre en su casa debía rociar la sangre en los dinteles, los postes y las paredes de la casa con ese hisopo. Si el padre tomaba el recipiente y no usaba el hisopo para aplicar la sangre, este acto carecía de valor. Se necesitaba el hisopo, no podía usar otro elemento, pues el Señor dijo que debía ser con un hisopo.

El Salmista lo expresa diciendo: "Purifícame con hisopo, y quedaré limpio; lávame, y quedaré más blanco que la nieve" (2).

La sangre debía aplicarse específicamente con el hisopo. En el Antiguo Testamento se usaba el hisopo, mojándolo en sangre y aplicándola pero, en el Nuevo Testamento, el Señor nos lleva a dar un paso más allá. El hisopo es la confesión que hacemos de la Sangre del Cordero.

Cuando usted da su vida a Jesús, y le dice: "Señor, reconozco que soy pecador, me arrepiento de todo lo malo que hice; rescátame, sálvame, te entrego mi vida", de inmediato la Sangre de Jesús derramada en la Cruz del Calvario lava y limpia su vida. ¿Qué debe usted hacer luego? Una vez que ha sido lavado, debe acudir otra vez a la Cruz y, en un acto de fe, tomar esa Sangre en un recipiente. Pero no es cualquier sangre, sino la Sangre más pura, santa, perfecta que se haya derramado sobre el planeta Tierra. Es la Sangre de Jesús, el Salvador del mundo. Usted toma esa Sangre, usa el hisopo, su confesión y comienza a aplicarla, a través de la confesión, en su vida, su casa, su familia. Declara en fe lo que la Sangre de Jesús hizo por su vida y por su familia.

El Apóstol Pablo cuando escribe en Efesios, capítulo primero, verso siete, dice: "En quien tenemos redención por su sangre, el perdón de pecados según las riquezas de su gracia". La palabra "redención" o "redimir" significa rescatar, quitar de manos de aquel que cautivó nuestras vidas, esto fue lo que hizo Jesús. Estábamos bajo el dominio de Satanás porque, por causa de nuestros pecados, él nos controló y nos dominó, pero a través de Su Sangre, que fue el precio que Él pagó, Jesús nos rescató, nos liberó y Satanás dejó de tener dominio sobre nuestra vida. Cuando entendemos el poder de la Sangre y lo confesamos, lo proclamamos a voz en cuello, nos enfrentamos haciendo una confesión ante el universo, ante ese mundo invisible y espiritual que nos oye. Dios escucha esa confesión, la escuchan los ángeles, también la escuchan el diablo y los demonios, y la confesión es: "Por la Sangre de Jesús, he sido redimido. Dios me ha rescatado del poder del enemigo. Satanás no tiene ningún poder sobre mi vida, ni sobre mi familia, porque hemos sido trasladados al Reino de Jesucristo". Con esta sencilla oración estamos construyendo una de las murallas más poderosas la cual guardará nuestra familia de cualquier engaño del adversario.

3. Nuestra iglesia

En el mes de marzo de 1997, Dios me dio una visión donde una potestad demoníaca de bajo rango, se presentaba ante otra potestad de mayor rango y daba un informe en el cual incluía a aquellos que había logrado desanimar para que no continuaran con sus respectivos períodos de oración, y además, le decía: "... estas son las horas que están completamente libres, que nadie las está protegiendo en oración". Cuando tuve esta revelación, entendí que en el mundo espiritual cada hora es como una gran puerta que debe vigilarse fuertemente en oración, quienes pueden hacerlo son los creyentes; comprendí también que la oración continua guarda a la iglesia de las trampas del adversario.

En esa semana reuní a la iglesia y compartí aquella visión; abrí mi corazón con ellos en aquel día y les dije: "Amo a Dios con todo mi ser y nunca ha estado en mi corazón pensar que llegue a fallarle algún día, pero sé que para lograrlo necesito el respaldo de ustedes en oración. Por tal motivo, es importante levantar una cadena de oración alrededor de nosotros y de nuestras hijas, también alrededor del liderazgo y los discípulos. En ese día, unas tres mil personas respondieron al llamado y abrimos cuatro periodos de intercesión, desde las cinco hasta las nueve de la mañana. Además cada miembro de la iglesia decidió entrar en un pacto de oración por nosotros cada vez que tomen sus alimentos, en ese pacto también incluyen a la nación de Israel porque sabemos que si bendecimos al pueblo de Dios, el Señor nos bendecirá. Desde ese entonces hay una nube de oración que nos protege a nuestra familia y nuestros discípulos. Lo interesante es que, a los dos meses de establecida la intercesión en la iglesia, nos encontramos ante ese tremendo ataque del enemigo, cuando quiso quitarnos la vida como diciendo: "Heriré al pastor y dispersaré la iglesia". Si no hubiéramos estado protegidos por la intercesión, no hubiésemos pasado aquella prueba.

4. Nuestra nación

En una madrugada de 1989, el Señor puso una gran carga de oración en el corazón de mi esposa por la redención de la nación. Vimos en ese entonces que nuestro país estaba, como Jerusalén en la época de Nehemías, desierta, sus puertas consumidas por el fuego del pecado y enlutadas por la ola de violencia. Al igual que el profeta deberíamos motivar al liderazgo a la intercesión en favor de la nación, y era como expresarles: "Venid, y edifiquemos el muro de Jerusalén, y no estemos más en oprobio" (3).

Convocamos a la iglesia a pedir perdón a Dios en una jornada de ayuno y oración, asumiendo como personales los pecados de la nación; después de esto, las puertas se abrieron para que incursionemos en política. La protección del Señor es real en nuestro país y hemos visto Su mano desde entonces en nuestra nación, guardándola de una manera sobrenatural y poniendo gobernantes conforme a Su corazón. Desde que entendimos que la iglesia debe construir un muro alrededor de la nación, clamando ardientemente por ella, hemos visto el pleno respaldo divino en todas las áreas. La oración eficaz de los justos es la muralla más poderosa que pueda tener una nación.

Referencias Bíblicas:

(1) Proverbios 25:28, RV 1960;   (2) Salmo 51:7;
(3) Nehemías 2:17, RV 1960.

Capítulo 11
DEPENDIENDO DEL ESPÍRITU SANTO

Cuando el profeta Isaías tiene la gran revelación de la gloria divina, puede contemplar la majestad de Dios, ve los serafines que con dos de sus alas cubren sus rostros, con dos cubren sus pies y con dos vuelan. Luego siente la convicción de pecado, hace confesión y el Señor le habla diciendo: "¿A quién enviaré, y quién irá por nosotros?" (1).

Esas palabras dichas setecientos años antes de Cristo hacen eco hasta nuestros días: ¿A quién enviaré? ¿A quién podré confiar la obra del ministerio? Dios es Espíritu y, para llevar a cabo Su obra, siempre busca contar con un hombre. Él está buscando a aquellos que se dispongan a creer en Él y a dejarse guiar en plenitud por Su Espíritu.

¿A quién enviaré? Dios busca personas de integridad y fidelidad, que tengan un hogar estable, que no le den la espalda a la mitad del camino, que no se avergüencen de su testimonio. Dios está buscando alguien en quien confiar. ¿A quién enviaré, y quién irá por nosotros? A esta pregunta, el profeta contestó: "Héme aquí, envíame a mí".

Dios busca hoy hombres que, como Isaías, digan: "Heme aquí, envíame a mí". Está esperando una respuesta. Necesita personas dispuestas a rendir toda su vida a la dirección de Su Espíritu.

Concentrarnos en el desarrollo de la Visión

Durante los primeros diez años de ministerio no me interesaba viajar porque anhelaba formar esa hija que había nacido, la iglesia, y así poder tener un ministerio sólido. Creí que era lo correcto antes de pensar en ganar las naciones para Cristo.

Cuando en el año 1990 viajamos con mi esposa por primera vez a Seúl, Corea, a conocer la iglesia del Dr Cho, no imaginamos el impacto que esto tendría sobre nuestras vidas. Para ese entonces, teníamos unos tres mil miembros. Me sentía orgulloso del ministerio, pensaba que tenía ya una gran iglesia, estaba muy satisfecho. Estando en la iglesia del Dr Cho, le dije a Dios: "Señor, me trajiste aquí para avergonzarme. Me siento humillado delante de Ti, siento que no he hecho mayor cosa para Tu reino". Algo sucedió dentro de nosotros. Se rompieron muchos esquemas en nuestras mentes y pudimos creerle a Dios pues, si con el Dr Cho había funcionado, con nosotros también sucedería. Regresamos de ese viaje desafiados por un mayor crecimiento. Aunque el tiempo compartido con el pastor no duró ni dos minutos, el hecho de estar allá sirvió para ver la fe de un hombre que se atrevió a creer en Dios, lanzándose a conquistar, rompiendo los esquemas tradicionales de crecimiento de la iglesia. Por eso, su ministerio ha resultado innovador, logró sentar el fundamento de que la iglesia celular es el propósito de Dios para estos tiempos finales.

UNA RELACIÓN ESTRECHA
CON EL ESPÍRITU SANTO

Una de las áreas más difíciles dentro del ministerio es aprender a tener una relación íntima con el Espíritu Santo. Por años he orado y clamado: "Quiero Tu dirección, anhelo Tu guía, Señor". Pero llegar a esa intimidad estrecha con Él es algo que se da sólo cuando hay un desprendimiento pleno de uno mismo, cuando podemos renunciar a los propios intereses y someternos a los deseos divinos. Cuando nuestros sueños se unen a los de Él, cuando nuestra visión es la que recibimos de Él y nuestras metas son las metas de Dios, entonces podemos decir que tenemos una dependencia total de Él. En cada paso que demos, en cada pensamiento que aceptemos en la mente, en cada palabra que expresemos, todo lo haremos para Su gloria.

El Espíritu Santo es el único que conoce lo más íntimo de Dios, es el único puente que une lo humano con lo divino, lo eterno con lo temporal. Él es el único que puede ayudarnos a que la gloria de Dios se derrame en esta tierra. Jesús ascendió al cielo y luego envió al Espíritu Santo para que tomara Su lugar. Jesús sólo podía dejar como encargado de la iglesia a alguien en quien confiara plenamente, y la única persona que tenía todos los requisitos necesarios para hacerlo era el Espíritu Santo. Por eso, el Señor dijo que cuando Él viniera, sería un padre para nosotros: "No los voy a dejar huérfanos" (2).

Conociendo al Espíritu Santo

El Espíritu Santo es extremadamente sensible, muy susceptible. Cuando Juan bautizó a Jesús en el río Jordán, tuvo una visión del Espíritu, lo vio en forma corporal de una paloma. La paloma es una de las aves más sensibles, se asusta fácilmente a causa de cualquier ruido o movimiento, por lo cual se espanta y huye. Jesús llevaba una vida de integridad para que el carácter del Espíritu posara sobre Él. Del mismo modo, el Espíritu Santo busca personas con corazón íntegro para posar Su carácter en ellas. Mantener intimidad con el Espíritu Santo implica velar a diario por esa amistad y comunión, no permitiendo en nuestro corazón ninguna actitud que le desagrade.

El Salmista dijo: "Examíname, oh Dios, y pruébame para saber si hay en mí camino de iniquidad". Continuamente debemos decir a Dios: "Examina mi vida, tal vez estoy haciendo lo que me parece correcto, pero para Ti no lo es. Espíritu Santo, quiero que me guíes en todo". Muchas veces es fácil amoldarse a una situación y sentirse satisfecho con lo logrado pero, al tener una relación íntima con el Espíritu de Dios, Él no permitirá que nos estanquemos ni nos conformemos con lo que ya recibido, pues Él produce la motivación interna para continuar avanzando con un espíritu de conquista.

Aprendiendo a depender del Espíritu Santo

Uno de los más grandes privilegios que he tenido es el de servir al Señor en el ministerio pastoral. Durante más de diez años de servirle en esta área vimos Su respaldo de una manera sobrenatural. Todo lugar que tomábamos, lo llenábamos; todas las metas fijadas, las cumplíamos; disfrutábamos de cierto éxito a nivel ministerial. Pero vino un gran inconformismo en mí pues sentía que lo que habíamos logrado hasta el momento estaba muy por debajo, en relación a la demanda de la necesidad espiritual de la gente.

Por tal motivo, me atreví a orar de una manera poco común. Aquel día abrí mi corazón al Señor, y dije: "Espíritu de Dios, gracias por darme el privilegio de estar dentro de Tu obra, pero he tomado la decisión de renunciar al pastorado. Espíritu de Dios, te pido que a partir de hoy seas el Pastor de la iglesia, y acéptame como Tu colaborador". Hice esta oración de lo profundo de mi alma. Luego, Él se acercó a mí y me dijo: "¿Por qué tardaste tanto tiempo en decírmelo? Hasta este día tú eras el pastor y Yo era tu colaborador. Cuando te levantabas a predicar, me decías: Espíritu Santo, bendice lo que voy a hablar. Cuando terminabas de dar tus enseñanzas decías: Bendice, Señor, lo que he hablado. Cuando orabas por la gente, me pedías: Bendice, Espíritu Santo, estas personas; quiero que te muevas de esta manera, o de aquella. Actuabas como el pastor y me tenías como tu colaborador. Aun en las reuniones con tu equipo de líderes, les enseñabas por horas y luego decías: Espíritu Santo, bendice todo lo que he hablado.

Hijo, cómo me agrada esta oración y que hayas entregado a Mí el pastorado, porque desde hoy Yo seré el pastor y tú serás Mi colaborador. No puedes imaginar lo que sucederá en tu ministerio desde este instante".

El Espíritu de Dios tomó muy seriamente esa oración, a tal punto que Él mismo nos indica qué compromisos tomar. Nos muestra cuando ya hemos hecho nuestra parte y cuando Él se hace cargo del resto. Él es quien nos dirige en cada área que anhela que conquistemos.

Tener cuidado de no apartarnos de la Visión

Como líderes, debemos formar en nuestros discípulos el carácter de Cristo. El ejemplo es una de las enseñanzas que queda más grabada en sus corazones. Cada palabra que les digamos, cada actitud que tengamos, los motivará o les quitará el ánimo de seguir adelante. La dirección que demos al ministerio y las metas que establezcamos, ayudarán de manera positiva o afectarán el futuro ministerial.

A principios de 1995 comencé a preparar doscientos líderes para enviarlos como pastores, pues teníamos el proyecto de abrir doscientas iglesias en diferentes lugares de la ciudad. Pensé que ésta sería la manera más rápida de crecimiento. A mitad de año, con mi esposa fuimos a una conferencia para líderes cristianos en Seúl, Corea, y unos de los días tuve la visión, acerca de la cual hice referencia en capítulos anteriores, en que el Pastor Cho me entregaba una antorcha y, al recibirla, el Espíritu Santo me decía: "Hijo, te estoy entregando la antorcha de la multiplicación. Yo te di una Visión Celular similar a la que tiene el pastor Cho y tú has querido introducir otra visión dentro de la Visión. Eso te sacaría de Mi propósito. Hijo, necesito que te dediques a la Visión Celular". Aquel día me arrepentí y dije al Señor: "Perdóname por tratar de desviarme de lo que Tú habías trazado para mí, y por haber obrado de acuerdo a mi propio criterio".

Al regresar a Bogotá, reuní al liderazgo y, junto con ellos, a todas las personas que estaba entrenando. Compartí la experiencia, pedí perdón y les dije: "Regresamos nuevamente a la Visión Celular". En esos seis meses nos pusimos la meta de llegar a cinco mil células. Fue un arduo trabajo, una tarea difícil. No alcanzamos la meta propuesta, pero sí llegamos a pasar de mil doscientas células que ya teníamos a cuatro mil. Si no hubiésemos entregado el ministerio pastoral al Espíritu Santo, mi visión se habría limitado completamente y no hubiéramos alcanzado a conquistar nuestros sueños. Pero cuando el Espíritu de Dios toma el control de la iglesia, Él asume la responsabilidad seriamente. Los apóstoles lo entendieron cuando dijeron: "Porque ha parecido bien al Espíritu Santo, y a nosotros...". Como ministerio, nos hemos asegurado de que cada decisión tomada para desarrollo de las metas tenga la aprobación del Espíritu de Dios y, de este modo, permanecer siempre en Su propósito.

En enero de 1997, durante la II Convención Anual que celebramos en Bogotá, para el día en que dábamos inicio a la convención, tuvimos una pequeña diferencia con mi esposa, y simplemente decidí ser indiferente con ella; los dos siempre hemos sido muy amigos y el que no le determinara para nada, a ella le dolió en el alma.

Para la apertura habíamos invitado a un saxofonista y, mientras él estaba ministrando, sucedió algo extraordinario, pues mi esposa pudo entender cada tonada que salía de su instrumento y el Señor le dio la interpretación de la melodía. Después que él ministró, como acostumbro hacer, presenté a mi esposa para que dirigiera unas palabras al auditorio, donde había unas dieciocho mil personas. Apenas tomó el micrófono, dijo: "Hermanos, hoy disgustamos con mi esposo y eso me ha dolido mucho". Sentí que las miradas de todos se dirigían a mí, como preguntando: "¿Qué le hizo a la pastora?". En ese momento quería desaparecer de la plataforma. Mi esposa siguió hablando: "Mientras la música sonaba, Dios me dio la interpretación. El Señor me dijo: ¿Te ha dolido en el corazón que tu esposo sea indiferente contigo? Quiero que sepas, hija, que Yo he permitido que esto les suceda para enseñarles cómo me siento cuando Mi Iglesia es indiferente Conmigo. Tú lo viviste por un solo día, pero Yo soporto la indiferencia de Mis hijos que a veces se prolonga por varias semanas, no me dirigen ni una sola palabra". Mientras Claudia compartía, vino gran convicción de pecado al auditorio y se escuchaban las expresiones de perdón, entre sollozos y lágrimas. Creo que todos aprendimos mucho aquel día; en mi caso, aprendí que es mal negocio disgustar con mi esposa, porque no puede guardar secretos y todo lo hace público.

Cómo hacer equipo con el Espíritu Santo

Es fundamental entender que a la obra de Dios la llevamos a cabo en nuestras fuerzas, o lo hacemos con Sus fuerzas. Dios anhela que trabajemos en intimidad plena con Él, siendo el socio principal en el trabajo que desarrollemos. Pero el Espíritu deja a nuestro libre albedrío el que le confiemos cada responsabilidad y, si estamos dispuestos a hacerlo, debemos considerar ciertas características:

Él es una persona

Usted no puede tratar al Espíritu Santo como si fuera algo irreal. No puede tratarlo como un objeto, ni como un ser que no tiene lógica, porque Él es una persona. Es tan real como cualquiera de nosotros y es Su deseo que no lo ignoremos. Necesita de nuestras palabras, anhela que le consultemos, que pongamos a Su disposición cada paso que demos, que le permitamos a Él dar el visto bueno. Eso fue lo que llevó a la iglesia primitiva a tener gran éxito, a desarrollarse de una manera plena y así alcanzar las naciones. Algo que a la iglesia actual le ha costado, pero que ellos realizaron en la primera época.

Hacerlo su socio

Es fundamental que entendamos que el Espíritu de Dios desea tener el control pleno de nuestra agenda y todo lo que ésta incluya. Él debe tener la total libertad de elaborar los cambios que se requieren en nuestra vida, pues debemos recordar que no estamos construyendo nuestro reino sino el de Él. Hacer al Espíritu de Dios nuestro socio implica llevar una vida exclusivamente de fe.

Dependa de Sus recursos

Es importante comprender que todos los recursos de Dios son administrados por el Espíritu Santo; todo lo que necesitemos dentro del ministerio, Él lo posee. Por tal motivo, nuestra relación con el Espíritu debe ser excelente. Hacer la obra de Dios es algo sobrenatural; aquello que es imposible con medios humanos o por nuestra lógica, es posible con Su ayuda.

Antes de venir el Señor Jesús al mundo, la gente conoció el ministerio de Dios Padre. Cuando Jesús estuvo en esta tierra, todo fue impactado por Su obra redentora. Pero, después de que ascendió a los cielos, el Espíritu Santo se constituyó en el único representante, tanto del Padre como del Hijo; por ello, es quien decide a quién le otorga los recursos que Sus siervos necesitan. Esta es la razón por la cual nuestra relación con Él debe ser excelente.

Que él sea el director técnico del equipo ministerial

Podemos llegar a equivocarnos al escoger las personas que integren nuestro equipo, pero Él no. El Espíritu traerá revelación a nuestra vida de quiénes son aquellos con los que debemos llevar a cabo la obra, en quiénes debemos invertir tiempo, a quiénes debemos formar y cómo hacerlo. Una de las tareas más difíciles de cualquier líder es conformar el equipo con el cual trabajar en el futuro.

Renueve su mente

Es esencial tener plena sensibilidad a la dirección del Espíritu Santo y estar siempre dispuesto a moverse de acuerdo a Su guía, en la manera como Él desea hacerlo. Implica que la mente debe renovarse día a día y tomar el rumbo que Él ha trazado para nosotros. El único camino para renovar la mente es aprender a estar en Su presencia, bebiendo de Su Espíritu; en la intimidad con Él, el velo se corre y se nos revela lo que hay en Su corazón, para que lo llevemos a cabo.

Entrega total

El Espíritu Santo quiere tener intimidad con aquellos que rinden la totalidad de sus vidas a Él, no con los que tratan de decirle cómo debe hacer las cosas, o qué debe hacer. Siempre debemos estar sometidos a la guía que Él desea darnos. Implica total dependencia de Él en cada una de las áreas en las que nos desarrollamos. Para lograrlo, debe morir dentro de nosotros todo vestigio del ego.

Comunión

Planee cada paso que dé en intimidad con Él. Si le permite dirigir su vida, no se equivocará en ningún paso que dé, ya que para Él es tan claro el presente como el futuro. Aunque no entendamos muchas cosas, si las hacemos en obediencia a Él, luego veremos los resultados efectivos de nuestras decisiones. Nunca debemos hacer nada por nuestra propia cuenta. Déle siempre al Espíritu Santo el tiempo y la libertad para que Él actúe. A veces, Él dice sí; otras, dice no. Pero cualquiera sea la dirección que Él dé a nuestra vida, tengamos la certeza de que todo lo tiene bajo Su control.

Reconocimiento

Que todo lo que hagamos redunde para la gloria de Dios. No es Su deseo que en aquello que planeemos busquemos nuestra gloria. Por el contrario, todo lo que hagamos debe ser exclusivamente para la gloria de Él. Muchos son los que se sienten dueños de los dones que pertenecen al Espíritu de Dios, mas todos los dones culminarán y lo único que perdurará será nuestro carácter. Rendir a Él la vida es permitir que moldee nuestro carácter, y así glorificar Su Nombre.

Referencias Bíblicas:

(1) Isaías 6:8;   (2) Juan 14:18.

Capítulo 12
VICTORIA SOBRE EL ENEMIGO

"Y ellos le han vencido por medio de la sangre del Cordero y de la palabra del testimonio de ellos, y menospreciaron sus vidas hasta la muerte. Por lo cual alegraos, cielos, y los que moráis en ellos" (1).

San Pablo dijo: "Porque nuestra lucha no es contra seres humanos, sino contra poderes, contra autoridades, contra potestades que dominan este mundo de tinieblas, contra fuerzas espirituales malignas en las regiones celestiales" (2). Estamos viviendo una guerra en el mundo espiritual. Existe una jerarquía demoníaca batallando contra nosotros, compuesta por poderes, autoridades, potestades y fuerzas espirituales malignas. Pero también el apóstol dice: "Pónganse toda la armadura de Dios para que puedan hacer frente a las artimañas del diablo" (3).

Por ignorarlas o por no saber usar las armas de guerra, muchos caen en esta batalla espiritual; pero el apóstol nos enseña a conocer y usar poderosas armas que nos harán vivir en victoria sobre el adversario.

Ellos le han vencido por la confesión de la Sangre del Cordero

El apóstol tuvo la visión de la batalla que se libra en el mundo espiritual, vio la manifestación de la plenitud del diablo, representada por el dragón, donde está el poder de Satanás. Dijo: "y ellos" refiriéndose a los cristianos, "lo han vencido", es decir, el dragón fue echado fuera.

Observe que habla de las cuatro manifestaciones del diablo:

- A través del dragón, como algo espantoso.
- A través de la serpiente, que es muy sutil, sagaz; engaña metiéndose sin que se den cuenta pero cargada de veneno.
- Como Satanás, significa "el que resiste".
- Como diablo, "el calumniador", quiere invadir su espacio, entrar en su vida, su familia, sus sentimientos, sus pensamientos, sus negocios, sus finanzas, etc.

La Biblia dice que los cristianos le han vencido, y presenta las armas con las que lo vencieron: "Por medio de la Sangre del Cordero y de la palabra". Existe una combinación entre la Sangre del Cordero y la confesión, en otras palabras diría: "Ellos le han vencido por la confesión de la Sangre del Cordero". El Salmista escribió: "Que lo digan los redimidos del Señor, a quienes redimió del poder del adversario" (4). Debemos confesar lo que la Sangre de Jesús hizo por nosotros.

Israel en Egipto

Dios permitió que el pueblo de Israel sacrificara animales inocentes como sustitutos por el pecado de los hombres, y que utilizaran su sangre para que, rociada sobre el pueblo, sirviera para perdón de pecados. Hubo un acontecimiento en el pueblo de Israel que dejó una gran enseñanza mientras vivió en Egipto.

Cuando los egipcios endurecieron su corazón y no dejaban salir al pueblo de Israel, Dios envió el juicio de las diez plagas; antes que la plaga a los primogénitos llegara Dios le dio instrucciones específicas al pueblo, que sacrificara un cordero y pusiera su sangre en los dinteles y los postes de las casa. Como enseñé en el capítulo: CONSTRUYENDO MUROS DE PROTECCIÓN, la sangre debía aplicarse específicamente con el hisopo, éste representa la confesión que hacemos de la Sangre del Cordero.

Confesando la Sangre

Cinco confesiones que hacemos para tener victoria sobre el enemigo:

1. En quien tenemos redención por Su Sangre

En la carta que San Pablo escribe a los efesios dice: "En él tenemos la redención mediante su sangre... (5a).

Jesús, al morir en la Cruz del Calvario, libró nuestras vidas del dominio de Satanás; quien nos tenía aprisionados por causa de nuestros pecados. "A Jesús, el mediador de un nuevo pacto; y a la sangre rociada, que habla con más fuerza que la de Abel" (6). La Sangre rociada, significa la confesión de lo que la Sangre de Jesús hizo por nosotros. Cuando la confesamos, se libra una batalla en el mundo espiritual. En el momento en que la sangre de Abel tocó tierra debido a que su hermano Caín lo había matado, se levantó la voz de la sangre con un fuerte clamor que llegó hasta la presencia del Padre pidiendo venganza. ¿Qué dice el escrito a los hebreos de la Sangre de Jesús? Que ella habla mejor que la de Abel.

Al entender el poder de la Sangre, lo confesamos y proclamamos a voz en cuello, lo declaramos ante el universo, ante ese mundo invisible espiritual que nos oye. Esa confesión será escuchada por Dios, por los ángeles, pero también por el diablo y los demonios. La primera confesión es: *"Por la Sangre de Jesús he sido redimido. Dios me ha rescatado del poder del enemigo. Satanás no tiene poder sobre mi vida porque he sido trasladado al Reino de Jesucristo".*

2. Por la Sangre de Jesús todos mis pecados son perdonados

"... mediante su sangre, el perdón de nuestros pecados, conforme a las riquezas de la gracia" (5b).

Una estrategia del adversario es hacernos creer que algunos pecados aún no han sido perdonados; lo hace para mantener el control de nuestra vida. Más cuando hacemos esta confesión, con la plena certeza de que todos nuestros pecados ya fueron perdonados por la Sangre de Jesús, experimentamos plena victoria. Su segunda confesión es: *"Por la sangre de Jesús todos mis pecados han sido perdonados"*.

3. La Sangre de Jesús me limpia de todo pecado

"Pero si andamos en luz, como él está en luz, tenemos comunión unos con otros, y la Sangre de Jesucristo su Hijo nos limpia de todo pecado" (7).

El apóstol Juan nos lleva a usar el hisopo y aplicar la Sangre del Cordero. Los tiempos de los verbos en este pasaje, están en presente continuo: "La Sangre de Jesucristo Su Hijo nos limpia de todo pecado", esto es como si dijera: "La Sangre de Jesús me está limpiando ahora y me sigue limpiando continuamente de todo pecado y toda maldad".

Vivimos en un mundo donde la inmundicia del infierno quiere salpicar nuestra vida, más por andar en luz y tener comunión con otros cristianos, la Sangre de Jesús mantiene un proceso de purificación y santificación en nosotros que impide que la mancha del pecado toque nuestro corazón. Él mantendrá nuestras vestiduras limpias, conforme lo dice en Eclesiastés, "que en todo tiempo sean blancos tus vestidos y nunca falte ungüento sobre tu cabeza".

De manera que su tercera confesión es: *"Por cuanto ando en la luz, y tengo comunión con mis hermanos, la Sangre de Jesús me está limpiando ahora y continuamente de todo pecado"*.

4. Por la Sangre de Cristo somos justificados

"Pero Dios demuestra su amor para con nosotros en esto: en que cuando todavía éramos pecadores, Cristo murió por nosotros. Y ahora que hemos sido justificados por su sangre, ¡con cuánta más razón, por medio de él, seremos salvados del castigo de Dios!" (8).

La siguiente aplicación del hisopo tiene que ver con la confesión de que la Sangre ha dado justificación a nuestra vida. El Apóstol Pablo nos lleva a confesar que Dios nos ve tan justos como si nunca hubiésemos pecado. Este concepto se amplía al escribir a los Corintios, diciendo: "Al que no cometió pecado alguno, por nosotros Dios lo trató como pecador, para que en él recibiéramos la justicia de Dios" (9).

Hubo un intercambio. Dios tomó a Su Hijo Jesús, que no conoció pecado, y lo entregó para recibir el castigo que nosotros merecíamos. No tenía ninguna culpa, pero cargó con la nuestra para que fuésemos hechos justicia de Dios en Él. Jesús tomó todo lo malo que éramos nosotros y, a cambio, nos dio todo lo bueno que es Él. Al darnos Jesús todo lo bueno, Dios ya no nos ve como lo que éramos en nuestra condición pecaminosa, sino de la manera que ve a Su Hijo, sin mancha y sin pecado. Al confesar lo que la Sangre hizo por nosotros, reprendemos el espíritu acusador, de culpabilidad y condenación.

El diablo siempre quiere culparnos, acusándonos con las cosas que hicimos en el pasado, más nosotros podemos levantamos contra él y decirle: *"Por la Sangre de Jesús, yo he sido justificado y Dios me ve como si nunca jamás hubiese pecado".*

5. Por la Sangre de Cristo somos santificados

"Por eso también Jesús, para santificar al pueblo mediante su propia sangre, sufrió fuera de la puerta de la ciudad" (10).

La quinta confesiónes: *"La Sangre de Jesús me santificó, ante Sus ojos soy puro y santo".*

La naturaleza de Dios es santa, en Él no hay pecado, jamás lo ha tocado. Los querubines no cesan de exclamar noche y día: "Santo, Santo, Santo es el Señor." Confesando que por la Sangre de Jesús fuimos santificados, decretamos que Su carácter santo está en nosotros.

"...ustedes se han acercado al monte Sión, a la Jerusalén celestial, la ciudad del Dios viviente. Se han acercado a millares y millares de ángeles, a una asamblea gozosa, a la iglesia de los primogénitos inscritos en el cielo. Se han acercado a Dios, el juez de todos; a los espíritus de los justos que han llegado a la perfección; a Jesús, el mediador de un nuevo pacto; y a la sangre rociada, que habla con más fuerza que la de Abel" (11).

La sangre rociada es la confesión de lo que la Sangre de Jesús hace por nosotros. Si usted confiesa lo que la Sangre de Jesús hizo por su vida, de inmediato la atmósfera y las circunstancias cambian, los cielos se despejan y el infierno retrocede, porque los demonios no soportan que les recuerden lo que hizo la Sangre de Jesús. Ella tiene más impacto y poder ante el Reino de Dios que la sangre de Abel. Cuando usted confiesa lo que la Sangre de Jesús hizo por su vida, Su Sangre empieza a hablar en su favor. Enfrenta al dragón, reprende a Satanás, alejándolos de su vida, su familia, sus finanzas, su ministerio, sus emociones. No les es permitido acercarse a ninguno, porque la Sangre del Cordero los protege.

Referencias Bíblicas:

(1) Apocalipsis 12:11,12, RV 1960; (2) Efesios 6:12; (3) Efesios 6:11; (4) Salmo 107:2; (5a) Efesios 1:7a; (5b) Efesios 1:7b; (6) Hebreos 12:24; (7) 1 Juan 1:7; (8) Romanos 5:8,9; (9) 2 Corintios 5:21; (10) Hebreos 13:12; (11) Hebreos 12:22-24.

Parte 3

EL DESPERTAR
DE LA UNCIÓN

CAPÍTULO 1
UNA SEGUNDA OPORTUNIDAD

Por lo general, para cumplir Su propósito, Dios lo hace a través de hombres y mujeres sensibles al consejo, la dirección y la guía de Su Espíritu Santo. Él les transmite Su voluntad y les da una visión más completa y amplia de lo que puede percibirse a simple vista. Los grandes logros del pueblo de Dios fueron realizados por hombres que Dios escogió, preparó y envió con una tarea específica.

Cada uno de nosotros viene a este mundo con una misión definida asignada por Dios. El rey Salomón enseñó que aquel que gana almas es sabio. El apóstol Santiago dijo: "Recuerden que quien hace volver a un pecador de su extravío, lo salvará de la muerte y cubrirá muchísimos pecados" (1). Observamos aquí que ambos hablan el mismo idioma. Para Salomón, salvar almas es el resultado de una vida equilibrada y llena de justicia; para Santiago, es obra de un corazón compasivo al cual luego se le retribuirá en beneficios personales, pues muchos argumentos en su contra serán cancelados.

El valor de un alma

Aunque desde el momento en que me convertí al cristianismo tuve gran compasión por las almas, esforzándome por testificar lo que Jesús había hecho en mi vida, la verdadera compasión vino a mí, después que Dios permitió que viviera una experiencia para comprender cuanto vale un alma para Él.

Aconteció una noche cuando me dirigía a la pequeña iglesia que pastoreaba; en aquel entonces tenía veinticuatro años de edad, llevaba un año de matrimonio con Claudia y mi hija Johanna tenía veinte días de vida. Fui atacado por un hombre que, por robarme lo que tenía, me lanzó una puñalada al pecho. En ese momento sentí que -si Dios no intervenía- no había manera de salvarme de una muerte segura y clamé por un milagro. Alcancé a correr casi una cuadra y mi cuerpo se desplomó muerto, pues las personas que se acercaron para auxiliarme testificaron que no tenía signos vitales. Por treinta minutos permanecí tendido en el piso sin ningún síntoma que indicara vida.

Al final del túnel

No sé si algo similar vivió Pablo cuando fue apedreado en Listra, de donde sacaron su cuerpo pensando que ya no tenía vida. Dios usó esto para trasladarlo al tercer cielo permitiéndole ver y oír cosas que no son captadas por la mente humana. La Palabra declara que: "Ningún ojo ha visto, ningún oído ha escuchado, ninguna mente humana ha concebido lo que Dios ha preparado para quienes lo aman" (2). Cuando mi cuerpo físico cayó al piso, mi cuerpo espiritual se mantuvo en pie y empezó a ascender, luego me di cuenta que no iba solo, sino que miles de ángeles iban conmigo haciendo una especie de túnel celestial; puedo afirmar que esos momentos fueron los más especiales que jamás he tenido. Todo estaba muy bien hasta que tomé conciencia de mi verdadera condición y, con asombro, quedé mirando todo lo que había alrededor. Entendí que estaba muerto y sabía que al culminar ese túnel angelical debía encontrarme con Dios. En ese momento, se apoderó de mí un gran temor; sentí que tenía las manos vacías, ya que las almas que había ganado para Jesús, que sabía que perseveraban en su fe cristiana, eran muy pocas, y quizás no pasaban de unas cincuenta personas. Sentí vergüenza por haber desperdiciado tantas preciosas oportunidades; sabía que pude haber hecho mucho por para la obra de Dios y no lo hice.

Una segunda oportunidad

En ese instante, clamé al Señor con toda mi alma para que extendiera Su misericordia, y me diera una segunda oportunidad. Dios escuchó mi oración y, al instante, recobré el conocimiento. Él permitió que pasara por tan difícil situación para enseñarme el valor que tiene un alma; desde entonces, he orado al Señor para que me dé sabiduría y la estrategia correcta para poder presentarme con abundante fruto el día que vaya a Su presencia.

El sabio Salomón dijo: "Vale más la sabiduría que las piedras preciosas, y ni lo más deseable se le compara" (3). Y nos invita a buscarla con toda el alma, diciendo: "Si la buscas como a la plata, como a un tesoro escondido, entonces comprenderás el temor del Señor y hallarás el conocimiento de Dios" (4). Si los creyentes se entregaran a buscar estrategias para ganar a los perdidos como lo hacen para conseguir dinero, creo que seríamos guardados de caer en lo trivial y lo esporádico.

Testigos eficaces

Siempre ha tocado mi corazón una expresión pronunciada por San Pablo: "¡Ay de mí si no predico el evangelio!" (5). Creo que de los apóstoles, Pablo era quien se caracterizaba por su compasión hacia los perdidos; tal vez esto nació en su corazón en el momento de su conversión, porque llegó a tener una claridad del mundo espiritual como muy pocos. Estaba muy lejos de actuar con la esperanza de obtener alguna retribución; por el contrario, entendió que su mayor lucha era por la redención de las almas y, de no hacerlo, Dios lo haría responsable de la muerte espiritual de muchos.

Recién empezaba mi vida cristiana, llevaría unos dos meses desde que había tenido mi encuentro personal con Jesús, cuando me enteré que uno de mis primos se había hecho cristiano poco antes que yo. Me dio mucha alegría, y dije, "Gloria a Dios, no estoy solo en este mundo". Porque la gente con la cual hablaba estaba distante de Dios, y la familia, a causa de mi conversión, me había dado la espalda.

¿Eres cristiano?

Al poco tiempo, en una reunión familiar de fin de año, tuve la grata sorpresa de ver a mi primo. Sentí mucho gozo, ¡por fin alguien que hablaba el mismo idioma! Nos saludamos, cruzamos unas pocas palabras, pero al rato quedé perplejo al ver que le ofrecieron un vaso de whisky y no lo rechazó. Esto me llevó a hacer una comparación entre su vida y la mía. Para mí los vicios habían perdido todo su encanto y no era algo que deseara o extrañara. Ya no necesitaba nada de eso, dentro de mí había una nueva naturaleza. Al mismo tiempo pensé: "Debe ser que lo hizo por ser amable". Él bebió aquel vaso rápidamente, y me dije: "Tal vez tenía mucha sed". Después le alcanzaron otro vaso e hizo lo mismo; entendí que en ese joven había algo fuera de orden. Decidí acercarme y le dije: "Primo, ¿qué es esto que estás haciendo? Acaso ¿no eres cristiano?". "Ya estuve en ese cuento del cristianismo y llegué a la conclusión de que a la vida hay que vivirla y disfrutarla, eso es lo que estoy haciendo; creo que antes de morir me arrepentiré, pero primero habré disfrutado". Me dio tanta tristeza escucharlo hablar de esa manera. "Primo, nadie sabe cuándo va a morir, si ya conociste la verdad y experimentaste la salvación, no la desaproveches sino vuélvete a Dios con todo tu corazón y Él te perdonará", le dije. "Tranquilo, yo sé lo que estoy haciendo", me dio la espalda y se fue.

Dos meses después, este joven que tendría unos diecinueve años de edad, moría ahogado. Dios le había dado una de las más grandes bendiciones, el derecho de primogenitura, ya que fue el primero de toda nuestra familia en conocer a Jesús. Tal como lo hizo Esaú, el hermano de Jacob, vendió su primogenitura por un plato de lentejas, mi primo hizo lo mismo, la cambió por unas cuantas migajas de placer que duraron muy poco.

Pablo vio toda la gente que se perdería si no predicaba el evangelio. Al abrirle Dios los ojos espirituales, lo entendió con claridad y exclamó muy conmovido: "¡Ay de mí si no predico el evangelio!". Sintió que sería el responsable del fracaso espiritual de millones de personas. Por eso el Apóstol dijo: "En efecto, si lo hiciera por mi propia voluntad, tendría recompensa; pero si lo hago por obligación, no hago más que cumplir la tarea que se me ha encomendado" (6). Para él, era muy clara la diferencia entre la persona que trabaja por recibir un salario y el que trabaja porque ama lo que hace. Daba a entender que la predicación del evangelio no le resultaba una carga, por el contrario, lo disfrutaba; poniendo toda su voluntad al hacerlo pues, de otra manera, sería alguien que predicaba por la paga que recibía.

Salvar almas causa alegría en el corazón

Mientras los escépticos religiosos se asombraban por la eficacia con que Pedro ganaba las almas y desesperados buscaban detenerlo para que no avanzara en su gloriosa tarea, en el cielo tenía lugar una gran junta de ángeles unidos para festejar la victoria del Apóstol en su noble misión evangelística.

Hay gozo en el cielo cuando un pecador se arrepiente. Pedro y los otros apóstoles pusieron a temblar al infierno, pues todos los poderes demoníacos se sintieron impotentes ante la unción y la gracia del apóstol para ganar las almas, y lo único que se les ocurrió fue presionar a través de los líderes religiosos para que desistieran de tan grandiosa labor.

"Entonces llamaron a los apóstoles y, luego de azotarlos, les ordenaron que no hablaran más en el nombre de Jesús. Después de esto los soltaron. Así, pues, los apóstoles salieron del Consejo, llenos de gozo por haber sido considerados dignos de sufrir afrentas por causa del Nombre. Y día tras día, en el templo y de casa en casa, no dejaban de enseñar y anunciar las buenas nuevas de que Jesús es el Mesías" (7). En lugar de debilitar la fe de los apóstoles, todo esto los fortaleció mucho más.

Salvar almas implica tener una estrategia

Salomón afirmaba que con estrategia se hace la guerra. Así como el guerrero debe esforzarse por trazar un plan de conquista, también el ganador de almas necesita una estrategia para alcanzarlas y hacer que perduren en la fe cristiana. Pablo se ponía al nivel de cada persona para poder alcanzarla para Cristo; ante los sabios, se hacía sabio; con los necios, se hacía como necio; al tratar con los débiles, se presentaba como débil.

Salvar almas es llevar redención

Todo ganador de almas debe entender que lo que llevó a Jesús a ofrendar Su vida por una humanidad rebelde y pecadora, fue Su gran compasión. Jesús no sólo dividió la historia de la humanidad en dos partes, sino que la misma vida humana fue dividida entre lo que éramos antes de aceptar Su salvación y lo que somos después de dar ese paso de fe. Esto se debe a que todas las debilidades y flaquezas que teníamos fueron absorbidas desde la Cruz, como si fuera un grandioso imán que atrae todos los pecados del ser humano, cuando éste se vuelve a Dios con sinceridad de corazón.

Jesús dijo: "Pero yo, cuando sea levantado de la tierra, atraeré a todos a mí mismo" (8). La muerte de Jesús en la Cruz atrajo a los hombres con todas sus opresiones y maldiciones. Por esto, el único medio de salvar las almas es una buena estrategia evangelística, donde Dios nos dé la gracia para guiar las personas a un genuino encuentro con su Redentor. Sólo Él puede sacarlos de las tinieblas a la luz, ya que vino a darles vida y vida en abundancia. Aunque en la película "La Pasión", dirigida por Mel Gibson, el protagonista logró representar de manera muy vívida el suplicio físico del Señor Jesús, comenzando en el huerto del Getsemaní hasta Su muerte, sólo cuando estemos en Su Presencia comprenderemos Su indescriptible agonía emocional, acrecentada cuando el Padre lo abandonó a merced de los demonios sin atender Su clamor. También podremos comprender la agonía del Padre Celestial al tomar esa terrible decisión, movido por Su gran amor hacia nosotros.

Referencias Bíblicas:

(1) Santiago 5:20; (2) 1 Corintios 2:9; (3) Proverbios 8:11;
(4) Proverbios 2:4,5; (5) 1 Corintios 9:16b;
(6) 1 Corintios 9:17; (7) Hechos 5:40-42; (8) Juan 12:32.

Capítulo 2
LA FE, LA ESPERANZA, EL AMOR

"Ahora, pues, permanecen estas tres virtudes: la fe, la esperanza y el amor. Pero la más excelente de ellas es el amor" (1).

Un amigo me compartió algo que le sucedió a su familia. El hogar de sus padres era ejemplar. Su padre, un hombre muy trabajador y dedicado a la familia, nunca llegaba a casa después de las seis de la tarde y jamás había permanecido fuera. Llevaba más de veinticinco años de matrimonio con su madre, cuando una terrible enfermedad lo atacó y los médicos le pronosticaron pocas semanas de vida. Ya en la agonía de sus últimos momentos, esperando la muerte, llamó a su esposa para decirle: "Cariño, quiero hacerte una confesión, pues no quiero llevarme esto a la tumba. Te he sido infiel por más de dieciocho años y tengo una hija que ya está en la universidad. Te pido perdón por esto". La mujer por poco se desplomó en el piso. En su interior comenzó a librarse una de sus más grandes batallas; su marido, a quien tenía como un ídolo, convencida de que no le fallaría ni en un mínimo pensamiento, le dio a conocer lo que guardó en su corazón por tanto tiempo, en el punto culminante de su existencia.

El origen de esa enfermedad fue el pecado oculto de aquel hombre. En palabras del salmista David, sería: "Mientras guardé silencio, mis huesos se fueron consumiendo por mi gemir todo el día. Mi fuerza se fue debilitando como el calor del verano, porque de día y de noche tu mano pesaba sobre mí" (2). Después de la confesión, milagrosamente comenzó la reversión de la enfermedad hasta quedar sano. Ahora el problema a enfrentar era otro, tendría que luchar en fe por recobrar la confianza de su esposa.

Fe significa salir de un mundo de fracaso y derrota para transitar las calles sólidas del éxito y la prosperidad. Fe es transformar lo absurdo en lógico, y lo vil y menospreciado en útil y bendito.

La fe y la Palabra

La fe en Dios está por encima de los sentidos y nace en el corazón a través de las Santas Escrituras. Pablo, inspirado por el Espíritu Santo, dijo: "Así que la fe viene como resultado de oír el mensaje, y el mensaje que se oye es la palabra de Cristo" (3). La sustancia de la fe -la Palabra de Dios- es como una semilla que debe ser plantada en nuestros corazones. Dios usa diferentes canales para que la fe llegue a nosotros; a través de un texto de la Biblia que leemos, o una enseñanza de las Escrituras en una prédica, o en el diario compartir con las personas de fe.

Al encontrarnos en una situación difícil la Palabra de Dios llega a nosotros. Depende de cada uno si la acepta o la rechaza. Si la sembramos en nuestro corazón, la fe estará disponible cuando la necesitemos. La fe nos relaciona con el mundo invisible y eterno; para entrar en él, es necesario primero vivir la experiencia del nuevo nacimiento. Jesús dijo a Nicodemo: "De veras te aseguro que quien no nazca de nuevo no puede ver el reino de Dios..." (4). Este hombre trataba de entender a Jesús con la lógica humana, Él le dijo: "Yo te aseguro que quien no nazca de agua y del Espíritu, no puede entrar en el reino de Dios..." (5).

Así como un bebé recién nacido abre sus ojos y comienza a descubrir el mundo que lo rodea, después de experimentar el nuevo nacimiento, nuestros ojos espirituales se abren al mundo invisible donde Cristo reina. A medida que el bebé crece y se convierte en niño, se desarrolla en él un deseo de poseer. Ya adulto, puede lanzarse a conquistar sus sueños. Al nacer a la vida del espíritu, nos sucede algo similar. Empezamos a ver y descubrir las ricas bendiciones que están en el mundo de Dios; luego, como niños, podemos palparlas y, cuando hemos madurado, nos lanzamos a conquistar los sueños. Porque primero vemos y luego poseemos.

La fe nos transforma

La fe nos saca del contexto humano para transportarnos a los umbrales de la gloria. En la carta a los corintios, San Pablo dijo de manera magnífica: "Así, todos nosotros, que con el rostro descubierto reflejamos como en un espejo la gloria del Señor, somos transformados a su semejanza con más y más gloria por la acción del Señor, que es el Espíritu" (6).

Esta transformación de la que habla el Apóstol es similar a la metamorfosis que vive el gusano para convertirse en mariposa. Cuando usted entra en intimidad con el Espíritu de Dios, posiblemente se sienta una persona indigna, con muchas ataduras, con luchas en su mente, con pensamientos y deseos impuros que le atacan. Esto le incomoda, le fastidia y obstruye su desarrollo espiritual. Pero al lograr desprenderse de su naturaleza dejándola a un lado, experimenta una metamorfosis; en ese momento vive un cambio, se transmuta, deja de ser una persona natural para ser una persona espiritual. Puede entrar en intimidad con Dios y moverse en el plano espiritual, que es el territorio divino. Su lenguaje comienza a ser el lenguaje del Reino de Dios, se siente capaz y cómodo de caminar en la dirección del Espíritu Santo, porque toda su vida ha sido transformada.

La fe nos ayuda a despojarnos de lo negativo

Fe es dejar nuestras debilidades y flaquezas al pie de la Cruz de Cristo para vestirnos de la fortaleza invencible del Espíritu de Dios. Todos, sin excepción, nos descarriamos, tomando el camino equivocado; la corriente de este mundo nos arrastró, llevándonos al abismo de la destrucción. Pero Dios tuvo misericordia de cada uno de nosotros, nos dio discernimiento para comprender nuestra condición y así abrir el corazón a fin de que Jesucristo entre y viva en él. Pudimos entender que Jesús ocupó nuestro lugar y recibió el castigo que merecíamos, que tomó el acta de decretos que nos acusaba y la anuló en Su Cruz, quebrando el espíritu de maldición que nos perseguía y destruyéndolo para que nunca más cause tropiezo en nuestra vida. Tomó nuestro pecado y lo concentró en Su propio ser, llegando Él a la Cruz tal como éramos nosotros, bajo el juicio de maldición. Sólo Él podía soportar el castigo decretado para cada uno de nosotros.

Pablo, quien comprendió el real significado de la Cruz del Calvario, dijo: "He sido crucificado con Cristo, y ya no vivo yo sino que Cristo vive en mí. Lo que ahora vivo en el cuerpo, lo vivo por la fe en el Hijo de Dios, quien me amó y dio su vida por mí" (7). Vio que la muerte de Jesús representaba su propia muerte y que todos sus delitos, sus flaquezas y su pasado fueron crucificados en la Cruz de Jesús. Más adelante, dijo: "En cuanto a mí, jamás se me ocurra jactarme de otra cosa sino de la cruz de nuestro Señor Jesucristo, por quien el mundo ha sido crucificado para mí, y yo para el mundo" (8).

La Cruz del Calvario no fue una experiencia de un momento para Pablo; todos los días iba a ella para hacer morir su carne, sus pasiones y sus deseos. Llegó a ser victorioso por el poder de la Cruz de Cristo, la cual no sólo fue victoria para Pablo sino vergüenza y derrota para los demonios.

La fe anula todo decreto contrario a nosotros

"Anulando el acta de los decretos que había contra nosotros que nos era contraria quitándola del medio y clavándola en la cruz, y despojando a los principados y a las potestades, los exhibió públicamente triunfando sobre ellos en la cruz" (9). Satanás tenía una lista, un acta de decretos, y eran derechos legales adquiridos contra nosotros. ¿De dónde los tomó? Posiblemente de los pecados cometidos por nuestros padres, utilizándolos como argumentos contra ellos y contra su descendencia. También el enemigo usa las experiencias traumáticas de la niñez para inculcar culpabilidad y condenación. Mas Jesús tomó todos esos argumentos, los quitó de nosotros y los canceló en Su Cruz, deshaciendo el acta de los decretos adversos. San Pablo dijo: "Cristo nos redimió de la maldición de la ley, hecho por nosotros maldición (porque está escrito: Maldito todo el que es colgado en un madero)" (10). Al ser cancelados los decretos, actúa el poder de la fe, la cual viene al oír la Palabra de Dios y vemos la victoria.

Por la fe, el Espíritu de Dios vive en nosotros

El Señor Jesús dijo: "De aquel que cree en mí, como dice la Escritura, brotarán ríos de agua viva. Con esto se refería al Espíritu que habrían de recibir más tarde los que creyeran en él" (11). El verdadero creyente tiene gozo permanente en el corazón; no busca alegrarse por lo que suceda o no a su alrededor, pues el gozo yace como una mina de piedras preciosas dentro de él. Quizás usted conoce personas que son como un ascensor; un día se sienten en los umbrales de la gloria y al otro están en las profundidades del abismo; un día tienen buen ánimo y creen que todo pueden conquistarlo, al otro se deprimen y se sienten fracasados y miserables, como si la vida no tuviese sentido. La gente de fe logra mantenerse firme en la solidez de la promesa dada por Dios en Su Palabra. Sabe que el éxito no depende de una circunstancia, sino de permanecer aferrado a lo que Él habló al corazón por Su Palabra.

Abraham es un gran ejemplo de esto. Dios le había prometido que su descendencia sería tan numerosa como las estrellas del cielo y como la arena del mar, que de multitud no se podría contar. Aunque los años pasaban, su cuerpo envejecía y la realidad parecía decir lo contrario, él no se debilitó en la fe, sino que se mantuvo firme, aferrado a la promesa. Dios le dio la victoria y Abraham llegó a ser padre de naciones. Cuando le creemos a Dios, dejamos atrás los fracasos y nos convertimos en personas de éxito. Él nos da la capacidad de transformar positivamente las circunstancias.

La fe y la esperanza

La fe es para ahora; la esperanza es para mañana. Algunos confunden fe con esperanza y piensan: "Yo sé que en el futuro me irá mejor", o "Algún día me sanaré", o "Creo que pronto mi hogar cambiará, que mis finanzas mejorarán", etc. Esto no es fe sino esperanza. Toda persona necesita la fe para ahora; si espera el mañana, tal vez éste no llegue.

En una ocasión, se acercó una dama que asiste a nuestras reuniones y me pregunto: "¿Podría hablar con usted?". "Por supuesto", le respondí. "No se puede usted imaginar cómo he crecido en la fe estos días", me dijo. Con esa introducción despertó mi interés por escucharla, pensé que tenía algo muy importante que compartirme.

"Como usted bien sabe, casi todas las mujeres procuramos mantenernos en forma y me dejé guiar por una publicidad en la que promovían unas cápsulas para bajar rápidamente de peso. Las estuve tomando por un mes, pero causó estragos en mi organismo. Me destruyó la flora intestinal, perdí mi estómago y mi colon en los dos meses posteriores. Era como si el mal se hubiese ensañado contra mí. Los médicos me desahuciaron, dándome unas pocas semanas de vida. Yo sabía que si lograba asistir a una de sus reuniones y usted oraba por mí, me sanaría. Gracias a Dios pude llegar hasta el Coliseo y ese día usted dijo que oraría por los enfermos. Puse mis manos sobre mi cuerpo y oré con fe. Así recibí mi sanidad. Dios me dio un estómago nuevo y un colon nuevo; conservo las radiografías de antes y después de mi sanidad para testimonio. Después de esta experiencia, mi relación con Dios ha crecido de una manera extraordinaria, siento Su Presencia continuamente cerca de mí. Sé que si Él me dio la victoria en esto, también lo hará en cualquier otra área que necesite". Si esta señora no hubiera activado su fe para reclamar su sanidad, es probable que usted no leyera este testimonio ahora.

La senda de la fe

Cuando Pablo dice "ahora permanecen la fe, la esperanza y el amor", quiere enseñarnos que unidas son un arma poderosa. La concepción de la fe es como la de un hijo. Cuando una mujer concibe un niño en su vientre, el embrión comienza a crecer dentro. Aunque tiene que esperar el tiempo indicado para ver a su hijo, ella lo ama como si ya lo tuviera en sus brazos. El Apóstol quiere enseñarnos también que algunos creyentes han decidido caminar por la senda de la fe, mientras otros se sienten cómodos andando por el camino de la esperanza.

Hay tanto poder en la fe que todo cuanto parece imposible se alcanza y se conquista a través de ella. La fe es tan importante para los creyentes que sólo en el Nuevo Testamento se menciona unas ciento veintiocho veces. Cada vez que el término se pronuncia y se desata, ocurren hechos maravillosos en la vida de quienes deciden abandonar sus costumbres y apegos al mundo para depender de Jesucristo.

Referencias Bíblicas:

(1) 1 Corintios 13:13; (2) Salmo 32:3,4;
(3) Romanos 10:17; (4) Juan 3:3; (5) Juan 3:5;
(6) 2 Corintios 3:18; (7) Gálatas 2:20; (8) Gálatas 6:14;
(9) Colosenses 2:14,15, RV 1960;
(10) Gálatas 3:13, RV 1960; (11) Juan 7:38,39a.

Capítulo 3
CINCO PRIORIDADES

En 1983, Dios me dio aquella palabra que transformaría por completo mi ministerio, Él me decía que soñara con una iglesia muy grande porque los sueños son el lenguaje del Espíritu, y añadió algo que sería el fundamento sobre el cual podríamos construir nuestros sueños.

El número uno en su vida debe ser Dios

Muchos creen en Dios, pero no viven enamorados de Él. Usted debe relacionarse con Dios no por conveniencia, sino sintiendo que su corazón arde de amor por Él. El Padre Celestial busca que pasemos del simple creer a amarle genuinamente. San Pablo en su carta a los corintios coloca el amor un peldaño más arriba que la fe y la esperanza.

Años más tarde, por medio de una experiencia sobrenatural que tuvo mi esposa, pude comprender en profundidad lo que Dios me dijo acerca de vivir enamorado de Él. Para amarlo, primero debemos comprender cómo fue que Él nos amó. Él mostró Su amor al ofrendar la vida de Su Hijo en sacrificio por la redención de cada uno de nosotros. En otras palabras, si no hemos recibido la revelación de la Cruz, nos será imposible amar a Dios.

Mi esposa estaba reunida con su equipo de doce en la ciudad de Miami, enseñándoles que la base de una relación estrecha con Dios sólo se logra cuando vivimos la revelación de la Cruz. Ese día, compartió el texto que dice: "Y ésta es la vida eterna: que te conozcan a ti, el único Dios verdadero, y a Jesucristo, a quien tú has enviado" (1). Después de su enseñanza, pidió que cada una orara para que el Señor le diera la revelación de la Cruz, tomando este texto bíblico como referencia.

La revelación de la Cruz

Finalizando, mi esposa elevó esta breve oración: "Dios, dame la revelación de la Cruz". Pudo vivir entonces la experiencia más extraordinaria que jamás haya tenido. Dios tomó su espíritu y lo unió al Espíritu de Cristo en el momento exacto de Su crucifixión. Pudo sentir, en parte, lo que Jesús sintió al estar colgado del madero. Al mismo tiempo, se abrieron sus ojos espirituales y pudo ver las tinieblas sobre la tierra, las oscuras y densas nubes que entenebrecían el firmamento. La Palabra declara que hubo tinieblas desde el mediodía hasta las tres de la tarde. Esas nubes eran legiones de demonios furiosos que caían sobre el cuerpo de Jesús; podía verlos cuando, con todo su odio, arremetían contra Él, como fuertes toros de Basán. Cual leones hambrientos abrían la boca rugiendo con toda clase de palabras perniciosas, procurando que se debilitara en la fe. Pudo también sentir que todos sus huesos se descoyuntaban y que su corazón se deshacía en su interior. Aunque intentó pedir ayuda, sus fuerzas no le respondían; lo único que podía hacer era gemir en angustia.

Por tres horas atravesó aquella agonía. Claudia sentía que no estaba en su cuerpo, pues había sido transportada por el Espíritu de Dios y se hallaba como en un éxtasis. El momento más angustioso fue cuando sintió que el Padre Celestial abandonaba a Jesús. Él esperaba que el Padre viniera pronto en Su ayuda con una total liberación, pero ella vio cuando el Padre dio la espalda, dejándolo a merced de esos feroces demonios. Jesús dio entonces un terrible grito de angustia: "¡Dios mío, Dios mío, ¿por qué me has desamparado?" (2). Claudia vivía esa experiencia como si el Padre la hubiera abandonado a ella, y gritó con tremenda angustia: "¡Dios mío, no me dejes sola!" Luego cayó al piso, gimiendo.

Entendiendo Su amor

Las discípulas estaban a su lado pero no comprendían lo que sucedía y me llamaron, diciendo: "Pastor, venga rápido que algo raro le sucede a su esposa". En pocos minutos llegué a casa; Claudia estaba recostada en una silla, me acerqué preguntando: "¿Cómo te sientes?". "Tuve la revelación de la Cruz", contestó. Al escuchar, dije: "¡Gloria a Dios!", porque sabía que había entrado en otra dimensión en su vida de fe. Aunque esa experiencia fue tan sólo una gota comparado con lo que sufrió Jesús en la Cruz del Calvario, fue suficiente para que entendiera que el amor de Dios excede a todo conocimiento.

Después de esto, el nivel de fe creció en ella y su amor por Dios aumentó extraordinariamente.

Creo que a esta clase de conversión se refería el profeta, al decir: "...y entonces pondrán sus ojos en mí. Harán lamentación por el que traspasaron, como quien hace lamentación por su hijo único; llorarán amargamente, como quien llora por su primogénito" (3). Al entender que la muerte de Jesús fue por causa de nuestros pecados y que fuimos los culpables de Su sufrimiento, nace entonces un genuino quebrantamiento y nuestra conversión es una entrega total.

En segundo lugar, su vida es importante

Porque usted es el canal a través del cual fluye el Espíritu Santo. El apóstol Pablo dijo: "¿Acaso no saben que su cuerpo es templo del Espíritu Santo, quien está en ustedes y que han recibido de parte de Dios? Ustedes no son sus propios dueños;..." (4). Nuestro cuerpo se convierte en la morada del Señor. Dios quiere vivir en nuestra mente, nuestras emociones y nuestra voluntad; pero para que Él pueda dirigirnos, debe tener lugar una rendición total de nuestra parte. En el transitar cotidiano podemos ser salpicados por la inmundicia del mundo; mas si nuestro corazón es obediente, la Sangre de Jesús lo guardará purificado de la contaminación.

Debemos entender que la felicidad viene de adentro hacia afuera y, por ello, tiene que ver con nuestra salud espiritual, reflejándose luego en las demás áreas: física, familiar, ministerial, empresarial, financiera, etcétera. Y ésta resulta de permitir al Espíritu Santo que tome control de nuestra vida.

El Espíritu fuente inagotable de gozo

El Señor representa la felicidad con un fluir permanente del Espíritu al interior de la persona que abre su corazón, aceptando a Jesús como el Señor de su vida. Porque el Espíritu de Dios es el único que brinda genuina felicidad. Si alguien procura ser feliz sin Dios, sólo podrá alcanzar el placer, y éste es como un mero vaso de agua frente al manantial inagotable de agua viva que hay en la felicidad. Sólo el Señor Jesús proporciona a cada uno de Sus hijos el agua viva de la felicidad, como lo declara el libro de Juan capítulo siete. Por lo general, nos esmeramos en cuidar, decorar y hermosear nuestra casa para dar un mejor ambiente al lugar donde vivimos, pero mayor cuidado requiere el lugar donde Su Espíritu ha hecho morada.

Lamentablemente, muchos permiten que las diferentes circunstancias afecten su cuerpo. Uno de los grandes enemigos de la salud es el estrés, al cual se culpa de causar una serie de enfermedades y muertes prematuras. Otros enemigos de la salud son los malos hábitos alimenticios. Almorzando en un restaurante con el Dr. Derek Prince, pregunté por qué cuidaba tanto su alimentación, y me dijo: "Hace unos años, estando en un hermoso restaurante, me vi caminando hacia un abismo y Dios me exhortó: - Si sigues comiendo de la manera como lo haces, estarás acortando tus días tal como ha sucedido con muchos predicadores que han destruido su cuerpo en estos lugares -. Desde entonces me propuse estudiar más acerca de salud, y esto me ha ayudado en la prolongación de mis días". El Espíritu de Dios quiere fluir poderosamente a través de un cuerpo que no presente ningún tipo de objeción. No debemos aceptar nada que esté fuera de orden en nuestro cuerpo, porque somos los representantes de Dios en esta tierra y, como el mundo no puede ver a Dios, trata de verlo a través de nosotros, así que nuestro cuerpo va a hablarles mucho.

En tercer lugar, su familia debe ser ejemplar

"La sabiduría construyó su casa y labró sus siete pilares" (5). El matrimonio estable es tan poderoso como una ciudad amurallada, donde todos viven seguros. El líder debe entender que su familia es su primera conquista pues, cuando Dios estableció el matrimonio, delegó funciones específicas a cada cónyuge. Al hombre, le confió el liderazgo de la familia, que no debe confundirse con un gobierno dictatorial, sino que él responde como líder a todas las necesidades del hogar. ¿De qué le vale alcanzar el éxito en la empresa, en su ministerio, si se desintegra el hogar? La bendición del matrimonio se refleja en el área espiritual, física y material.

El ministerio y los hijos

Desde que decidimos casarnos, mi esposa y yo determinamos fundar nuestro hogar en la Palabra de Dios. La Biblia es el manual de principios al cual recurrimos para mantenernos y sostener la familia. La otra parte del equilibrio familiar está en la relación con los hijos y el tiempo compartido con ellos.

Son la extensión de nuestro carácter, pero es necesario cultivar tiempo con ellos; cada uno debe saber que cuenta con nosotros para su protección y su cuidado; son personas que el Señor nos da para cuidar y formar. Muchos ministerios florecientes han descuidado la vida familiar y los hijos no cuentan con los padres porque las actividades en la iglesia les absorben todo el tiempo. Hemos procurado con mi esposa no caer en este error, porque comprendimos nuestra responsabilidad. Sabemos que el éxito de un líder, o un pastor, se refleja en el testimonio que da en su casa, al compartir con el cónyuge y sus hijos. Hijos agradecidos por la atención y el cuidado de sus padres, serán pilares para sostener y proyectar el ministerio que Él les ha encomendado.

Nuestras cuatro hijas: Johanna y su esposo Eli Emerson, Lorena, Manuela y Sara, son una gran bendición familiar, pues están comprometidas en la fiel implementación de la Visión que Dios nos puso a desarrollar. Saben que el ministerio que el Señor nos confió es una visión de familia, y cada una ha asumido con seriedad su responsabilidad ministerial.

En cuarto lugar, el trabajo en la obra de Dios

A veces esta prioridad se invierte con la anterior. Conozco ministros del evangelio que prefieren dedicarse a la obra de Dios y no a la familia. Desde ningún punto de vista esta posición es correcta. Si un hombre no gobierna su casa, mucho menos podrá administrar la obra de Dios. En más de una oportunidad me preguntan las razones de mi éxito ministerial y respondo que es el reflejo de nuestro hogar; nos esforzamos para que la familia sea un equipo y el Señor nos ayuda a lograrlo. La obra de Dios es muy importante, pero será más eficaz si vivimos en armonía familiar y si todos los miembros participan en la Visión y sus ministerios dan fruto.

¿Cuál era la Visión de Jesús?

Él jamás pretendió convertirse en un mártir, tampoco en un héroe, ni en un personaje famoso, ni tener multitud de seguidores, ni que el mundo lo conociera como un gran maestro o un estupendo líder religioso. Su grandiosa Visión iba mucho más allá: Redimir a la humanidad de una condenación eterna y segura. Fuera de Él, no existía otra esperanza para el hombre. Jesús tuvo una Visión, era salvarnos pagando un precio elevado.

Por nosotros, dejó Su trono de gloria y esplendor, se hizo hombre, vivió como un ser humano y, al morir en la Cruz del Calvario, consumó Su Visión de Salvación para todo aquel que creyera en Él. Esta experiencia debe convertirse en una responsabilidad para nosotros, procurando compartir la maravillosa Visión de Jesús para que otros también sean salvos.

Salomón dijo: "Rescata a los que van rumbo a la muerte; detén a los que a tumbos avanzan al suplicio" (6). San Pablo afirma que somos padres espirituales de aquellos que engendremos en el evangelio, de ahí que debemos comprometernos a reproducir la Visión de Jesús en otros. Es una muestra del liderazgo de éxito que se demanda en nuestros días.

El libro de Habacuc, capítulo dos, versos dos y tres, la menciona proféticamente. La Visión que desarrollamos hoy ya estaba escrita, siempre ha existido y el Señor dijo que, hasta el tiempo del fin, permanecería sellada. Quizás se refiera a la Visión de los Doce, la cual es parte del esquema bíblico que siervos de Dios han usado de manera esporádica en diferentes etapas de la historia de la iglesia. Por eso, este modelo estratégico se ha hecho claro en este tiempo.

Desde un principio, Dios estableció el modelo de los doce, a través del cual se reproduce la Visión de Jesús. El Maestro se dedicó a discipular, centró Su atención en doce hombres seleccionados luego de una noche de oración; así mostró el secreto del éxito para discipular las naciones, aplicando un proceso de reproducción que ayuda a propagar la Visión.

El crecimiento no puede ser una masa sin forma porque, cuando Dios tomó el barro, le dio forma y sopló vida. El crecimiento de la iglesia es similar; si vemos las multitudes, diríamos que hay masificación, pero la Visión Celular trabaja con grupos pequeños, con el modelo de los doce. Es lo que da forma porque, así como hay células vivas en nuestro cuerpo, los doce son células vivas que se reproducen continuamente; así debe trabajar la iglesia para tener un crecimiento efectivo, porque cada quien sabe a qué grupo pertenece y cuáles son las metas a alcanzar. Conscientes de ello nos hemos esforzado por reproducir la Visión de los Doce en otros y procurar que cada uno de nuestros líderes también se comprometa.

En quinto lugar, el trabajo secular

Hace unos cuatro años, mientras conducía mi vehículo por la ciudad de Miami, la voz de Dios vino muy fuerte a mí, diciendo: "Quiero que abras una empresa". Mi primera reacción fue: "No puedo porque estoy en el ministerio". Mas el Señor me dijo: "¿Por qué crees que la empresa te separa del ministerio? ¿Recuerdas la palabra que te di cuando te llamé a él? Pues te dije: "Preocúpate por servirme que Yo me ocuparé de tus necesidades, ¿acaso habrá un amo mejor que el Señor, o una empresa mejor que la Mía? ¿Por qué crees que te hablé en aquella ocasión de empresa, no de iglesia? Porque Yo también soy un Dios de empresa, y quiero bendecirte a través de ésta". Después de tal palabra, en la misma semana nació G12 Editores, que es de tanta bendición para el pueblo de Dios.

Que junto al Espíritu Santo, pueda poner sus prioridades en orden y cumplir así el propósito de Dios, junto a su familia.

Referencias Bíblicas:

(1) Juan 17:3; (2) Mateo 27:46; (3) Zacarías 12:10b;
(4) 1 Corintios 6:19; (5) Proverbios 9:1;
(6) Proverbios 24:11.

Capítulo 4
¿HIJA O ESCLAVA?
Por Claudia de Castellanos

"...Echa a esta sierva y a su hijo, porque el hijo de esta sierva no ha de heredar con Isaac mi hijo" (1).

Hace un tiempo, nos encontrábamos con mi esposo ministrando en una conferencia de pastores en Estados Unidos. Compartíamos ciertos principios con un matrimonio y, al preguntar cómo se sentían en el ministerio, la respuesta nos sorprendió, especialmente porque esta pareja se destacaba en la iglesia, disfrutaba de una estrecha relación con los pastores principales y siempre había tenido libertad para desenvolverse en lo suyo, además de ser ambos muy admirados por quienes trabajaban con ellos. Mientras todos a su alrededor los veían como tremendos líderes, ellos no se sentían así. Lo que manifestaron fue que no se percibían a sí mismos como hijos sino como esclavos, por la gran responsabilidad que pesaba sobre sus hombros. Como fueron sinceros con nosotros, pudimos aclarar algunos conceptos que les ayudaron a abrir los ojos y comprender el gran honor que Dios les había dado al designarlos para el ministerio. Sé que Dios desea traer esa misma revelación a su vida, para que experimente la plena convicción que usted es un hijo y no un esclavo.

El privilegio de ser hijos

La conversación con aquella pareja nos brindó la oportunidad de explicarles la gran diferencia que existe entre un hijo y un esclavo. El hijo se siente en el mismo nivel que sus padres, puede desarrollarse con gran libertad y ampliar su esfera de conquista; el esclavo está convencido que no pertenece a ese lugar y que trabaja para aumentar los bienes materiales de otros. Aquel que se sienta esclavo, jamás trabajará con plena libertad, su corazón será voluble y cambiará de parecer en cualquier momento.

También les compartimos el testimonio de nuestra hija mayor, Johanna, quien en ese entonces nos reemplazaba en Bogotá, Colombia, junto con su esposo. Mi hija nos contaba que desde las cinco de la mañana estaba en pie para iniciar las actividades del ministerio, volviendo generalmente a las once de la noche a su casa para descansar. Ella me decía: "Mami, aquí en Bogotá, no tenemos prácticamente tiempo libre porque el trabajo requiere mucho esfuerzo"; pero en ningún momento expresaba sentirse esclava.

Una muestra de que somos hijos se refleja en el grado de responsabilidad que Dios nos confía. Otra diferencia entre un hijo y un esclavo es que el hijo trabaja con alegría, el esclavo no, porque siente que lo que hace no es para su beneficio sino para el de otros. Jesús dijo: "Ahora bien, el esclavo no se queda para siempre en la familia; pero el hijo sí queda en ella para siempre" (2). Con esto, el Señor da a entender que quien no se siente hijo, en el momento menos pensado abandonará la casa. Son muchas las personas que nos visitan y algunas, al hablar con nosotros, expresan deseos de ser parte activa de este ministerio. La primera pregunta que mi esposo les hace, es: "¿Cuál es su visión?" Por la respuesta, podemos discernir si tienen corazón de hijos o si tratan de impulsar sus ministerios.

Aceptando el espíritu de adopción

Mientras estábamos con esta pareja, mi esposo mencionó la importancia de aceptarse a sí mismos como hijos adoptivos de Dios, lo cual los colocaba a la par de un hijo legítimo. Recalcó la necesidad de entender que los pastores principales los trataban y amaban como hijos, no como esclavos. Podía observarse por las tareas ministeriales encomendadas, las cuales nunca podrían confiarse a un esclavo. Pablo escribió: "Y ustedes no recibieron un espíritu que de nuevo los esclavice al miedo, sino el Espíritu que los adopta como hijos y les permite clamar; ¡Abba! ¡Padre!" (3). El Apóstol asocia el espíritu de esclavitud con el espíritu de temor, y el espíritu del hijo con el espíritu de poder. El esclavo vive temeroso de que en cualquier momento lo muevan de su lugar; el hijo se siente seguro, confiado en el poder de Dios, clama y confiesa sus metas de conquista, sabe que el Padre lo respalda en todo lo que emprende. Cuando una persona es adoptada, adquiere los mismos derechos que el legítimo. El hijo adoptivo es partícipe de la misma herencia, la misma familia, el mismo trato y los mismos privilegios que los hijos legítimos.

¿Cómo era nuestra vida al llegar al Señor? Creo que la mayoría se acerca a Dios en un estado lamentable, como si no tuviese padre ni madre; desamparados, desnutridos. Al ver tanta suciedad y fealdad en nosotros, el Señor podría pensar: "Pero si Yo ya tengo un pueblo, tengo a Mi querido Israel, y con él estoy más que satisfecho". Podría tratarnos como a extraños, pero no es Su proceder. Aunque no teníamos esperanza de redención, Él extendió Su misericordia y nos amó por pura gracia. Al igual que un bebé desnutrido, alzamos a Él los brazos, moviéndolo a misericordia. A pesar que no éramos Su pueblo, nos hizo pueblo Suyo. Aunque no éramos Sus hijos, nos adoptó como tales. Le plació darnos los derechos y privilegios que concedió a Su pueblo, Israel.

Sentirse hijo da seguridad y confianza

Veamos el caso de Agar y Sara. Agar nunca se sintió una hija; aunque Sara ponía toda su confianza en ella, no supo valorarlo y permitió que su modo de pensar cambiara. Sara siempre se comportó como una verdadera madre, cada palabra que salía de los labios de Agar era para ella como el clamor de una hija, no la queja de una esclava. Sara se apoyaba en Agar; la apreciaba tanto que la escogió para que, con ella, su amado esposo Abraham tuviera heredero. Cuando Agar se descubrió embarazada, su corazón se desvió y nunca más volvió a ser la misma. Abraham Lincoln lo diría así: "Si quieres conocer el corazón de una persona, dale algo de poder". Agar pretendió ponerse al nivel de Sara, mudando su actitud; se llenó de miedo al pensar que podría perder su hijo y perdió, por su comportamiento, todos los privilegios preparados por Dios para ella y su descendencia en el hogar de Abraham y Sara. Agar se convirtió en una mujer especuladora y temerosa; Sara, en cambio, siempre se condujo como una persona segura de sí misma. Es lo característico de un hijo de Dios, la confianza y la seguridad en él mismo.

El peligro de la culpabilidad

En el ministerio, el líder que se siente culpable se comporta como esclavo y no como hijo, admite pensamientos erróneos hacia sus líderes. Satanás utiliza la culpabilidad para condenarlo, o para acusar a los que tienen autoridad sobre esa persona. Sara creía en Agar, pero ella desconfiaba de Sara. Le sucedió lo mismo que a Ananías y Safira, prometieron una ofrenda a Dios y, cuando el dinero estuvo en sus manos, se quedaron con una parte dando la ofrenda incompleta. Agar había prometido a Sara entregarle su hijo, había aceptado que fuera contado como fruto suyo, pero permitió que Satanás llenara su mente de argumentos y cambió de parecer durante el embarazo.

Lo mismo sucede con algunos que deciden trabajar bajo la cobertura de un ministerio y, al ver algo de fruto, cambian de parecer. Creen que el ministerio les pertenece, miran con otros ojos a quienes se hallan en autoridad sobre ellos, permiten pensamientos impropios del pasado y los usan como mecanismos de protección, levantando murallas para que no se detecte la verdad bajo la apariencia. La culpabilidad es una voz que suele parecer inofensiva, pero una vez aceptada en la mente, causa estragos en la persona. Esa voz interna también funciona como alarma si un argumento negativo surge a causa de algún hecho del pasado.

Una persona no puede experimentar la bendición plena si no ha pasado por el arrepentimiento. Muchos desean los beneficios de Dios, pero sin arreglar las cuentas del pasado con Él. Piensan que el Señor está obligado a proveerles todo lo que necesitan, pero se les olvida que es nuestro deber vivir un genuino arrepentimiento para mover Su mano y recibir Su bendición integral.

Como hija, la mujer tiene la unción profética

Abraham pasaba por un momento muy difícil, pues Sara, su mujer, había tomado una determinación y no quería seguir viviendo con aquella ingrata en la misma casa. Instó a su esposo a echarla junto con su hijo; pero Abraham pensaba que no podía hacerlo, pues el niño era de su sangre.

Mas Dios le dijo que escuchara a Sara, porque su descendencia sería a través de Isaac. Dios ha puesto una unción profética en los labios de la mujer. Sus palabras dan vida, o dan muerte. Salomón dijo: "La mujer sabia edifica su casa; la necia, con sus manos la destruye" (4). Dios ha confiado a la mujer el privilegio de levantar descendencia para Él; por esto, respaldó la palabra profética de Sara, porque Él estaba protegiendo la descendencia de Israel.

Doy gracias a Dios por la vida de mi esposo, pues no sólo me permitió desarrollarme en lo ministerial, sino que siempre me motivó a hacerlo. El hecho de que por todos estos años haya servido a Dios, trabajando hombro a hombro con él, me hizo entender que la mujer posee en sí misma una palabra específica que determina el futuro del ministerio. Escuché decir a César que no debe preocuparnos el medio que Dios use para hablarnos, lo importante es que lo haga. Una vez recibida Su dirección, obedecer en todo lo que mande. Abraham tuvo que aprender esta gran lección; Dios le enseñó que la voz femenina es tan valiosa como la masculina.

Sólo los hijos tienen derecho a la herencia

Agar, por sentirse esclava, perdió su herencia y casi la vida. Dios tuvo que intervenir soberanamente para preservarla de la muerte a ella y a su hijo. Sara logró mantener su posición como heredera y Dios la honró extendiendo Su bendición hasta mil generaciones.

San Pablo habla de su posición en Cristo, diciendo: "Y si somos hijos, también herederos; herederos de Dios y coherederos con Cristo, pues si ahora sufrimos con él, también tendremos parte con él en su gloria" (5). Lo que nos da el derecho de participar de la herencia celestial es la manera cómo nos relacionemos con Jesús. Al decir "si ahora sufrimos con él", estoy convencida de que se refiere a algo mucho más allá de sufrir persecución por nuestra fe, padecer necesidades económicas, o atravesar dificultades matrimoniales. Creo que el autor quiere remitirnos a la revelación de la Cruz. Es importante entender que todas las riquezas que Dios reservó para cada hijo Suyo, se esconden en ella. Aunque por dieciocho años caminé al lado de César como "la esposa del pastor", no fue sino hasta que Dios quebrantó mi corazón y doblegó mi voluntad que pude oírle, diciéndome: "Hija, lo que has vivido, sólo ha sido una simple preparación; tu ministerio ahora comienza". Después de esto, me condujo paso a paso por Su senda hasta darme la revelación de Su sacrificio. Mi ministerio entró en otra dimensión y fui testigo de milagros extraordinarios en un plazo muy breve.

Vivir como un hijo

Obtienen la herencia aquellos que han padecido juntamente con Él. Dios lo hizo a usted partícipe de la misma herencia de Jesucristo. Él ha planeado muchas bendiciones espirituales y materiales para su vida, y si aún no las ha obtenido es porque tal vez falta el elemento de la fe. El Señor quiere darle grandes cosas, pero "sin fe es imposible agradar a Dios".

El Señor dijo: "Pídeme, y como herencia te entregaré las naciones, ¡tuyos serán los confines de la tierra!" (6). El Apóstol Santiago expresó: "Y cuando piden, no reciben porque piden con malas intenciones, para satisfacer sus propias pasiones" (7). El Apóstol Juan dijo: "Queridos hermanos, si el corazón no nos condena, tenemos confianza delante de Dios; y recibimos todo lo que le pedimos porque obedecemos sus mandamientos y hacemos lo que le agrada" (8).

El astuto adversario sembró en el corazón de los creyentes la idea de que pedir cosas materiales es ostentación. Por este tergiversado concepto, muchos batallan contra el espíritu de pobreza. El enemigo sabe que entre menos recursos monetarios tengan los creyentes, menor será el impacto evangelístico en el mundo, porque las iglesias carecerán de los bienes suficientes para penetrar en los medios de comunicación. Es importante conocer nuestros privilegios y reclamarlos al Señor, sólo así ganaremos las naciones en muy corto tiempo. Dios anhela colmar de bendiciones su vida, su casa, su familia, su iglesia y su nación. Pablo dijo: "El que no escatimó ni a su propio Hijo, sino que lo entregó por todos nosotros, ¿cómo no habrá de darnos generosamente, junto con él, todas las cosas?" (9). Dios no retuvo a Su Hijo, no negoció, sino que lo entregó por nuestro rescate. El precio de la salvación fue muy alto. Jesús lo hizo para que nos sintamos hijos de Dios, disfrutando Su herencia en cada área de nuestra vida.

A la enseñanza, la recibimos nosotros

Cuando compartí esta enseñanza en la ciudad de Miami, en una de nuestras convenciones, siempre pensé que era buena para los pastores que habían acudido a aprender sobre la Visión; pero nunca imaginé que Dios estaba preparando nuestros corazones para lo que luego viviríamos.

Como previamente comentó mi esposo, en el liderazgo había tres matrimonios a los que siempre tratamos como hijos, con quienes fuimos muy generosos, mas de la noche a la mañana las tres parejas hicieron cosas incorrectas, no se dejaron disciplinar, sino que dieron la espalda y se fueron sin importarles ni los discípulos que tenían ni el amor que les habíamos ofrecido, o la cobertura que tenían a nivel ministerial. Al igual que Esaú, prefirieron el plato de lentejas en lugar de su derecho de primogenitura. Aunque su actitud nos dolió, pude entender que ya Dios nos lo había advertido y que nosotros no queríamos aceptarlo. Ahora tengo la plena certeza de que los verdaderos hijos jamás abandonan su hogar; los esclavos son los que tienen sus propios intereses, en el momento menos pensado dan la espalda y abandonan todo.

Referencias Bíblicas:

(1) Génesis 21:10b; (2) Juan 8:35; (3) Romanos 8:15;
(4) Proverbios 14:1; (5) Romanos 8:17; (6) Salmo 2:8;
(7) Santiago 4:3; (8) 1 Juan 3:21,22; (9) Romanos 8:32.

CAPÍTULO 5
LO QUE DIOS PUEDE HACER A TRAVÉS DE UNA MUJER
Por Claudia de Castellanos

"En el amor no hay temor, sino que el perfecto amor echa fuera el temor" (1).

Es muy importante que cada mujer comprenda que, dentro de ella, existe una riqueza puesta por Dios, la cual sólo puede revelarse por medio de la fe. La fe se encuentra dentro del espíritu y podemos identificar nuestro ser espiritual por el conocimiento de las Escrituras, pues ellas revelan quiénes somos y quiénes podemos llegar a ser para Dios. La estrategia del enemigo es que la mujer ignore el potencial que Dios ha puesto en su interior; si lo logra, es el medio que tiene para mantenerla con un concepto bajo de sí misma, lo cual hará que sea más fácil para el adversario doblegar su voluntad, anulándola de tal manera que no se levante contra él en guerra.

Poder frente al enemigo

Dios dijo que la mujer haría guerra contra el adversario, pero muchas mujeres están en una guerra desigual, pues ignoran a su adversario, mientras que él sabe muy bien quiénes son ellas.

Pero Dios ha establecido que, a través de la simiente de la mujer, llegue la derrota del adversario.

En la época de los jueces, Débora profetizó a Barac que debía enfrentar al ejército de Sísara, y éste le respondió: "Sólo iré si tú me acompañas; de lo contrario, no iré. ¡Está bien iré contigo!, dijo Débora. Pero por la manera en que vas a encarar este asunto, la gloria no será tuya, ya que el Señor entregará a Sísara en manos de una mujer. Así que Débora fue con Barac hasta Cedes" (2). Dios levantó en Israel a Débora, una mujer con una poderosa unción profética que le permitió juzgar a la nación de Israel. Ella reafirmó lo que Dios había decretado en la antigüedad al decir a la serpiente: La simiente de la mujer "...te aplastará la cabeza, pero tú le morderás el talón" (3). Es por esto que el adversario siempre trata de anular a la mujer para que no se levante con fuerza para vencerlo.

Su perfecta voluntad

Cuando iniciamos la obra en Miami, aplicamos todos los principios que enseñamos a nuestro liderazgo en Colombia. Fue algo tan hermoso volver a tener nuestra primera célula, volver a soñar con las multitudes, pues a veces lo especial y emocionante de esos momentos se nos olvida. Es como la mujer que tiene hijos grandes y de nuevo queda embarazada, debe volver al ABC de la crianza. Algo similar nos sucedió cuando nos mudamos a la Florida, tuvimos que iniciar el ABC de la Visión y cuidar de cerca a cada persona.

Al poco tiempo de establecernos allí me enfermé, fue consecuencia del atentado que habíamos sufrido en Colombia, cuando recibí un disparo que entró a través del brazo izquierdo y se alojó a dos centímetros del corazón. Cuando me hacían las curaciones sin anestesia, el dolor era tan insoportable que un gran resentimiento surgía en mí, preguntándome por qué esa adversidad había llegado a mi vida. Un día concurrí a un consultorio médico en la ciudad de Miami, pues tenía fiebre, dolor y algo de infección en una de las cicatrices del seno. El doctor llamó a dos señoras bastante corpulentas para que me ayudaran. No veía la necesidad, hasta que él dijo: "Sujétenla mientras le sacamos la materia". En ese momento, sentí uno de los dolores más grandes que jamás había experimentado, pues no se podía tratar con anestesia. Aquello fue un ataque contra mi salud. Pero al pasar por esta prueba, el Señor me llevó a comprender las diferentes etapas que vive el siervo de Dios, y me dijo: "Mi perfecta voluntad es que Mis hijos sean bendecidos en todas las áreas de su vida".

Hacer la voluntad de Dios nos da satisfacción, es algo indescriptible; uno siente paz porque sabe que está en el centro de Su voluntad y esto se transforma en una muralla de protección que Él pone alrededor nuestro. Ninguna persona en este mundo, por más santa que sea, quiere pasar por el sufrimiento. Nadie quiere beber la copa de la enfermedad, ni de la opresión, ni la de un hogar destruido. Cuando entendemos que a veces Dios usa el sufrimiento para traer una gran bendición, nos ayuda a soportar cada prueba con paciencia y amor. Debemos discernir cuándo es el ataque del enemigo y cuándo Dios usa la prueba para madurarnos. Hacer Su voluntad implica soportar todo tipo de pruebas, demanda preparación.

Dios quiere bendecir cada área de su vida

Hay un principio importante que como mujer, usted debe grabar a fuego en su corazón y su mente, aunque la realidad muestre lo contrario: La única verdad es que Dios quiere bendecirla en cada área de su vida. El Apóstol Juan dijo: "Querido hermano, oro para que te vaya bien en todos tus asuntos y goces de buena salud, así como prosperas espiritualmente" (4). Cuando visité al médico en Miami por causa de aquella infección, fue en la misma fecha que teníamos nuestro primer Encuentro, al cual no pude asistir por causa del dolor y una alta fiebre, pero el Señor en esta ocasión me hizo ver que toda sierva de Dios debe pasar por la dificultad.

Las pruebas, peldaños para alcanzar Sus bendiciones

Para una creyente, las pruebas se transforman en peldaños para conquistar bendiciones, si se toma una actitud correcta frente a ellas. Usted puede quejarse, o reprocharle al Señor que le está fallando; pero si toma la actitud correcta frente a la adversidad, puede tornarse beneficiosa. El Señor me hizo ver que, aunque queremos conocerle, Él no se revela en Su totalidad, porque es un Dios velado, se revela por medio de las circunstancias.

Si queremos conocer a Dios como Jehová Rafa (el Señor que sana; Éxodo 15:26), tal vez Él permita una enfermedad para lograr esta bendición. Fue lo que Dios me hizo entender; Él dijo: "Hija, Yo permití esa enfermedad, el dolor porque quiero que me conozcas como el Dios que sana, el Dios Rafa". Nunca había sentido tanto dolor físico en mi vida, ni siquiera cuando tuve a mis hijas. Un sufrimiento indescriptible, como una llaga en carne viva que me hizo recordar las heridas de Jesús. ¡Cómo debe haber sufrido Él! Por mucho tiempo yo no oré por milagros de sanidad, ni visualicé a los enfermos siendo sanados. Pero desde la experiencia de la cirugía a este momento, he pedido al Señor que siempre en las reuniones envíe Su unción de sanidad, pues sé cuán terrible es la enfermedad.

Gracias a Dios, ahora estoy sana. Jehová Rafa era una faceta de Dios que no conocía, tenía sólo el conocimiento bíblico; ahora lo he experimentado.

Sentirnos amadas

Usted hoy puede sentirse amada por Dios como nunca antes. El primer paso es aceptarse tal como es; para esto, debe perdonarse en aquellas áreas donde dio lugar a la culpabilidad. Hay mujeres a las que les resulta fácil perdonar a otros, pero no pueden perdonarse a sí mismas.

Una mujer que fue a un Encuentro me dijo que, a partir de entonces, su vida cambió por completo, pues había logrado perdonarse a sí misma. Luego de estar viuda por quince años, se enamoró de un hombre. Siempre había sido una mamá que dio buen ejemplo a sus hijas, pero empezó a sentirse enferma y tenía hemorragias continuas. Decidió ver al médico y, para su gran sorpresa, estaba embarazada. Me decía que fue el peor día de su vida, hasta deseó morirse. Pensaba en la reacción de sus hijas, lo que murmuraría la familia, pues que la hija fracase sentimentalmente es una cosa, pero otra es que lo haga la mamá. En medio de su desespero fue a una clínica de abortos, allí le dijeron que no podían practicarlo porque ya tenía seis meses de embarazo y pondría en riesgo su vida. Prefería morirse antes que soportar la vergüenza frente a sus hijas; pero cuando vio en el monitor el bebé, se despertó en ella el sentimiento materno y desistió de la idea del aborto. Hoy, ese bebé tiene diez años, es una hermosa niña.

A pesar de todas las satisfacciones que su hija le había traído, esta mujer no podía perdonarse. Mientras estaba en el Encuentro y empezaron a hablar de cómo el Señor Jesús fue rechazado para que ella fuese aceptada, pudo entender que su fracaso y su vergüenza, Jesús ya los había llevado en la Cruz y que Él había muerto especialmente por ella. Al comprenderlo y despojarse de su carga, pudo perdonarse y aceptar el perdón de Jesús. En nuestra conversación, me aseguró que antes del Encuentro era una persona, y después de él era otra totalmente diferente, feliz al ser aceptada por el Señor.

Siéntase usted también amada por Él, este es un sentimiento que podrá experimentar en su tiempo de oración. Si le pide al

Señor sentirse amada, mimada y estar en Sus brazos, no querrá bajarse de ellos.

Buscar la verdadera unidad en la familia y el equipo

En la Florida, Estados Unidos, había un principado que pude detectar a los seis meses de haber llegado. Era uno de división y disensión entre los hermanos naturales y/o espirituales. Sé por experiencia que cuando se quiere formar un equipo sólido, aparecen circunstancias para que haya roces entre las personas, porque el diablo no quiere la unidad.

En el punto anterior hablaba de la importancia de que usted se sienta amada por Dios. Él comienza primero Su obra en nosotras y luego trae la revelación al grupo. Él es un Dios de orden. No importa en qué equipo de doce estemos, el Señor comienza a ordenar la casa desde la cabeza (los doce) para continuar con todos Sus hijos, miembros de la iglesia. Pidamos al Espíritu Santo que traiga la unidad proveniente de Él.

Victoria sobre el temor

Cuando somos libres del temor, nos sentimos aceptadas. Yo no había comprendido el mensaje del libro de Job y tenía el sentir de que Dios enviaba las pruebas a Su parecer pero, cierta vez, mientras César predicaba, tuve la revelación de que el origen de todas las pruebas de Job fue el temor. Satanás sembró la semilla del temor, fue la puerta para que entrara. Por esto es que Job dijo: "Lo que más temía, me sobrevino; lo que más me asustaba, me sucedió" (5).

Cuando pisé por primera vez suelo norteamericano y fui a la ciudad de Orlando, observé que había muchas personas obesas y confieso que me asusté. Pensé: "Tal vez todos los que llegan al país engordan", fue una semilla que acepté. ¿Qué sucedió? Empecé a engordar. El temor es el origen de todos los males; activa la fe negativa y trabaja de manera opuesta a la fe en Dios que produce vida y bendición. El temor no percibe lo bondadoso y lo bueno que es Él, no comprende la naturaleza divina.

El libro de Génesis, en su primer capítulo, habla de cada paso de la creación de Dios; al nombrar lo que Él creó, dice que es bueno en gran manera. El temor se disipa al tener la certeza de que Dios nunca mandará ninguna prueba, enfermedad, ruina, esterilidad, porque Él es un buen Padre. Jesús lo dijo así: "¿Quién de ustedes que sea padre, si su hijo le pide un pescado, le dará en cambio una serpiente? ¿O si le pide un huevo, le dará un escorpión? Pues si ustedes, aun siendo malos, saben dar cosas buenas a sus hijos, ¡cuánto más el Padre celestial dará el Espíritu Santo a quienes se lo pidan!" (6). Vivamos seguras al saber que la naturaleza de Dios es ser bueno. Él desea lo mejor para nosotras siempre.

El temor causa estragos

Hebreos declara que sin fe es imposible agradar a Dios. El temor se opone a la fe. Yo fui víctima del temor; muchas cosas me producían pánico, por eso sé que el temor paraliza, no nos deja ser nosotras mismas, nos hace sentir incapaces de salir adelante en lo que emprendemos. El temor nos hace percibir cosas que no son ciertas. Es un demonio que hay que echarlo fuera en el Nombre de Jesús. Roba la belleza a la mujer, le quita el liderazgo que posee, la priva de ser sabia, porque cuando hay temor se angustia y actúa diferente, de manera exagerada.

El temor se vence con el amor

Dios nos dice que "El perfecto amor, echa fuera el temor". Las mujeres que estamos en el ministerio debemos tener el sello del verdadero amor. Satanás ha enviado el dardo del temor y es la semilla que trae las mayores tribulaciones. Si usted permite el temor en su vida, puede perder su esposo, sus hijos, sus mejores líderes, el ministerio y todo lo demás. El temor hace que se sienta insegura y sola en todo; un mal consejero y un predicador que siempre le habla negativamente.

Algo que admiro de César es que nunca permite el temor en su vida y Dios lo ha bendecido por ello. Capacita a la gente, delega y confía, porque dice que la obra es del Señor. Usted debe aprender a confiar en su gente y a desarrollar confianza recíproca con sus consiervas, siempre siendo muy sincera. Puede haber diferencias entre algunas, pero de inmediato se debe dialogar; si aún no se esclarece, se llama a la pastora para arreglar entre las tres. No deje para mañana lo que hoy puede arreglarse.

Si usted no se siente amada y aceptada, no podrá entrar en la prosperidad. La prosperidad nos habla de la multiplicación, de conquistar territorios, de tener sabiduría, de poseer una casa linda, un auto y mucho más. Estoy segura de que en el corazón del Padre Dios está lo mejor para usted.

Cuando mi esposo predicó sobre este tema, entendí el libro de Job. Fue él quien abrió la puerta, no fue Dios quien enviaba las pruebas, porque el temor es una fe negativa que, como un imán, atrae el mal. Al levantarse y abrir los ojos cada mañana, crea que todo lo que vivirá ese día mostrará Su bondad y, si vienen pequeñas adversidades, esté segura de que todas las cosas ayudan a bien a los que aman a Dios.

Una imagen correcta de sí misma

La fe "...llama las cosas que no son como si ya existieran" (7). Antes de ver una realidad en lo natural, usted debe conquistarla en el mundo espiritual y, al hacerlo, verá todo desde otra perspectiva. Aunque su esposo sea iracundo o indiferente, usted debe verlo como un siervo de Dios. Si su hijo está alejado de Su Presencia, usted debe visualizarlo cumpliendo el propósito divino en su vida. Todo esto se logra al tener una imagen clara de las personas, muriendo a la vieja naturaleza en la Cruz del Calvario. Lo primero que debe hacer es pintar un cuadro con imágenes nítidas de cómo desea que sea esa persona, pero sin mirar las circunstancias porque su fe se debilitará si lo hace. Debe alcanzar también una correcta imagen de usted misma, descubrir el valor que tiene para Dios y lo importante que es para Él.

Saúl fue el primer rey que gobernó Israel, un hombre al que la vida le había sonreído. Se lo consideraba el más hermoso de su pueblo, tenía riquezas y gozaba de los privilegios de un mandatario, pero él no se veía ni joven ni hermoso, tampoco elegido ni privilegiado. Su historia es triste; por causa del concepto errado y negativo que tenía de sí mismo no cumplió su propósito. Había permitido que el temor entrara a su vida, semilla que forja una imagen incorrecta y, al aceptarla, comenzó a deteriorarse. Aunque era el más alto y bello, se sentía poca cosa y, durante su reinado, cada vez que iba a la batalla sentía temor de lo que podría decir la gente.

Ser libre del temor

El temor ata, paraliza, no nos permite desarrollar el potencial que Dios puso dentro de nosotros. "Temer a los hombres resulta una trampa, pero el que confía en el Señor sale bien librado" (8). Hace unos años estábamos en Buenos Aires, Argentina, en una convención realizada por varias iglesias. Una de esas mañanas me levanté emocionada porque, mientras estaba orando, el Espíritu Santo me dijo: "Hija, hay una unción especial de liberación hoy". Cuando César se levantó le comenté: "Mi amor, el Señor me ha revelado la unción que se manifestará en esta convención. Es una unción de liberación". Él me respondió: "Sí, mi amor, tienes toda la razón, y esa unción va a comenzar a manifestarse en ti, porque el Espíritu Santo me mostró que aún tienes temor debido al atentado y debes ser libre". Aquel día, al ser liberada, comprendí que el temor no le permite a la mujer creer en sí misma, tampoco la deja avanzar cuando emprende algo.

Dios tiene grandes planes para su vida. Usted crecerá en Dios a tal punto que no sólo predicará el Evangelio y conducirá células, sino que dirigirá Encuentros y Reencuentros; pero cuando esté por hacerlo, el temor tratará de detenerla. Si no es libre, se sentirá incapaz, pensará que otras pueden hacerlo mejor, pues el temor trata de hacerle creer que no es digna del lugar de autoridad que Dios le ha dado. Nunca acepte esta mentira.

El temor conduce a la desobediencia

El temor viene por causa de un corazón herido, bloquea a la persona para que no pueda dar fruto, tal como acompañó a Saúl toda su vida. Él tenía la misión de destruir al pueblo de Amalec, sin embargo, por temor no obedeció; hizo a un lado la voz de Dios y prefirió la voz del pueblo, pues tuvo miedo de la reacción de la gente. El Señor le había advertido que destruyera todo lo que había en ese pueblo incluyendo al rey, pues eran un prototipo de un poder demoníaco. Sin embargo Saúl, perdonó al rey y conservó lo mejor del rebaño por temor, demostrando así una obediencia parcial.

Así el temor abrió una puerta al enemigo y un poder demoníaco comenzó a atormentarlo, no lo dejaba dormir y lo tenía impaciente. En el ejército, había un líder destacado llamado David y Saúl se sentía intimidado por él. El éxito del joven no le caía bien. Si David tenía grandes victorias, el rey Saúl se sentía incómodo.

El temor abre la puerta a los demonios

Tal vez en el ministerio haya una persona que ha prosperado en su labor ministerial, es la que más células abre, lleva más personas a Encuentro, y esto la incomoda. Sucede por un espíritu de temor que busca indisponerla con esa persona para que la mire con otros ojos. Usted no debe permitir los celos, ellos son demoníacos. Saúl sentía celos porque tenía temor, no confiaba en sí mismo, pero tampoco podía concebir en su mente que alguien tuviera más éxito que él. Por celos, persiguió a David y quiso matarlo en varias ocasiones; luego dio lugar a un espíritu de vulgaridad en su vida y usaba palabras soeces contra su propio hijo; hizo lo inaceptable, tal como matar a los sacerdotes de Dios cuando ayudaron a David.

Como el Espíritu de Dios se había apartado de él, Saúl sintió miedo del futuro y consultó a una adivina; lo único que logró fue precipitar su desgracia. Cuando se sintió derrotado en batalla, sintió temor de que sus enemigos lo mataran y dijo a su escudero que le quitara la vida, pero como éste también estaba lleno de miedo, no se atrevió a hacerlo; entonces prefirió suicidarse (1 Samuel 31:4,5). La vida de Saúl es un doloroso ejemplo de los estragos que puede hacer el temor en una vida.

El temor pasa a la descendencia

Un nieto de Saúl, llamado Mefi-Boset, quedó lisiado de los pies a los cinco años de edad. Cuando David asumió como rey de Israel, mostró gran misericordia hacia él y lo llamó al palacio. "No temas, pues en memoria de tu padre Jonatán he decidido beneficiarte. Voy a devolverte todas las tierras que pertenecían a tu abuelo Saúl, y de ahora en adelante te sentarás a mi mesa. Mefiboset se inclinó y dijo: ¿Y quién es este siervo suyo, para que Su Majestad se fije en él? ¡Si no valgo más que un perro muerto!" (9).

Mefi-Boset es el prototipo de la persona que ha heredado una maldición. Su abuelo se había suicidado esclavo del temor y su padre, Jonatán, murió en la misma batalla, esto dio un giro total a su vida. En poco tiempo, perdió todos los privilegios de los que gozaba, el temor se apoderó de él llevándolo a un estado de frustración total, convirtiéndolo en alguien amargado, desconfiado, inseguro y temeroso.

Lo primero que David le dijo, fue: "No temas", ya que este hombre no conocía lo que era la misericordia, pero el rey le extendió la mano e hizo misericordia con él, restauró su dignidad y lo trató como a un príncipe. Algo similar Dios quiere hacer con cada una de nosotras. Una vez que somos libres del temor, restaura nuestra dignidad con Él.

Referencias Bíblicas:

(1) 1 Juan 4:18a, RV 1960; (2) Jueces 4:8,9;
(3) Génesis 3:15b; (4) 3 Juan 2; (5) Job3:25;
(6) Lucas 11:11-13; (7) Romanos 4:17b;
(8) Proverbios 29:25; (9) 2 Samuel 9:7,8.

CAPÍTULO 6

LA MUJER EN LA VISIÓN Y EL G12
Por Claudia de Castellanos

"A la verdad la mies es mucha, mas los obreros pocos. Rogad, pues, al Señor de la mies, que envíe obreros a su mies" (1).

Un pastor amigo se había esforzado por conocer cada aspecto de la Visión para implementarla en su iglesia. Al no obtener los resultados esperados, buscó fervientemente a Dios y llegó a una conclusión: La base fundamental de la Visión G12 es la compasión. Lo que movió a Jesús a establecer una estrategia para alcanzar el mayor número de personas fue la compasión. Él sabía muy bien que era el Hijo de Dios, pero también era consciente que, mientras estuviera en esta tierra, estaría limitado por un cuerpo humano y la responsabilidad de la iglesia debería ser compartida con otras personas. La mejor forma de hacerlo es a través del Gobierno de los Doce.

Diferencia entre el Grupo de Doce y la Célula

Encontramos algunas diferencias entre la célula y la reunión del equipo de doce. La célula se refiere a un grupo abierto y cualquier persona puede asistir. En cambio, la reunión de doce corresponde a un grupo cerrado. Inicié mi mejor equipo de doce en Bogotá con una célula evangelística, donde gané las personas, las consolidé, las envié a Encuentros y a Escuela de Líderes. Durante ese año observé el comportamiento de sus integrantes para determinar quiénes crecieron en la fe, luego hice una selección y formé mi grupo de doce.

En todo el proceso, siempre aplico la Escalera del Éxito, porque si dejara de ganar almas y multiplicarme en mi célula, el concepto celular se desfiguraría. Cuando se establece la Visión, uno aprende a ser un verdadero guía, recibiendo la unción evangelística para ganar almas, la unción pastoral para enviar la gente al Encuentro, la unción del maestro para enseñar en la Escuela de Líderes y la unción apostólica para conformar un grupo de doce, los cuales dirigen sus propias células. En la reunión de doce, enseño sobre liderazgo, los temas que hablo son especialmente los relacionados con la formación del carácter y la Visión.

Dentro de la iglesia, al comienzo, todos son parte de una célula. Pero a medida que recorren la Escalera del Éxito se vuelven parte de un equipo de doce. Su meta debe ser transformar su célula en un grupo de doce.

La oración de tres

Un elemento fundamental de la Visión del G12 es la oración específica. En un principio se ora de una manera general pero, a medida que una se va introduciendo en la

Visión, la oración sufre transformaciones. Antes de comenzar su célula, se aplica la oración del tres por tres. En la época del profeta Daniel, sus enemigos procuraban que abandonara su oración por un lapso de treinta días para que le sobreviniera la muerte. Era una estrategia negativa, la cual por supuesto también funciona en forma positiva. Cuando usted ora por una persona, una familia o una situación específica durante treinta días, la inunda de vida.

Si alguien desea abrir una célula, se necesita la oración del tres por tres. Consiste en que cada una de las tres personas aporta el nombre de otras tres; treinta días oran por ellas, preparándose para la apertura de la célula.

Las metas, declaraciones de fe

Es fundamental fijar metas específicas en el grupo de doce. Dividir el año en trimestres para lograr objetivos en esos períodos y, al concluir cada uno, evaluar los avances del grupo. Este proceso es muy revelador en cuanto al real progreso del ministerio y el afianzamiento de la Visión. Por medio de él, notamos a veces que ciertas cosas no contribuían a nuestro propósito.

Cada mujer, una líder

Debemos ver y tratar a la gente como futuros líderes. La persona acepta a Cristo, luego va a Encuentro y pasa a la Escuela de Líderes para conocer las enseñanzas del Maestro. A través de este camino, y en la célula, la gente comienza a integrarse, se siente parte de la iglesia y comienza a ser formada como una líder.

Aplicar la Visión en la Célula

La célula es la columna vertebral de la Visión. En Hechos capítulo diez, Lucas nos muestra el ideal de una célula. Del mismo modo que lo relata la Biblia, en su célula usted podrá encontrar un Cornelio, un Pedro, así como amigos hambrientos de Dios. El centro de la predicación siempre es el Evangelio, lo cual trae el conocimiento de Cristo.

Aplicar la Escalera del Éxito en la Célula

La Escalera del Éxito consiste en Ganar, Consolidar, Discipular y Enviar las almas.

La Célula es evangelística

Todas las células son evangelísticas. Si en una célula no se está ganando, tal vez sea porque está enferma. La célula debe ser el medio para alcanzar a los perdidos. Tal vez, el presidente de Colombia no se sentiría cómodo asistiendo los domingos a la iglesia, pero el Señor permitió que abriéramos una célula en el Palacio de Gobierno para que, en un círculo más pequeño e íntimo, pudiera encontrarse a gusto.

En la célula estamos pendientes de que quien viene por primera vez se sienta a gusto; el mensaje es sencillo y práctico para que se entienda.

Basados en Su Palabra cuando dice "...mas en tu palabra echaré la red" (2), tuvimos la palabra rhema para abocarnos a las pescas milagrosas. Pedro había pasado toda la noche intentando pescar y no vio el fruto de su esfuerzo, entonces se sintió frustrado. Al leer el relato, el Espíritu Santo me preguntó si también me sentía frustrada, mi respuesta fue afirmativa, pues evaluaba que en dieciocho años de ministerio al lado de mi esposo no había alcanzado el fruto anhelado. Él me dijo que esto cambiaría, si podía creerle. Le dije: "Señor, deseo la pesca milagrosa que obtuvo Pedro, que parecía romper las redes. Eso es lo que quiero ver". El Señor contestó mi oración y tres mil fueron ganados para Cristo.

La Consolidación

Consolidar es el trabajo que se hace inmediatamente después de que la persona llega a una célula, o asiste a una reunión de la iglesia, y acepta a Cristo. Tratamos de establecer un contacto telefónico no más allá de las siguientes veinticuatro horas de que esto sucede. Con ese primer llamado se intenta concretar una visita durante la semana. El objetivo primordial de la consolidación es llevar al nuevo al Encuentro. La palabra rhema para los Encuentros es el pasaje donde Moisés dice a Faraón: "El Señor, Dios de los hebreos, ha venido a nuestro encuentro. Déjanos hacer un viaje de tres días al desierto, para ofrecerle sacrificios al Señor nuestro Dios" (3). Por esta Escritura, vimos que sólo se necesitan tres días para que la gente sea libre de la opresión que ejerce el enemigo.

El Discipulado

La Escuela de Líderes fue instituida con la idea de que, durante un año, la gente aprenda principios básicos de la Biblia y la Visión. Los asistentes, miembros de una célula, se vuelven receptores de cambios imprescindibles en sus vidas en ese período. Podemos decir que sufren cierta metamorfosis, convirtiéndose luego en parte de un grupo de doce.

Los grupos de doce

Admiramos al Dr. Cho, pues su iglesia de Corea enseñó al mundo el sistema celular. Pero Colombia también fue precursora en demostrar cómo una célula se puede transformar en un grupo de doce.

Antes teníamos células, pero ahora las células deben convertirse en grupos de doce. Esto se hace en los meses en que las personas están en Escuela de Líderes. El objetivo es que al año, de una célula salgan doce más; a eso llamamos unción de multiplicación. Cuando una iglesia se duplica el crecimiento es lento; mas cuando se multiplica, haciendo que de una célula salgan doce, eso es verdaderamente un hecho poderoso.

Lograr nuestro propio fruto

Empecé el ministerio con las mujeres hace ocho años. Me gozaba viendo a mi esposo predicar, pero yo nunca intenté hacerlo. Hoy compartimos tan hermosa responsabilidad, y comprendo mejor por qué nací. Lo más importante es que el día que esté ante el Señor, podré mostrarle mi fruto.

Agradezco a César la oportunidad que me brindó de desarrollarme ministerialmente. Doy siempre este testimonio a los pastores para que concedan a sus esposas el lugar que necesitan y merecen. Dios anhela usar las mujeres y los hijos de los pastores como familias sacerdotales.

En este tiempo, somos usted y yo quienes debemos evangelizar al mundo. Comience a formar desde ahora su equipo de doce para extender de manera eficaz la obra de Dios.

Dios quiere que usted crezca

He visto que algunas líderes crecen y otras no, he podido darme cuenta de que las que no lo hacen es porque incurren en dos errores. Primero, la falta de entrenamiento; no capacitan adecuadamente al equipo. Segundo, una actitud inapropiada hacia sus discípulas, como ser, dan lugar a pensamientos negativos, al temor, los celos, la duda, y esto detiene el crecimiento de la iglesia.

Una de las mujeres que llamé para integrar un equipo de doce en Bogotá, me dijo: "Tengo un gran deseo de servir al Señor, pero ¿cómo hacerlo? Veo que una líder tiene cinco mil células, otra tiene mil, otra tiene quinientas. ¿Qué puedo hacer, si hasta ahora ni he comenzado?". Al compararse con las demás, se desalentaba. Pero desde que la conocí, supe en mi espíritu que tenía la unción para levantar un ejército de mujeres. Me dediqué a formarla y, en un corto lapso, logró el nivel de sus compañeras. Actualmente, es una de las discípulas que más fruto está dando.

Nuestro éxito depende del trabajo en equipo

He podido entender que quienes se encuentran cerca de una líder son determinantes para el éxito o el fracaso de ella. Pueden levantarla o desmoronarla. Por eso, es importante que el equipo se esfuerce en cumplir con las metas propuestas y que sea diligente para con su líder.

Como pastora, siempre quiero que mis discípulas tengan éxito, pero ¿por qué algunas crecen más rápido que otras? Debemos hacer una evaluación sincera de la manera cómo forjamos a las líderes para la obra del ministerio. ¿Tiene usted una estrategia para que alcancen el éxito? ¿Crecen de acuerdo con ella? ¿Son capaces de ayudarle con la carga pastoral, o son simples espectadoras? Podemos tener líderes en proceso de formación, los cuales pueden ser activos o pasivos. Hemos llegado a la conclusión de que queremos líderes activas en la obra de Dios. Nunca dejaremos de destacar que todas son importantes en la iglesia y el ministerio. Cada ser humano es único; con sus dones y sus talentos enriquece su entorno. Debemos ayudar y afirmar a aquellas que son más pasivas, a fin de que puedan dar el fruto que Dios quiere; porque la mies es mucha, mas los obreros son pocos.

Competir no es trabajar en equipo

El presidente John F. Kennedy dijo que la mejor manera de salir adelante es llevarse bien con los demás. Usted debe escoger doce amigas, tener personas a su alrededor que le transmitan absoluta confianza. Se puede trabajar en la iglesia por competencia, o trabajar en equipo. El trabajo por competencia ocasiona heridas y roces entre personas del mismo ministerio.

Los lazos de amistad con el equipo

Una iglesia celular que trabaja con los doce es una iglesia de relaciones. Los doce deben ser amigos, tal como lo he expresado. Por eso, creo que es mejor trabajar con grupos homogéneos, donde yo tenga doce amigas, y mi esposo doce amigos, para promover afinidad en cada ministerio. La homogeneidad se da cuando trabajamos con personas del mismo sexo, o de edades próximas, pues podemos tener los mismos objetivos.

Al trabajar en equipo, hay un esfuerzo para que las discípulas tengan éxito en el liderazgo; nos olvidamos de nosotras mismas al buscar que ellas cumplan sus metas; les facilitamos los recursos espirituales y materiales, invirtiendo tiempo, dándoles consejería y ministrándoles para que sanen toda herida del pasado. Las discípulas descubren su potencial personal en Dios y se atreven a dar el paso en fe para crecer en el ministerio.

Como líderes, podemos ayudar a nuestras discípulas a vencer los temores y a hacer relucir toda esa riqueza espiritual que hay dentro de ellas. Luego, se verán capacitadas para trasmitir fe, llegando a ser un instrumento poderoso en las manos de Dios. Usted verá como sus discípulas logran transformar las circunstancias positivamente, utilizando sus habilidades y destrezas en el logro de las metas del grupo. Usted verá que esta unidad, este trabajar en conjunto, las lleva a una gran victoria y todas disfrutarán de mucha alegría, porque Dios las respalda. Hará que todas sean mujeres de conquista y contribuyan a la extensión del Reino de Dios.

Podemos tener doce consejeras

Al levantar las doce, en determinado momento, además de amigas serán nuestras consejeras, porque tendrán la misma sensibilidad hacia el Espíritu Santo y ayudarán a discernir ciertas situaciones. En el equipo llegamos a estar muy compenetradas las unas con las otras. Muchas veces, la pastora enfrenta problemas, opresiones por el trabajo o padece una enfermedad, pero las doce la rodearán con su apoyo, su amor y sus consejos.

Algo que he notado a través de mi trabajo pastoral es que cuando selecciono una mujer para que sea una de mis doce, se da una gran transformación en ella y logra salir de lo común. Ahora dice: "Soy del equipo de la pastora", aunque todavía no tenga ni una célula ya comienza a pensar como una líder de muchas mujeres. Si se establecen las metas de toda la red, se compromete a dar un gran aporte para alcanzar su cumplimiento. Sabemos que si esta mujer logra cambiar su manera de pensar, el milagro está hecho.

La iglesia no es el conjunto de paredes, sino que tiene su fundamento en el liderazgo. La iglesia es el grupo de personas que capacitamos, las vidas comprometidas, los líderes en preparación. La iglesia no es el grupo que se sienta a escuchar una predicación. Si usted quiere tener una gran congregación y anhela una visión amplia, necesita líderes. Esa es la clave.

Conocer las necesidades del equipo es fundamental

Al analizar por qué el gran líder político Napoleón Bonaparte tuvo éxito, se concluyó que supo conocer las necesidades de sus hombres para luego hacer todo lo posible por ayudar a suplirlas; por esto, su ejército le fue fiel.

Su primer paso no es llenar un gran auditorio, sino contar con su equipo de doce discípulas. Una vez constituido, procure conocer sus necesidades de manera personal. Si tienen problemas familiares, les dará consejería; si tienen traumas de infancia, las llevará a obtener sanidad interior; si estuvieron relacionadas con prácticas ocultas, las conducirá a un proceso de liberación; si tienen problemas económicos, tratará de inyectarles la fe necesaria para generar riquezas. Usted debe conocer la necesidad de su gente y satisfacerla. Así, con la ayuda del Señor, contará con un equipo fiel. La amarán tan profundamente que serán para usted un equipo leal.

Debemos ver a las discípulas con los ojos de la fe

Cuando está conformando su equipo de doce, es importante que usted sea una líder de visión. Todas las personas que llegan a la iglesia tienen problemas, no hay nadie perfecto, aunque queremos llegar a la perfección, lo cual es el objetivo cristiano. Su equipo se está formando, y usted debe hacer como el escultor Miguel Ángel quien, refiriéndose a la escultura de David, dijo: "La imagen siempre estuvo ahí. Lo único que hice fue remover algunos escombros". Del mismo modo, usted debe mirar a esa mujer que está amargada y afligida, visualizarla como una tremenda líder en la red de mujeres. Yo las visualizo con poder en sus palabras para predicar el Evangelio. Si veo una mujer muy temperamental, que se enoja con todos los que están alrededor, la visualizo como una líder que usa ese temperamento en la guerra espiritual, firme en contra del diablo. Usted debe ser una líder de visión y no ser demasiado estricta.

Debemos observar las cualidades de las discípulas

Las siguientes, son algunas de las cualidades que debe poseer quien vaya a formar parte de su equipo de doce:

- Espíritu de servicio.
- Lealtad.

- Integridad.
- Disponibilidad para dejarse ayudar en la disciplina. Una líder indisciplinada no es de ayuda para el ministerio, sino que puede ser un problema en el futuro.
- Crecimiento potencial.
- Dones y talentos para proyectarse grandemente para que, en la medida que se extienda y trabaje, pueda ver los frutos.

Debemos seleccionar el equipo en oración

Usted debe disponer una noche de oración para obtener sus doce, como lo hizo Jesús. De esa selección, depende el tiempo que dedicará a cada una de esas personas. Sería muy triste que después de ocuparse varios años, dándoles entrenamiento y formación, sus discípulas decidan irse de la iglesia. Haga bien su selección, porque invertirá su vida en esas personas. Deben ser buena tierra, con buen fruto. Usted debe comenzar a estimular el fruto que darán. No se deje impresionar por la profesión que tienen, no las seleccione porque sean abogadas, arquitectas o ingenieras. Usted debe formar una iglesia para todas las clases sociales; no puede ni debe ser elitista o racista. Dentro del ministerio, nos encontramos con diferentes profesiones, distintas clases sociales, diferentes razas; algunas han pasado por la universidad y otras apenas saben leer, pero el Señor usa a la ama de casa y a la ejecutiva, a la profesional y a la mujer más sencilla. Dios mira a todas de igual manera, y nos da oportunidad de desarrollarnos plenamente en la iglesia. No se enfoque en esos aspectos para una acertada elección.

La importancia de la motivación

El liderazgo es la manera como logramos motivar a otras a desarrollar la Visión y, a su vez, que se conviertan en seguidoras de Jesús. Liderar es tener la certeza de que seremos capaces de persuadir a otras personas para que nos acompañen en el desarrollo de esta Visión que Dios nos ha dado.

La actitud de la líder es muy importante, es la clave del éxito. Una líder siempre debe ser positiva, pues esto hace que la persona no vea límites en lo que se propone. Es imprescindible que sea segura de sí misma. Pienso que algo que nos ayudó en el ministerio -porque nadie nos enseñó como tener una iglesia celular- ha sido la personalidad de César, es muy seguro de sí mismo, lo cual me motivó a desarrollarme como líder. Con algunos hombres sucede algo increíble, cuando sus esposas comienzan a surgir en el liderazgo, se sienten incómodos. Un pastor de una iglesia celular debe ser seguro de sí mismo, estimular a su esposa para que se desarrolle hombro a hombro con él, alentar a sus discípulos, a sus doce y a todos los miembros de la iglesia a convertirse en líderes, aunque vayan a destacarse en algo que el pastor y su esposa no posean.

La importancia de la autodisciplina

Como pastora de una iglesia celular, debe formar a sus discípulas y elevarlas a un nivel de liderazgo. Esto tiene exigencias; usted debe ser una persona que continuamente se esté preparando para poder transmitirles la revelación de la Palabra. Nunca permita el pensamiento de que ya lo sabe todo. Nuestro corazón debe estar siempre abierto a todo lo que el Señor nos esté hablando. Una persona con esta proyección tendrá metas claras a corto, a mediano y a largo plazo. Trabaje con metas. No puede predicar por predicar; el Señor no la llamó a entretener a la gente sino a formarla.

Dios anhela que usted conquiste su ciudad y su nación, eso comienza al conformar el equipo de doce. Pida al Señor que le muestre las mujeres que Él ha escogido para estar a su lado, fórmelas y se sorprenderá del fruto.

Referencias Bíblicas:

(1) Mateo 9:37,38 RV 1960; (2) Lucas 5:5b RV 1960; (3) Éxodo 3:18.

Capítulo 7
APUNTANDO AL BLANCO

Los sueños, los objetivos y las metas nos han acompañado desde el inicio de nuestro ministerio. Sin ellos como derroteros, tal vez estuviéramos conformes con una pequeña iglesia.

En una ocasión, un hombre se acercó a Sócrates sin darse cuenta de que era él, y le preguntó: "¿Cómo hago para llegar al monte Olimpo?" Sócrates le dijo: "Asegúrate que cada paso que des vaya en esa dirección". Lo mismo sucede con nuestras metas. Asegúrese que cada paso que dé se encamine en la dirección de lo que desea alcanzar. Cerciórese de que lo que haga no lo saque del propósito de su meta. Que nada aparte su atención de su objetivo, pues es muy fácil distraerse.

¿Qué hacen los domadores de felinos? Toman una silla y la ponen frente al animal, de modo que las cuatro patas de la silla lo neutralicen. Los felinos están acostumbrados a enfocarse en un solo objeto. Cuando ven cuatro, se confunden, porque no saben a cuál apuntar y se vuelven dóciles. Cuando tenemos varios objetivos, apuntamos a hacer un poquito de esto y otro poquito de aquello. Si nos distraemos fácilmente, nunca conquistaremos las metas. Pablo dijo: "Una cosa hago". Dedíquese a una sola cosa, tenga una sola meta a la vez. Una vez alcanzada, conságrese a conquistar la siguiente.

Trabaje en lo importante

En un orden de prioridades, seleccione lo importante antes que lo urgente. Es fácil distraernos de lo que Dios nos ha confiado. Debemos fijarnos siempre un objetivo y trabajar en ello hasta lograrlo. Muchas veces nos proponemos algo para determinado día y, apenas nos levantamos, entra una llamada o recibimos una visita que nos saca del propósito. Vamos en el camino y nos enredamos en otra cosa. Al final, terminó el día y no hicimos nada de lo proyectado. El día se fue como agua entre los dedos.

Las primeras horas del día son las más importantes. Si tiene un plan de estudio de la Palabra, desarróllelo en las horas tempranas del día. Si tiene un plan de oración, cumpla en la mañana. La mejor manera de redimir el tiempo es aprovechar las primeras horas, de lo contrario, pueden irse tan rápido como un pensamiento. Es como si usted recibe un cheque firmado por Dios por veinticuatro horas para administrarlo como crea conveniente. ¿A qué se debe que unos tengan éxito y otros no, si todos contamos con veinticuatro horas? Depende de la manera en que cada uno maneja su tiempo. "Si en verdad amas la vida, no desperdicies tu tiempo, porque es la materia prima de la cual la vida está hecha" (Benjamín Franklin).

Entrene a sus discípulos

Al comenzar el trabajo celular llegué a la conclusión de que, si tenía varios compromisos, no podía cumplir efectivamente con todos a la vez. Dentro de mí sentía desesperación por multiplicarme y, a la vez, por no hacer todo lo que quería para lograr mi propósito. Entonces dije: "Señor, quiero multiplicarme pero no puedo", y Él me dijo: "Entrena gente. Aunque tú no estés, los que entrenes cubrirán tu lugar". Así empezamos a entrenar a la gente. Invertí mi vida, reproduje en ellos el carácter de Cristo en mí. Lo que yo tenía que hacer, empecé a delegarlo, dejé que otros lo hicieran. Gracias a ello, en este momento hay más de cuarenta y ocho mil células por semana (incluyendo todas las redes). No puedo estar en ellas, pero sí la gente que he entrenado. Son ciento veinte mil reuniones por mes en diferentes lugares.

Lo mismo estamos haciendo en el ámbito mundial. Dios nos ha dado un precioso equipo de pastores que son punta de lanza en sus naciones. El Señor despertó en ellos el espíritu a la Visión. Han asumido esta delegación de tareas con responsabilidad y han aprendido a correr al ritmo de la Visión. Todos estamos comprometidos en establecerla en un corto tiempo en las naciones de la tierra. Para esto, hemos entendido cómo manejar correctamente el tiempo. Usted no me verá estresado o angustiado; por el contrario, podrá percibirme tranquilo, sin preocupaciones. ¿Por qué? Porque he aprendido principios que son claves para obtener el éxito.

Claridad en las metas

Cuando no hay un programa definido de metas en las que participe toda la iglesia, con seguridad sólo el pastor llevará la carga de responsabilidades sobre sus hombros. Millones de personas en este mundo no saben adónde van, están sin propósito en la vida. ¿Cuántos padres de familia no han podido sacar a sus hijos adelante por carecer de objetivos? ¿Cuántas empresas se cierran cada año porque su proyección al inicio fue escasa y, cuando se presentó alguna adversidad, las tomó por sorpresa y fueron a la quiebra? ¿Cuántos jóvenes abandonan los estudios porque, al comenzar la carrera, no estaban seguros de lo que estudiarían? ¿Cuántos creyentes dejan su fe pues sólo buscan a Dios cuando tienen una necesidad? ¿Cuántas iglesias mantienen la membresía de hace varias décadas, sin preocuparse por multiplicar los talentos que Dios les ha dado? Las preguntas respecto de la falta de metas y objetivos definidos abundan. La Palabra declara "...por falta de conocimiento mi pueblo ha sido destruido" (1).

Todos debemos proyectar nuestro futuro, y esa proyección se hace a través de metas definidas. Lo que hemos crecido hasta ahora, ha sido apuntando, en todo momento, a un blanco específico. Al comenzar el trabajo ministerial, como ya lo comenté, el Señor me hizo dos preguntas: "¿Qué quieres y cuándo lo quieres?". Por entonces sólo eran treinta personas en la congregación. Sabía que si no daba una respuesta clara a Sus preguntas, quizás la iglesia sería como un barco a la deriva en medio del océano.

Al iniciar la Misión Carismática Internacional, el Señor me reveló la importancia de definir metas y, desde entonces, nunca las hemos dejado a un lado. Ya he comentado algo acerca de esto, pero volveré a hacerlo como reafirmación testimonial para desafiarle a hacer lo mismo. Nuestra primera gran meta era llegar a reunir doscientas personas en un período de seis meses. Definimos el blanco, motivamos a esas treinta personas, luchamos en oración y, con arduo trabajo, la logramos en sólo tres meses.

Ser visionario es imprescindible

Un entomólogo francés hizo un experimento con orugas procesionarias, llamadas así porque siempre marchan en procesión, una detrás de la otra. Puso una matera y las orugas empezaron a marchar alrededor en círculo. En el centro, puso la comida. Las orugas caminaron una detrás de la otra por veinticuatro horas, por treinta seis horas, por setenta y dos horas, por una semana, siempre siguiendo a las demás. Al octavo día estaban muriendo de hambre, irónicamente, con la comida muy cerca de ellas.

En cuanto a las metas, usted debe romper muchos esquemas y hábitos; necesita una renovación en su mente. Usted debe cambiar su modo de vida, su forma de pensar y no dejar que los círculos viciosos lo asfixien, que la rutina lo consuma, que la monotonía lo desanime. Mantenga claridad en la visión que Dios le ha dado.

Había un hombre que vivió toda su vida en la pobreza absoluta. La persona que compró su tierra, descubrió que debajo de ese suelo había un yacimiento de petróleo, lo cual, por supuesto, lo hizo millonario. Muchos, por estar pendientes de lo que otros les den, no se preocupan por descubrir la riqueza que hay en su interior. Dentro de cada persona existe un gran potencial.

Las metas definidas son fundamentales

Tener metas definidas es como poner rieles a la fe y armar un camino, no para ayudar a Dios sino para ayudarnos a nosotros mismos. A través de las metas evaluamos nuestro trabajo, pues de toda labor debe quedar fruto. Una iglesia no puede comenzar en Enero con determinada cantidad de miembros y llegar con los mismos a Diciembre. Con este balance, confirma que el año pastoral ha sido infructuoso, refleja que no está cumpliendo la gran comisión. Ocurre en aquellas congregaciones cargadas de programas que absorben todo el tiempo, sin resultados en la evangelización. A mi esposa y a mí nos ocurría lo mismo; predicábamos desde el fondo del corazón, visitábamos a los enfermos y hacíamos cuanta actividad fuera posible. Todos los días de la semana estábamos en eso, pero no evaluábamos. Nos dimos cuenta del error, comenzamos a intensificar la importancia de las metas que servirían de parámetros para evaluar los resultados del trabajo.

Si usted tiene metas, evalúe qué actividades no contribuyen a su logro y elimínelas. El Señor no nos llamó a entretener a los miembros de la iglesia con un sinfín de programas que no aportan a la evangelización.

A los dos años de haber empezado la iglesia, hicimos una cruzada de milagros y sanidades en un coliseo de la ciudad con capacidad para ocho mil personas. La iglesia ya tenía unos quinientos miembros, quienes oraron por espacio de un año a fin de ver ese propósito cumplido. El Señor fue fiel concediéndolo; no sólo vimos milagros extraordinarios sino que tuvimos una de las mayores cosechas de almas en aquel día.

En el año 1997, Dios puso en el corazón de mi esposa su primera gran pesca de mujeres, los resultados fueron excelentes. Era la primera vez que se lanzaba a un desafío de esa índole. Aunque me había pedido que la acompañara en esa reunión, sentí en mi corazón no hacerlo porque pensé que ese era su propio reto y, si la acompañaba, se apoyaría en mí. Cuando llegó a la reunión, se encontró con un auditorio de veinte mil mujeres. Después de su predicación, hizo la invitación a aquellas que querían rendir sus vidas a Jesús, como ella ya compartió, tres mil respondieron afirmativamente. En medio de la emoción de Claudia aquel día, escuchó la voz del Señor que le dijo: "Hija, por cuanto me obedeciste, desde ahora serás pescadora de hombres."

Referencias Bíblicas:

(1) Oseas 4:6.

CAPÍTULO 8
DANDO INICIO A LA VISIÓN

"...mi pueblo fue llevado cautivo, porque no tuvo conocimiento; y su gloria pereció de hambre, y su multitud se secó de sed" (1).

Necesitamos imperiosamente saber hacia dónde vamos, cuáles son los proyectos, los planes a alcanzar, a conquistar. Debemos conocer la voluntad de Dios. Él nos ha entregado una Visión que, como usted sabe, puede transformar ciudades, naciones y continentes por el poder del Evangelio de Jesucristo. Abraham recibió la visión y la promesa de Dios, pudo perseverar a pesar de pruebas, luchas y dificultades; se mantuvo siempre firme.

Algo importante que debe entender es que la Visión debe ir acompañada de la visualización; debemos tener imágenes claras y nítidas de lo que Dios quiere entregar a cada uno. Hablo de visualización porque lo que leímos en la Biblia acerca de Abraham, lo hemos creído y experimentado en nuestro ministerio. Sé que los que han podido aplicarlo, también son testigos de un crecimiento sin precedentes.

La Visión debe ser concebida en su corazón; usted mismo tiene que verla, tiene que creerla, tiene que proclamarla con todo su ser. Dios lo respaldará.

Primer gran desafío: la conquista de sus doce

La Visión del G12, más que un método que uno trata de comprender en su intelecto, es algo que debemos concebir en nuestro corazón. Es cuando la revelación del Espíritu Santo viene sobre nosotros y quedamos impregnados de esa Visión, convencidos de que el ministerio de la multiplicación comienza a desarrollarse en nuestra vida.

La principal meta de Abraham no era ver las multitudes, sino el fruto del vientre de Sara: Isaac. Era lo que él anhelaba, tener a Isaac. Algunos pierden el objetivo de la Visión porque se concentran en las multitudes. Tienen un gran deseo de recibir mucha gente en sus iglesias, cuando lo primero que el Señor quiere es que se concentren en conquistar su Isaac, lo cual representa a los primeros doce.

Recuerdo una ocasión en que mi hija Sara tenía cinco años, y me dijo: "Papi, regálame cien dólares". La miré y le pregunté: "Mi amor, ¿para qué necesitas cien dólares?". "Para gastarlos con mis amigos", me respondió. Yo sonreí, me llevé la mano al bolsillo, saqué un dólar, se lo entregué y le dije: "Mi amor, esto es lo que tú puedes administrar". Así sucede con muchos pastores y líderes que le claman al Señor: "Dame diez mil personas, dame veinte mil, dame treinta mil". Dios les pregunta: "¿Para qué quieres tanta gente?". "Señor, para mostrar a los demás que yo también puedo tener un ministerio grande". El Señor se sonríe, lleva la mano al bolsillo y contesta: "Hijo, te entrego este fruto, si puedes conquistar tus doce podrás conquistar las multitudes".

La reproducción de su carácter en los doce

En tres años y medio de vida ministerial, Cristo concentró Sus fuerzas en la formación de los doce. Si uno tiene una visión, no debe distraerse en lo más mínimo. A pesar de rodearlo las multitudes, el contacto que Jesús tenía con esa gran cantidad de gente era esporádico. Un día estaba con un grupo, al otro día estaba con otro diferente, al otro día con otro, mas el único grupo que Él nunca cambió fue el de los doce. ¿Por qué? Porque si los conquistamos, ellos serán quienes contacten a las multitudes. Si usted piensa tener doscientas, trescientas o cuatrocientas personas, es bueno, pero se está desviando del objetivo. Primero, concéntrese en los doce.

Al hablar de doce no me refiero a cualquier clase de doce, sino a los que serán como sus hijos, aquellos en quienes se reproducirá su carácter. Así como Dios me bendijo con cuatro hermosas hijas y, en cada una apreciamos la reproducción del carácter de mi esposa y el mío, lo mismo sucede con los doce. Serán la extensión de nuestro ministerio y un corazón con nosotros. Por eso es muy importante el tiempo que compartamos con ellos; un tiempo en que les ayudemos con sus luchas internas, sus batallas emocionales, les enseñemos a cultivar la fe, manejar las pruebas, enfrentar adversidades, sobreponerse a críticas y murmuraciones. Un tiempo de formación, tal como Jesús con Sus doce.

Los doce, la fuerza de apoyo del ministerio

Muchos pastores se encuentran muy solos en el ministerio. Algunos sienten miedo de delegar responsabilidades y prefieren hacerlo todo. Otros vivieron una mala experiencia en el pasado y no se atreven a confiar, por temor a ser defraudados. A otros se les dificulta ver a sus discípulos con los ojos de la fe. Pero hay quienes sencillamente no quieren renovar la mente.

Recuerde:

– Los doce deben ser sus amigos.

– Debe trabajar con ellos y confiar en ellos.

– Debe hacerles sentir que su ministerio es el de ellos.

– Debe afirmarles que su éxito es también el de ellos.

– Ellos son su gran apoyo en la obra del ministerio.

– Ellos también saben y pueden darle consejos certeros.

El líder de doce está capacitado para discipular

Soy pastor y amo mucho predicar, pero he comprendido que el trabajo de la iglesia es demasiado pesado para un solo hombre. Aunque al principio tenía que hacerlo todo en la iglesia, después de un tiempo, Dios me enseñó la clave para desarrollar un ministerio exitoso, pero tuve aprender a delegar y a creer que la manera más eficaz era el G12.

Al poner en marcha este principio, vi como mis discípulos se desenvolvían y ampliaban su ministerio en las vidas que formaban. Entendí que cada uno tiene la capacidad de pastorear a doce, que la carga del ministerio se alivia que cada miembro de la iglesia puede sentirse útil al encontrar su lugar en el Cuerpo de Cristo, donde servir al Señor y ser usado por Él.

El líder forma discípulos a su imagen y semejanza

Pablo dijo que, al contemplar cara a cara la gloria del Señor, seremos transformados a Su imagen. Todo líder que ha logrado alcanzar el carácter de Cristo en su vida, lo reproducirá en sus discípulos. Al tener clara la Visión, podrá influenciar a quienes está formando impartiéndoles las riquezas que el Espíritu ya ha vertido en él. En momentos de ministración o en tiempos de esparcimiento, su vida será un ejemplo para ellos, lo cual los llevará a querer parecerse al líder. Y como una buena relación siempre tiene reciprocidad, verá los sueños que antes eran imposibles de alcanzar, conquistados por el apoyo de sus discípulos. Verá más fruto en su ministerio, se sentirá bendecido.

El líder de doce lleva sus discípulos a la reproducción

Después del atentado que sufrimos en 1997, la gran pregunta de muchos fue: "Si el pastor hubiera muerto, ¿quién habría tomado su lugar?". Mi equipo, aquellos que por años yo había formado, dio la respuesta. Aunque fue un momento sumamente difícil -no sólo en nuestras vidas sino también en la iglesia- mis doce y cada uno de sus discípulos nos cubrieron con su oración incesante, hasta que Dios nos dio la victoria y dejamos atrás el peligro. Aunque decidimos salir del país y estar ausentes siete meses, cada miembro asumió con alta madurez su responsabilidad y todos tuvieron gran ánimo para trabajar. Gracias a tan precioso equipo, en ese año logramos uno de los más altos crecimientos en células. Esta gente dio al mundo una de las más grandes lecciones: La Visión sí funciona.

Cada uno tenía determinación y compromiso para hacer con sus discípulos lo mismo que yo había hecho con ellos. Entendieron que líderes seguros de sí mismos, con una fe firme en el Señor Jesucristo y con una mente abierta a la Visión serían la clave que les llevaría a la gran multiplicación. Cada semana se reunían con sus doce, les ministraban, los motivaban, les ayudaban en sus metas y los respaldaban en todo lo que necesitaban.

Un buen equipo da consistencia al ministerio

La prueba de fuego del equipo fue el tiempo en que estuvimos ausentes, pero pusieron por obra cada enseñanza recibida. Su gran desafío no era mantener la membresía de la iglesia sino multiplicarla, y fue lo que lograron. Cada vez que me comunicaba por teléfono, me decían: "Pastor, no se preocupe por la iglesia, ahora estamos más unidos que nunca y queremos darle una agradable sorpresa cuando regrese". Cada integrante del equipo se sentía con el desafío de trabajar como nunca lo había hecho. Aunque éramos un buen equipo antes de la adversidad, después de la prueba demostraron que podían trabajar como un solo hombre.

La formación de los doce, el gran desafío

Todos deseamos que nuestros doce ya estuviesen formados, de este modo nos concentraríamos más en la obra de Dios. Pero la realidad es diferente, pues los únicos interesados en escuchar nuestro mensaje son aquellos que están pasando por las situaciones más difíciles de sus vidas, en quienes podemos ver toda clase de defectos. Fue lo que nos sucedió con algunos de los doce que el Señor nos dio en Miami.

Al escogerlos, lo hice por fe y les dije que el fruto sería lo que los ratificaría en esa posición. Después de estar un año enseñándoles y ministrándoles, no habían avanzado ni un centímetro. Esto me preocupó y fui en oración al Señor: "Dios, perdóname, me equivoqué con el equipo que escogí. Hoy te los entrego y estoy dispuesto a empezar a formar otro equipo, si así lo deseas. Señor, no les veo futuro, tienen tantas luchas y dificultades que les es difícil concentrarse en Tu obra. Además, no creen ni en ellos mismos". La respuesta del Señor me dejó perplejo: "Es verdad, no creen en ellos mismos, y tampoco van a creer, porque tú no has creído en ellos". Luego me enseñó que debía ver la transformación de ellos a través de la fe. Dios estaba enseñándome que la imagen que tuviera de ellos sería como un espejo en sus propias vidas. Se verían reflejados a través de la fe de su líder en ellos, y esto los motivaría a esforzarse por dar el fruto deseado.

Los doce, base para liderar las multitudes

Moisés se encontró en graves aprietos al pensar que liderar era echar sobre sus hombros la responsabilidad de toda una nación. Jetro pudo percibir esto como demasiado perjudicial, tanto para Moisés como para el pueblo, y le aconsejó delegar responsabilidades en otros.

Jesús, el líder por excelencia, inició Su ministerio conformando un equipo de doce hombres a los que también llamó apóstoles. Por tres años y medio, los formó y les ministró para que luego continuaran con la obra del ministerio. Les enfatizó siempre que todo lo que estaban aprendiendo, era también para las generaciones venideras. San Juan diecisiete narra que, cuando Jesús oró por los doce, dijo: "No ruego sólo por éstos. Ruego también por los que han de creer en mí por el mensaje de ellos" (2). Los doce logran reproducir fielmente la Visión en otros doce, así es como se desarrolla y penetra en las naciones. Por tal motivo, debemos esforzarnos en ayudar a cada uno de nuestros doce a conformar sus doce.

La formación del mejor equipo implica seleccionar aquella persona con un perfil definido, que le permita ocupar la honrosa posición de ser un doce. Cuando el Señor eligió Sus doce, lo hizo pensando que estarían con Él siempre. Toda persona que llega a la iglesia es un líder en potencia y usted, como líder, debe ayudarla a entrar en la Visión y a desarrollarla. Su meta debe ser elevarla a su mismo nivel ministerial, pues usted es su ejemplo y medida de fe. Recuerde que se necesita tiempo para conocerse y compartir, hasta tener la certeza de que ese doce es la persona indicada.

Referencias Bíblicas:

(1) Isaías 5:13, RV 1960; (2) Juan 17:20.

CAPÍTULO 9
CONOZCA LA ATMÓSFERA
DE LA VISIÓN

El líder y el llamado

Cuando usted creer en su corazón que Dios anhela usarlo grandemente, es mudado en una nueva persona. A través de la fe podrá conquistar aquello que antes ni siquiera había pasado por su mente. Los héroes de la fe son personas sencillas, pero que han alcanzado una gran confianza en un Dios extraordinario. Acepte esta verdad en su corazón, Dios lo ha llamado para trasladar miles de almas, del reino de las tinieblas al reino de Su luz admirable; usted es una herramienta en las manos de Dios que traerá salvación a muchas vidas.

Proyéctese usted mismo, no como cualquier persona, sino como un líder de multitudes. Mire las estrellas y piense: "Señor, mis discípulos serán tan numerosos como las estrellas del cielo". Deténgase a observar la arena del mar y confiese: "Señor, gracias porque las almas que ganaré y los discípulos que consolidaré serán tan numerosos como la arena del mar". Vea multitudes entregadas al servicio de Dios porque usted aceptó el llamado que Dios le dio.

El líder habla con el ejemplo

Pablo dijo: "Imítenme a mí, como yo imito a Cristo" (1). El escritor a los hebreos, al referirse a la fe, dijo: "Gracias ella fueron aprobados los antiguos" (2). Cuando empezamos a crecer en el ministerio, alguien me dijo: "Pastor, ¿por qué no organiza una serie de conferencias dirigidas a los pastores de la ciudad para que aprendan sobre la multiplicación?". Le respondí: "Los pastores son expertos escuchando conferencias y asistiendo a seminarios, pero hay un mensaje que va a marcarlos y penetrará en lo profundo del corazón, es el ejemplo. Así que les predicaremos con el ejemplo". Efectivamente, esto los desafió. El líder debe hablar a sus discípulos con el ejemplo. Ellos miran su vida, su familia, su testimonio. Mantenemos un alto testimonio si llevamos una vida de fe y nos movemos en la dimensión de lo sobrenatural. No hay otra forma de convencer a los no creyentes, sólo predicando respaldado por el poder de Dios con señales, maravillas, prodigios y con el fruto.

El líder visualiza el desarrollo de su ministerio

He experimentado en mi propia vida que los sueños pueden adormecerse, o sea, esa Visión que Dios nos dio puede apagarse en nosotros. Ayudan a que esto suceda, las preocupaciones, los problemas, los conflictos y las necesidades; muchos, por estar tan ocupados en la obra de Dios, perdieron la visión de las multitudes, la visión primordial. El autor de Eclesiastés lo dijo así: "Porque de la mucha ocupación viene el sueño" (3).

Al cerciorarnos del llamado al ministerio, debemos hacerlo de una manera eficaz. Muchas personas no crecen en el ministerio porque nunca lo han visto en su mente, nunca han visualizado más personas de las que ya tienen. Nuestra responsabilidad es comprometernos con Dios, tomando la decisión de ser los mejores multiplicadores, reproduciéndonos fielmente en otros. Hemos sido llamados a multiplicarnos. De usted deben salir doce; de esos doce, los ciento cuarenta y cuatro; de los ciento cuarenta y cuatro, los mil setecientos veintiocho; de los mil setecientos veintiocho salen veinte mil setecientos treinta y seis; así salen doscientos cuarenta y ocho mil ochocientos treinta y dos; de éstos, dos millones novecientos ochenta y cinco mil novecientos ochenta y cuatro, pasando luego a treinta y cinco millones ochocientos treinta y un mil ochocientos ocho.

Esto lo entendió el Apóstol Pablo, quien dijo: "... cuando predico el evangelio, no tengo de qué enorgullecerme" (4). Dios abrió sus ojos espirituales y pudo ver con claridad la tragedia que sucedería a nivel mundial, si él callaba. Si no ganaba almas, no habría multiplicación, se detendría la obra y ocurriría el desastre a toda la humanidad. Tal revelación lo motivó a la responsabilidad y el compromiso, pues dijo: "...y su gracia no ha sido en vano para conmigo, antes he trabajado más que todos ellos; pero no yo, sino la gracia de Dios conmigo" (5).

Un mundo se pierde, y Dios nos confió -a usted y a mí- la responsabilidad de la salvación de las almas. Gracias a Él, en la Visión Celular está el paquete completo, porque no sólo ganamos almas, sino que el Espíritu Santo da el entendimiento para consolidarlas (cuidarlas), discipularlas y enviarlas. Es el proceso previsto para que la Visión corra, se extienda y llegue hasta lo último de la tierra.

El líder trabaja en el carácter del discípulo para que dé fruto

Si usted ha sido llamado a formar gente, debe trabajar en el carácter de cada uno. Esto demanda tiempo, implica reunirse con ellos y ministrarles. Para que nuestros discípulos puedan ministrar, primero deben ser ministrados. ¿Qué es ministrar? Conocer las necesidades y problemas de otros, darles palabras de esperanza, de fe y ayudarles a salir adelante. Si usted no ministra a sus discípulos, no crecerán, pues el líder es quien tiene la respuesta a sus problemas, basado en la Palabra. Nuestros discípulos necesitan seguir a quien puedan admirar y respetar. Cuando se pierde el respeto al líder, se pierde todo. Por eso, nuestra carta de garantía es la integridad, debemos enseñarles y conducirlos a ser personas íntegras. Pablo enseñaba a sus discípulos que lo imitaran, porque él era un imitador del Señor Jesús.

Si son ministrados, les es fácil dar fruto. Cuando el Señor fue al campo y vio una vid, dijo: "Mira, ya hace tres años que vengo a buscar fruto en esta higuera, y no he encontrado nada.

¡Córtala! ¿Para qué ha de ocupar terreno?" (6). El labrador le pidió un plazo para trabajar hasta que diera fruto. Nos enseña que hay un tiempo prudencial de gracia para dar fruto; si no hay fruto, el árbol es arrancado. El árbol se conoce por su fruto; cuando la gente da fruto, tiene gracia, se convierte en ganadora de almas.

Algo que hizo uno de los miembros del equipo en Bogotá, lo cual llamó mucho mí atención, fue que Dios lo impulsó a organizar doce impactos evangelísticos con mensajes de siete minutos en diferentes lugares de la ciudad. Ganó seis mil personas en una semana. El secreto fue la compasión por las almas. Usted no alcanzará hombres hasta que no ame a los hombres, no ganará mujeres hasta que no ame a las mujeres; lo mismo se aplica a los jóvenes y los niños. Dios busca gente que tenga un verdadero amor por los perdidos, para confiarles Su obra.

El líder tiene discípulos bien organizados

Pablo dijo a Timoteo: "Lo que me has oído decir en presencia de muchos testigos, encomiéndalo a creyentes dignos de confianza, que a su vez estén capacitados para enseñar a otros" (7). La implementación de la Visión Celular demanda un liderazgo bien preparado. La Visión brinda la oportunidad a todo el que ha pasado por un proceso de restauración y capacitación a formar parte de un equipo de trabajo. El Señor Jesucristo nos dio el mejor ejemplo del trabajo en equipo al conformar un grupo de doce hombres a quienes preparó, derramando Su carácter en ellos, a fin de que fueran Sus colaboradores durante Su ministerio en la tierra.

Si Él -siendo el Hijo de Dios- dio tanta importancia al trabajo en equipo, ¿por qué no hacerlo nosotros? Le tomó tres años y medio formar doce hombres, trabajó en sus vidas para moldear su carácter y convertirlos en idóneos para continuar con la grandiosa Visión que Dios le había dado: La salvación del mundo.

El líder crea el ambiente

El líder debe tener una alta medida de fe para crear un ambiente de trabajo, motivación y compromiso donde cada creyente sienta el deseo de multiplicarse. La fe del líder produce entusiasmo y deseo de conquista. Dios dijo a Josué: "Mira que te mando que te esfuerces y seas valiente; no temas ni desmayes, porque Jehová tu Dios estará contigo en dondequiera que vayas" (8). Podremos esforzarnos sólo cuando estemos llenos de la Presencia de Dios en nuestra vida.

El esfuerzo produce valor; el valor nos lleva a una dependencia total de Dios y a pelear en Sus fuerzas. El valor se opone al temor, pues el temor produce desaliento. En la mayoría de los casos, los hombres de la Biblia eran seres comunes y muy parecidos a nosotros, con pasiones y deseos. Pero lo que los diferenció de todos los demás fue, su dependencia total de Dios, que se convirtió en su fuerza interna de conquista.

El líder es una persona de ímpetu

Al hablar de ímpetu podemos definirlo como la fuerza de arranque. Cuando se da inicio a una competencia, todos los atletas están detrás de la línea de partida, esperando la orden para correr con el máximo de sus fuerzas. El ímpetu del atleta determinará el éxito de su carrera. En el plano espiritual, Dios tiene que trabajar mucho en la vida de las personas para lograr esa fuerza de conquista. En el desierto, Moisés comisionó a doce príncipes para inspeccionar la tierra prometida; luego, regresaron con el reporte. Diez dieron un informe negativo, sólo dos hablaron palabras diferentes.

Esto fue porque yacía en ellos la fuerza de la conquista y no se dejaron intimidar por las apariencias, sino que se apoyaron en la Palabra de Dios e invitaron a los demás a acompañarlos, diciendo: "…La tierra que recorrimos y exploramos es increíblemente buena. Si el Señor se agrada de nosotros, nos hará entrar en ella. ¡Nos va a dar una tierra donde abundan la leche y la miel! Así que, no se rebelen contra el Señor ni tengan miedo de la gente que habita en esa tierra. ¡Ya son pan comido! No tienen quién los proteja, porque el Señor está de parte nuestra. Así que, ¡no les tengan miedo!" (9). Esta era la fuerza interior, la fuerza del ímpetu, la fuerza de la conquista. Aunque el desánimo prevaleció en ese entonces, cuarenta años después, con el mismo espíritu e idéntico ánimo, Caleb dijo: "Todavía estoy tan fuerte…cual era mi fuerza entonces, tal es ahora mi fuerza para la guerra, y para salir y para entrar" (10). El mismo entusiasmo, la misma energía de antes. Cuando está en nosotros esa fuerza, nos mantenemos rejuvenecidos, pues los años no afectan a quien tiene un espíritu de ímpetu; no hay excusas por la edad. Caleb tenía ochenta y cinco años cuando dijo estas contundentes palabras a Josué. Si vivimos con ímpetu, no descansaremos hasta lograr nuestro propósito en la vida.

Referencias Bíblicas:

(1) 1 Corintios 11:1; (2) Hebreos 11:2;
(3) Eclesiastés 5:3, RV 1960; (4) 1 Corintios 9:16;
(5) 1 Corintios 15:10, RV 1960; (6) Lucas 13:7;
(7) 2 Timoteo 2:2; (8) Josué 1:9, RV 1960;
(9) Números 14:7-9; (10) Josué 14:11, RV 1960.

CAPÍTULO 10
CARACTERÍSTICAS
DEL LÍDER DE G12

El líder conquista a través de la fe

Todo aquel que desee un ministerio de éxito debe vivir siempre en la dimensión de la fe, pues a través de ella nuestra relación con Dios se fortalece y nos hace aptos para conquistar todos los sueños. La fe está por encima de los sentidos, nace en el corazón. Generalmente, el ser humano tiende a andar por vista y no por fe; trata de aferrarse a lo que ve olvidándose que detrás de este sistema de cosas existe un reino espiritual que no vemos pero que es real y eterno.

La fe nos ayuda a crecer en Dios

Cuando le hablan acerca de Dios, usted ¿qué piensa? Jesucristo fue el único que reveló al Padre, al Dios Todopoderoso que puso en orden este sistema que nos rodea, quien es el principio de la vida y sustenta cuanto existe con la Palabra de Su infinito poder. Todo comenzó en Él y todo volverá a Él. Fue Dios quien dio entendimiento al hombre junto con la capacidad de escoger entre lo bueno y lo malo. A pesar de que el ser creado por Él se rebeló contra Su Palabra al escoger su propio camino, mereciendo la condenación eterna, pero Dios por amor a nosotros preparó un plan de redención a través de Su Hijo Jesucristo.

La fe en Jesús es lo único que permite al creyente tener una vida victoriosa, gozando de las bendiciones de Dios. Esa fe se desata cuando hay un acercamiento sincero al Padre mediante la lectura de Su Palabra. Al tener esa intimidad con Dios, el mundo espiritual se abre a nuestros ojos y podemos ver todas las ricas y abundantes bendiciones que tiene para nuestra vida. A través de la fe, no sólo vemos las bendiciones en el plano espiritual, sino que podemos traerlas y hacerlas nuestras, convirtiéndolas en una realidad. Cuando esto sucede, tenemos la convicción de que aquello que aún no se ve, ya es una realidad. No nos da temor hablar acerca de ello, ni ponernos en evidencia porque, aunque no lo veamos, el milagro ya ha sucedido.

Conociendo nuestra naturaleza espiritual

Dios trabaja en equipo con el hombre. Siempre usa el elemento humano para cumplir Su propósito. La unción viene como resultado de estar en la Presencia de Dios. La fe está muy ligada a lo que visualicemos en el plano espiritual, cada uno tiene la capacidad de observar las imágenes de Dios a través de los ojos de la fe. Cuando usted mira televisión, no hace ningún esfuerzo, simplemente ve las imágenes porque están allí.

La vida de fe nos lleva a visualizar, es como encender el televisor y seleccionar en el menú de opciones lo que queremos ver. Usted primero debe saber qué necesita, ya sea a nivel individual o familiar, económico o ministerial. Si precisa un milagro físico, podrá optar por el canal "Experimentar Milagros" y verse sano por el poder de la Cruz. Si necesita crecimiento en su ministerio, a través de la fe se conectará a "TV Multiplicación", donde escuchará el murmullo de las multitudes que acuden a sus reuniones, al igual que cuando va a un estadio de fútbol. Verá la gente llegar de todos los lugares, ocupar cada asiento y llenar el recinto. El punto de contacto que Dios busca de nosotros es nuestra vida de fe.

La fe es su yo espiritual

Ese yo espiritual tiene ojos, tiene oídos, tiene boca, tiene manos, tiene pies y tiene mente. Es una personalidad. El yo espiritual tiene la capacidad de oír, ver, pensar, palpar, sentir y hablar.

El profeta Elías, en época de gran sequía, pudo decir: "Porque ya se oye el ruido de un torrentoso aguacero" (1). Oyó el ruido de la lluvia cuando no había esperanza de que cayera agua sobre la tierra de Israel. Antes de la lluvia, después de tres años y medio de sequía, Elías la percibió con sus oídos espirituales. ¿Cómo pudo oír el ruido si la lógica decía otra cosa? Por su vida de fe, por su naturaleza espiritual conectada directamente con Dios. Quien se comunica con ese yo espiritual, vive a través de la fe.

La fe tiene ojos

Por eso Elías vio la nube antes de que viniera, diciendo al siervo: "Ve y mira..." (2). El siervo fue seis veces, pero no la vio. La séptima, observó a lo lejos una nube pequeña como la palma de una mano. Vio la nube antes que cualquier otro. Usted puede ver la bendición antes que los demás. Eliseo oró: "Señor, castiga a esta gente con ceguera" (3), y Dios le respondió. Cuando dijo: "Señor, ábrele a Guiezi los ojos para que vea" (4), pues quería que se diera cuenta de que eran más lo que estaban con ellos que los que estaban con los enemigos, el criado pudo ver una colina con multitud de caballos y carros de fuego rodeando al profeta. Aunque usted no los ve, los ángeles de Dios están trabajando a su favor.

Que hoy Dios abra sus ojos y usted vea que no está solo en esta conquista. Que el clamor de su corazón sea: "¡Abre mis ojos, abre mis ojos! ¡Quiero ver como Tus ojos ven, oh Dios!"

La fe tiene boca

"Esta es la palabra de fe que predicamos..." (5). Con el corazón se cree y con la boca se confiesa. Si cree al temor, confesará temor; si sus pensamientos están atados al pasado, ese será su mundo y siempre confesará el pasado; si su corazón está ligado a la Palabra de Dios, se reflejará en el fruto de labios que proclame, verá el futuro con más claridad y tendrá mayor seguridad.

Cuando el profeta Elías afirmaba que no llovería hasta que él hablara, la gente pensaba que estaba loco. Los hombres de fe tienen el poder de hacer que la naturaleza les obedezca, por el poder de su palabra. Como es en lo espiritual, así es en lo natural. A través de la fe tenemos la habilidad de cambiar las circunstancias positivamente. La Palabra de Dios habita en lo espiritual y nosotros hablamos conforme a Su Palabra. Podemos trasformar las circunstancias a través de ella.

Elías dio la palabra y no llovió; luego habló y llovió. Jesús habló a los vientos y al mar cuando estaban agitados, y le obedecieron. Moisés extendió la vara y el Mar Rojo se dividió en dos para que el pueblo pudiera pasar por lo seco. Josué ordenó al sol y la luna que se detuvieran, y le obedecieron. Todos estos hombres entendieron el poder de la fe y usaron la palabra como voz de autoridad frente a las circunstancias. Dios quiere que confesemos la palabra de autoridad y poder.

La fe tiene pies
Siempre anda en caminos de rectitud. El Señor dijo a través de Moisés: "Hoy te doy a elegir entre la vida y la muerte, entre el bien y el mal" (6). Dios trazó dos caminos para que cada uno decida por cuál andar, entendiendo que no tenemos la opción de una senda intermedia. La fe nos hace andar en la senda del bien, es la que trae salud, prosperidad, armonía familiar y mucho más. Pero el temor nos lleva por la senda opuesta, sus caminos son inestables y sus veredas conducen a la muerte. El camino de la vida sólo se conoce a través de la fe.

Cada promesa dada por Dios es el fruto de vida que pone ante nuestros ojos para que lo comamos y disfrutemos de Sus bendiciones. El adversario astutamente presenta un fruto opuesto, el de la duda. En el primero hay alimento; el segundo sólo contiene veneno. La duda se muestra como un bocado muy provocativo. Debe saber usted que le conducirá a la muerte. Cuando el creyente recibe la promesa de la Palabra de Dios, pero luego da lugar al temor, es tan destructivo que entenebrece la promesa divina.

Dios dijo a Abram: "...Mira hacia el cielo y cuenta las estrellas, a ver si puedes. ¡Así de numerosa será tu descendencia! Abraham creyó al Señor, y el Señor lo reconoció a él como justo" (7). Creyó a la promesa, pero luego permitió la duda y el temor; esto trajo terribles tinieblas sobre su descendencia. "Al anochecer, Abram cayó en un profundo sueño, y lo envolvió una oscuridad aterradora. El Señor le dijo: Debes saber que tus descendientes vivirán como extranjeros en tierra extraña, donde serán esclavizados y maltratados durante cuatrocientos años" (8). Por flaquear él en la fe, el pueblo de Israel padeció la esclavitud en Egipto.

La fe tiene manos

En su discurso en Atenas, Pablo dijo que aun palpando podemos hallar a Dios (Hechos 17:27). Podemos palpar la gloria de Dios; podemos sentir su presencia y recibir Sus bendiciones. El mayor ejemplo de cómo usar nuestras manos, lo vemos en la vida de Jesús. Él tocó al leproso y se sanó, consoló a la viuda que había perdido a su único hijo, liberó a los cautivos, dio vista a los ciegos. Siempre usó Sus manos para bendecir, consolar y amar. Satanás quiso atarlas, por eso las clavó en el madero. Una de las maneras como el pueblo de Israel se convertirá al Señor, será al descubrir el significado de las heridas en las manos de Jesús. Como hijos de Dios, usemos las manos para liberar el poder sin igual del Espíritu en las vidas.

La fe tiene mente

Sabemos que hay mente carnal y hay mente espiritual. La mente carnal sólo se guía por la lógica; la mente espiritual sólo se guía por la Palabra de Dios. ¿Cómo alimentamos nuestra mente espiritual? A través del estudio diligente de la Palabra, pues nos debe llevar a oír la voz de Dios. Además, dará discernimiento para saber si esos pensamientos que vienen a su mente son de Dios, o no. También podrá discernir lo que sucede en la esfera espiritual, pues "...tenemos la mente de Cristo" (9). La mente de Cristo nunca es negativa, ni depresiva, ni se angustia. La mente de Jesús es una mente de conquista, donde no hay imposibilidades. Por eso, cuando la barca estaba siendo azotada por las olas del mar, los discípulos se angustiaron, pensando que todos -inclusive Jesús- podrían perecer. Pero Jesús les dijo: "Hombres de poca fe –les contestó-, ¿por qué tienen tanto miedo?" (10). La mente de Jesús no se detiene frente a ninguna circunstancia, pues puede transformarlas positivamente.

Creo que es fundamental realizar el siguiente ejercicio:

–Escribir aquellas cosas que lo espantan y lo atemorizan.

– Identificar lo que predomina en su vida: la naturaleza carnal o el hombre espiritual.

– ¿Qué tan desarrollados tiene sus sentidos espirituales: ojos, oídos, manos, pies, mente? ¿Predomina lo natural o lo espiritual?

– De uno a cien, ¿qué porcentaje daría a la lógica y la fe en su vida?

– ¿Ejercita a diario su vista espiritual?

Fe para lograr la multiplicación

Tome un tiempo en la Presencia de Dios para que Él hable a su corazón y pueda alcanzar la transformación deseada.

Para Dios no es difícil dar a Sus hijos una gran multiplicación. Lo que Él busca son personas con corazón recto, sin orgullo ni vanagloria, que puedan administrar el gran crecimiento que el Señor quiere darles. Cuando hay líderes con un corazón correcto, Dios los rodea de personas íntegras que se identifican con su ministerio, dispuestas a trabajar a su lado para alcanzar las multitudes para Cristo.

Compromiso ciento por ciento con la Visión

Pablo dijo: "La actitud de ustedes debe ser como la de Cristo Jesús" (11). El compromiso de Jesús con la redención de la humanidad fue total. Al llegar al huerto del Getsemaní,

Su misión ya había alcanzado el ochenta por ciento. En ese momento, el velo se corrió y Él vio lo que el otro veinte implicaba; la agonía que viviría por causa de la traición y el rechazo, la destructiva furia del infierno desatada contra Él. Esto le causó tanto impacto que decidió hablar con Su Padre, y dijo: "Si hay otra forma de redimir al hombre, sin que Yo deba pasar por el suplicio de la Cruz, hazlo".

Si la oración hubiese concluido en ese punto, la raza humana no hubiese tenido la oportunidad de disfrutar de la redención. Pero gracias a Dios que Jesús decidió continuar con Su ruego, y dijo: "...pero no se cumpla mi voluntad, sino la tuya" (12). Esto significó el compromiso de Jesús con la redención al ciento por ciento. Cuando Pablo dice que debemos tener la misma actitud, el mismo sentir que había en Cristo, nos invita a que, si ya está la Visión en nuestro corazón, no la implementemos superficialmente o a medias, sino que la llevemos a cabo de una manera pura y correcta.

Muchas veces, el líder recibe orientación sobre la Visión, ve todo el trabajo que se avecina y se siente tentado a decir: "Padre, prefiero que envíes a otro a hacer ese trabajo de implementar la Visión, porque a la verdad, demanda mucho de mi tiempo." Jesús buscó alguien que tomara Su lugar para redimir a la humanidad y no lo halló. Nadie pudo tomar Su lugar. Si como pastor, usted no entra en la Visión, su iglesia tampoco lo hará; hay cosas que no se pueden delegar. Jesús no pudo delegar la redención, aunque buscó en todo el cielo y la tierra, nadie podía reemplazarlo. Así sucede con la Visión del G12, no podemos entregarla a otros para evadir responsabilidades, sino que debemos sumergirnos en ella.

Rumbo a un liderazgo eficaz

Ayude a sus doce a alcanzar las metas. El éxito del discípulo es también el nuestro; si ellos crecen, nosotros crecemos. El tamaño de su ministerio será el resultado del tamaño del ministerio de sus doce. Siempre motive a su doce. Cuídese de caer en la trampa del enemigo de usar su autoridad para doblegar la voluntad de sus discípulos, pues ni Jesús lo hizo. Desate palabras de vida y crecimiento sobre ellos.

Referencias Bíblicas:

(1) 1 Reyes 18:41; (2) 1 Reyes 18:43; (3) 2 Reyes 6:18;
(4) 2 Reyes 6:17; (5) Romanos 10:8;
(6) Deuteronomio 30:15; (7) Génesis 15:5,6;
(8) Génesis 15:12,13; (9) 1 Corintios 2.16, RV 1960;
(10) Mateo 8:26; (11) Filipenses 2:5; (12) Lucas 22:42.

CAPITULO 11
CÓMO CONSOLIDAR
EL EQUIPO DE DOCE

El proceso comienza por la vida del líder

Tenemos el ejemplo de Jesús, quien antes de empezar Su ministerio fue lleno del Espíritu Santo. Cristo no se atrevió a dar ni un solo paso sin la dirección plena del Espíritu de Dios. Si Él, la máxima autoridad del universo, necesitó depender del Espíritu de Dios en todo lo que hacía, ¿cuánto más lo necesitamos nosotros? Debemos entender que Dios no da Su Espíritu por medida, sino en plenitud, pues quiere llenar de Su Presencia a cada uno de Sus hijos.

El líder debe sumergirse en la Visión

Es importante la llenura del Espíritu Santo para aplicar la Visión de manera acertada. Después de pasar la prueba del desierto, Jesús tomó el libro del profeta Isaías, leyendo: "El Espíritu del Señor omnipotente está sobre mí, por cuanto me ha ungido..." (1). Para cumplir Su misión, Jesús tuvo que ser ungido por el Espíritu Santo. Como líderes, tenemos uno de los más grandes desafíos, implementar correctamente la Visión en los diferentes lugares de la tierra, algo que sin la ayuda y unción del Espíritu sería imposible. Cual poderoso bálsamo,

Su gracia ha venido en este tiempo a nuestra vida dándonos de Su entendimiento para poner en marcha Su obra.

El Espíritu Santo prepara al líder

El Espíritu Santo nos ayuda a morir a nuestros deseos. Es algo que debemos hacer a diario a través de la revelación de la Cruz, doblegando nuestros pensamientos y sometiéndolos al señorío de Cristo. Cada día, debemos estar dispuestos a arrepentirnos, pues el Espíritu Santo traerá a la memoria cosas del pasado para que, con un corazón quebrantado y obediente, las rechacemos de nuestra vida.

El Espíritu Santo nos unge para ganar

La primera manifestación de la unción de Cristo fue el poder para ganar almas. Así como un día obtuvimos la salvación de manera gratuita, gratuitamente debemos esforzarnos por compartir el mensaje con otros. Debemos invitar al Espíritu Santo a liderar nuestra vida, nuestra familia y nuestro ministerio. Pedirle que se encargue de nuestra casa y nos ayude a levantar hogares sacerdotales. Entrar en la Visión es entrar en el ministerio de lo sobrenatural. Dios, prodigiosamente, se encargará de cuidar a cada uno de nuestros seres queridos.

El Espíritu Santo nos ayuda a restaurar la Visión de los Doce

Debemos tener cuidado de no hacer la obra de Dios en las propias fuerzas. Él no desea que edifiquemos sobre los escombros de las viejas estructuras, sobre cimientos del pasado, sino sobre el fundamento firme de la Visión. El profeta Elías, al confrontar a los profetas de Baal, lo primero que hizo fue restaurar el altar caído de Dios a través del gobierno de los doce, tomó doce piedras para reconstruirlo. El Señor anhela que restauremos Su altar a través del G12.

El Espíritu Santo nos ayuda obedecer de inmediato

Cuando una persona es llena del Espíritu de Dios, su obediencia es inmediata. Aunque existan cosas que no alcance a entender, siempre actúa con diligencia; cree que más adelante comprenderá el por qué de su misión.

El Espíritu Santo nos da una gran compasión

Jesús no sólo se esforzaba en predicar el mensaje de salvación, sino que se identificaba con la necesidad de la gente y todos los que acudían a Él hallaban un bálsamo para su alma. No sólo los confortaba con palabras, sino que sanaba las heridas, los hacía libres de las cadenas que los ataban.

Liderar a los doce

Uno de los desafíos más grandes de un líder, o un pastor, radica en formar personas en el liderazgo, ya que el día que deje de hacer lo, dejará de crecer y la obra que ha comenzado se detendrá. Liderar es mostrarnos como ejemplo en todo, pues cada discípulo imitará nuestra fe.

Como líderes, cultivemos permanentemente el secreto de la motivación en nuestro equipo. La motivación implica alentar a cada persona e impulsarla a la innovación, desafiarla al redescubrimiento y aprovechamiento de sus dones, ayudarla a hallar su capacidad de influenciar positivamente a otros.

Consolidar eficazmente el equipo de doce

Las relaciones entre líderes y discípulos deben profundizarse. El vínculo con quienes han de formar parte del equipo de doce va más allá de una mera relación laboral. Normalmente, las personas que trabajan en el ministerio se esfuerzan por cumplir sus obligaciones, mientras la comunicación con sus líderes es bastante esporádica. El trato con el equipo de doce es muy diferente. El líder debe aceptar el desafío de profundizar su relación con los discípulos, tener un corazón sano de toda herida del pasado y entregarse, para levantar su equipo en el temor de Dios.

Luego que el Señor le revele quiénes integrarán su grupo de doce, debe abocarse por entero a la tarea de formarlos. A través de la fe, sembrará semillas de esperanza, dándoles palabras de motivación y animándolos a desarrollar sus respectivos ministerios, siempre recordando que el modelo que tienen sus discípulos es el suyo. Esto es, si el líder de doce intenta saltar algún paso de la Visión, sus discípulos harán lo mismo. Pablo se cuidó mucho al enseñarle a su discípulo Timoteo con el ejemplo, y dijo: "...que los creyentes vean en ti un ejemplo a seguir en la manera de hablar, en la conducta, y en amor, fe y pureza" (2). La experiencia indica que invirtiendo tiempo en ellos, podemos elevarlos en su nivel de confianza y fe.

Los siguientes pasos nos han ayudado en la formación de discípulos.

Implementar la Visión con fidelidad

Como he mencionado en capítulos anteriores, un pueblo que carece de visión, cae cautivo del error y perece. La visión da dirección a nuestra vida. Quienes han alcanzado el éxito, han sido grandes visionarios. Visión es la idea clara de Dios revelada a la mente del hombre para que la ejecute. Abraham tuvo la visión de que sería padre de muchas naciones. Dios le había dicho que su descendencia sería tan numerosa como las estrellas del cielo y como la arena del mar, que de multitud no se podría contar; apoyado en esa promesa, se dedicó a visualizarla espiritualmente hasta obtener su realización en lo natural.

Enfocarse para conquistar su gran meta

¿Cómo hace para tener sus doce? Primero, no permita que nada quite su atención del objetivo, pues es fácil distraerse. Si tenemos varios objetivos, apuntamos a hacer un poquito de esto y otro poquito de aquello. Si nos distraemos, nunca conquistaremos las metas. Dedíquese a una sola cosa, no abarque muchas. Tenga una sola meta a la vez. Una vez alcanzada, recién conságrese a otra; no trabaje en varias al mismo tiempo. ¡Enfóquese en una! Marque un orden de prioridades, qué es lo más importante por hacer.

Visualizar el desarrollo del ministerio

Cuando tenemos la certeza del llamado al ministerio, debemos buscar desarrollarlo de la forma más eficaz. Muchos no tienen crecimiento en el ministerio porque nunca lo han visto en sus mentes, nunca han visualizado más personas de las que ya tienen. Tal como dice la Palabra, "Más bien, busquen primeramente el reino de Dios y su justicia, y todas estas cosas les serán añadidas" (3).

Experimentar el crecimiento

No permita que el crecimiento sea fruto del azar. El crecimiento resulta de lo que uno ha percibido en su lugar secreto de oración, lo que ha visto y ha llamado para que se haga realidad en el plano natural. La multiplicación es el resultado de su fe, su vida de oración y la obediencia a Su Palabra.

Usted no puede permitir la esterilidad ministerial. Todos los días debe crecer, pero debe hacerlo internamente. Visualice y ore por su descendencia. "...Te he hecho padre de muchas naciones. Así que Abraham creyó en el Dios que da vida a los muertos y que llama las cosas que no son como si ya existieran. Contra toda esperanza, Abraham creyó y esperó, y de este modo llegó a ser padre de muchas naciones, tal como se le había dicho: ¡Así de numerosa será tu descendencia!" (4).

Imprimir el cuadro de la multiplicación en su mente

El escritor a los hebreos dice que la fe es la certeza de lo que se espera. Dios dará vida a aquellos cuadros que logre ver claro en su mente. Todo lo que quiera conquistar en el plano natural, primero usted debe conquistarlo en el plano espiritual a través de su fe.

Cuando Dios nos otorga visiones de multiplicación, vemos claramente que las personas llegan y se integran al ministerio, aunque esto muchas veces choca con la lógica humana. Sabemos que toda visión dada por Dios, siempre motivará al desarrollo y al crecimiento del ministerio.

Para desarrollar correctamente la Visión, es fundamental que usted:

1. Visualice el tamaño de su ministerio.
2. Tenga imágenes muy claras.
3. Invierta tiempo para estar a solas con Dios, en esa intimidad las imágenes captadas en su mente cobrarán importancia.
4. Incluya a los discípulos en la Visión y que sean visionarios.

El discípulo seguirá el modelo que conoce

El Señor dijo: "El discípulo no es superior a su maestro..." (5). El líder ejerce gran influencia en las personas que discipula, mucho más de lo que se imagina. Por eso, su vida debe ser una inspiración para sus discípulos.

Lo que ofrece la Visión a los discípulos

La Visión ayuda a que los discípulos se formen en el liderazgo, guiándolos a ser personas de fe, guerreros espirituales y tremendos conquistadores con la habilidad de transformar sus debilidades en fortalezas y la esterilidad ministerial en un gran semillero de formación de líderes multiplicadores.

La Visión transforma en reproductores de vida a los discípulos

El Gobierno de los Doce trabaja para reproducir vida en otros, porque es la manifestación de la compasión de Dios hacia la gente a través del líder. La Visión reproduce las enseñanzas de Jesús en nuestros semejantes. Jesús dijo a Sus doce que Sus enseñanzas no eran sólo para ellos, sino también para las generaciones venideras.

Los doce reproducen fielmente la Visión en otros doce, así la Visión se va desarrollando, expandiendo y penetrando en todas las naciones. Usted debe anhelar la Visión y rogar al Señor que le haga un experto en ella, pasando de ser ayudado a ser ayuda para otros. Cuanto más crece una persona, más útil es en la obra de Dios.

Que a partir de hoy usted se convierta en un instrumento poderoso en las manos del Altísimo.

Referencias Bíblicas:

(1) Isaías 61:1; (2) 1 Timoteo 4:12;
(3) Mateo 6:33; (4) Romanos 4:17,18;
(5) Mateo 10:24.

CAPÍTULO 12
EL LÍDER DEBE TENER LA VISIÓN EN SU CORAZÓN

La experiencia nos enseña que antes de que la Visión sea parte del intelecto, debe recibirse en el corazón. La Visión rompe el esquema del liderazgo tradicional concentrado en una sola persona, brindando la oportunidad de formar parte de un equipo de trabajo a quien ha pasado por un proceso de restauración y capacitación.

Con la Visión existe un enamoramiento. Cuando ha entrado al corazón, no nos incomoda ministrar por horas a la gente, hacer Encuentros cada semana, enseñar a los discípulos en la Escuela de Líderes, dirigir las Células de evangelismo. Cuando la Visión tiene lugar en nuestra alma, disfrutamos cada vez que nos reunimos con los doce. Todo empieza con nacer a la Visión; luego, crecemos en la Visión y nos enamoramos de ella porque la vemos. El Señor dijo: "Si alguien afirma: Yo amo a Dios, pero odia a su hermano, es un mentiroso; pues el que no ama a su hermano, a quien ha visto, no puede amar a Dios, a quien no ha visto" (1). Si puede capturar la Visión en su corazón, podrá verla y amarla; pues lo que usted no ve, será difícil que llegue a amarlo.

La Visión es ganar almas y hacer discípulos

En la Visión del G12, gracias a la ayuda del Espíritu Santo, hemos logrado crear un ambiente propicio para el crecimiento y el Señor ha puesto una fuerza interna en cada creyente, que es como un motor que trabaja en pro de la multiplicación. Todos pueden hacer la Visión sin sentir estrés, pues han aprendido a conquistar todo en oración, seguros de que la Visión funciona.

El líder debe hacer equipo con su cónyuge

Dios llamó a la primera pareja y la bendijo. Sabemos que si no hay pareja, no habrá familia, pues los hijos resultan del amor de la pareja y también del trabajo en equipo. Dios, como lo hizo con Adán, nos preparó una mujer como compañera y luego nos unió en matrimonio, gracias a ello vinieron los hijos. Conforme es en lo natural también es en lo espiritual. Si el hombre no incluye a la mujer, no habrá multiplicación, pues ésta viene del trabajo en equipo del hombre y su mujer.

El líder debe motivar a sus discípulos a conformar los doce

Cada quien está en capacidad de liderar doce personas. Conformar los doce es muy fácil. En este momento, usted como líder, debe hacer que su gente le ayude a conformar sus doce. Si solamente tiene tres hombres en su grupo, como lo comenté anteriormente, cada uno de ellos puede aportarle tres. Pero la meta es que, en el tiempo más corto, usted tenga sus doce. El más importante es este primer grupo de doce.

Generalmente, la conformación de este equipo puede llevar un año.

Conformar el equipo produce gran motivación

La experiencia que tuvimos en Bogotá fue que, si el líder integraba el grupo de doce correctamente, se generaba una fuerza poderosa de trabajo que permitía crecer con facilidad. Aunque, por otro lado, había algunos en quienes, por causa de sus ocupaciones o por permitir pensamientos de duda y temor, la fuerza de conquista se reducía de manera notable. Mantener la integración del equipo es llevarlos a todos al mismo ritmo de fe, visión y conquista. Su crecimiento es la fuerza del crecimiento del líder. Cada líder de doce debe entender que Dios quiere usarlo para marcar la diferencia, y de este modo fijar la pauta de lo que sus discípulos harán. Lo que el líder haga, los discípulos lo reproducirán. Sugiero que siempre mantenga un buen ritmo de crecimiento, un alto nivel de fe, una vida constante de oración y una alta motivación.

El líder debe dominar cada paso de la Visión

La Visión debe ser algo que usted domine. Para consolidar a alguien, primero hay que ganarlo. Si no ganamos, no consolidaremos. Si no consolidamos, no podremos discipular. Si no discipulamos, no podremos enviar. La base siempre es ganar. Por eso, hay que dominar todas las áreas de la Visión y convertirse en expertos conquistadores de almas.

Se piensa que en Estados Unidos o en Europa, la Visión funciona de forma muy diferente; pero, la realidad es que las personas afrontan los mismos problemas en todo el mundo. Sólo que en un país se viven de una manera y en otro de otra. El líder debe identificar cuál es la necesidad de la gente para ministrar adecuada y específicamente. Cuando las personas ven que traemos solución a sus problemas, nos buscan dondequiera que estemos. Si usted sabe discernir la necesidad de los individuos, con una sola palabra de sabiduría que les imparta, el Señor podrá obrar en sus vidas.

El líder y la consolidación

Todo líder debe conocer los principios básicos para una consolidación efectiva y para que su fruto permanezca. Muchos se preguntan sobre la mejor manera de realizar la consolidación. Este segmento pretende brindar, amena y sencillamente, las pautas básicas para consolidar.

Primero, es recomendable que consolide la misma persona que evangelizó, pues hay una relación de confianza y amistad previa. Es importante que cada miembro de la célula sepa cómo hacerlo. Si usted es líder, tome tiempo para enseñarlo a sus discípulos. Este proceso exige tiempo y concentración, y varía con cada persona, por lo cual sugerimos al líder que:

Comparta las Cuatro Preciosas Oportunidades:

1. Oportunidad del encuentro

"Me buscarán y me encontrarán, cuando me busquen de todo corazón" (2). No importa cuanto nos hayamos distanciado de Dios, debemos hacer un alto en el camino y tomar la decisión de encontrarnos nuevamente con Él; así como el hijo prodigo, quien tomó la decisión de volver al padre y éste, con gozo, lo recibió.

2. Oportunidad de reconciliación

Tengo que volver a mi padre y decirle: Papá, he pecado contra el cielo y contra ti. Ya no merezco que se me llame tu hijo; trátame como si fuera uno de tus jornaleros" (3). El joven de la parábola decide no quedarse postrado en su condición y se arriesga por alcanzar otra oportunidad. Reconoce sus faltas y se lanza en la búsqueda de su padre para pedirle perdón. "Si confesamos nuestros pecados, Dios, que es fiel y justo, nos los perdonará y nos limpiará de toda maldad" (4).

3. Oportunidad de restauración

"Pero Dios demuestra su amor por nosotros en esto: en que cuando todavía éramos pecadores, Cristo murió por nosotros" (5).

Todos nuestros pecados y errores merecían recibir un castigo, mas Dios aceptó que Su Hijo Jesucristo tomara nuestro lugar y pagara por los actos cometidos por nosotros. El padre del hijo pródigo decide restaurar la dignidad que su hijo había perdido y hacer una gran fiesta de celebración.

"Porque este hijo mío estaba muerto, pero ahora ha vuelto a la vida; se había perdido, pero ya lo hemos encontrado. Así que empezaron a hacer fiesta" (6).

4. Oportunidad de fructificación

"Mas a cuantos lo recibieron, a los que creen en su nombre, les dio el derecho de ser hijos de Dios" (7).

Dios nos trata como hijos y nos vuelve a confiar todos los privilegios que por causa del pecado habíamos perdido. Él decide ponernos el mejor vestido, colocarnos el mejor calzado y entregarnos el anillo representativo de la autoridad que ahora gozamos como Sus hijos. "Porque por gracia ustedes han sido salvados mediante la fe; esto no procede de ustedes, sino que es el regalo de Dios, no por obras, para que nadie se jacte" (8).

Conozca y resuelva las inquietudes acerca de la Biblia, la iglesia y Dios:

- Responda cualquier pregunta que las personas tengan.
- Responda acerca de su fe en Dios.
- Responda acerca de la otra vida.

- Responda acerca de las finanzas.
- Responda acerca de la familia.
- Identifique sus necesidades y problemas mostrando interés en ellos.
- Enseñe a pedir con fe a Dios y respalde a las personas en oración.
- Busque textos bíblicos que lo fortalezcan y le enseñen el punto de vista de Dios.
- Sea sabio al aconsejar, motive a la persona a tomar decisiones propias.
- Si está a su alcance, ayúdelo materialmente.
- Inclúyalo en las actividades de su ministerio.

Pautas para una consolidación efectiva

- Los nuevos creyentes tienen dudas e inquietudes que deben ser resueltas.
- No todas las personas reaccionan de la misma manera, unas toman más tiempo que otras.
- Gane la confianza del resto de la familia, sin ser malinterpretado como alguien que se excede en ella.
- Cuide su imagen y la de la iglesia.
- Muestre respeto por todo (el trabajo, en qué invierte su dinero, etc.). Más adelante tendrá la oportunidad de instruirlo para que tome decisiones conforme a la voluntad de Dios.
- Muéstrele interés en quién es como persona y no le haga sentir que es un número más para alcanzar sus metas.

- Motívelo en fe constantemente.
- No lo presione, sea flexible.
- Inclúyalo en las actividades y hágalo sentir importante.
- No muestre el asistir a la iglesia como un cambio de religión.
- Preséntele personas con quienes establecer vínculos de amistad.

El líder comienza con una pequeña responsabilidad: La célula

David tenía la responsabilidad de cuidar cada una de las ovejas de su padre. Tuvo que enfrentar las fieras, las inclemencias del tiempo y otras muchas adversidades, pero nunca permitió que se perdiera ni una oveja.

Dios primero nos prueba confiándonos una célula; si somos fieles, nos dará una mayor responsabilidad. Los líderes de célula son gente de ímpetu. Al comenzar a hacer la Visión, después de pasar por el proceso de entrenamiento, se presenta el primer desafío: Abrir una célula. Para ello, se necesita optimismo y plena confianza de que Dios le respaldará y verá muy pronto resultados en su ministerio. Aprenderá a hacer guerra espiritual para neutralizar los poderes demoníacos en los aires que bloquean la mente de la gente y ciegan el entendimiento de los incrédulos. Sabrá cómo activar la esfera angelical para que los ángeles traigan las personas a su célula. Todo líder es consciente de que enfrenta una guerra contra fuerzas adversas y que invade el territorio del enemigo para librar a los cautivos, trasladándolos al Reino de Dios. Por lo tal, necesita el apoyo de los ángeles para que esta labor sea más efectiva.

El líder de célula sabe cómo cuidar cada ovejita. Debe discernir qué espíritus operan alrededor de ella, debe saber defenderla y enfrentar los poderes adversos del mundo espiritual para neutralizarlos. No puede permitir que su célula mengüe, sino que debe moverse en un avance continuo, conquistando almas semana tras semana. Usted recordará la parábola de los talentos, siempre que el Padre da una responsabilidad, pide los intereses, los frutos. David no podía decir: "Padre, me confiaste siete ovejas, devuelvo estas tres." ¿Qué pasó con las otras? ¿Las devoraron las fieras? Dios le confía almas, no sólo para que usted las cuide sino para multiplicar el rebaño.

Al líder que ha sido fiel en lo poco, Dios le confía lo mucho

¿Qué motivó a David a enfrentar un guerrero que lo doblaba en estatura, edad y experiencia? Su fe en Dios. "David le contestó: Tú vienes contra mí con espada, lanza y jabalina, pero yo vengo a ti en el nombre del Señor Todopoderoso, el Dios de los ejércitos de Israel, a los que has desafiado. Hoy mismo el Señor te entregará en mis manos; y yo te mataré y te cortaré la cabeza. Hoy mismo echaré los cadáveres del ejército filisteo a las aves del cielo y a las fieras del campo, y todo el mundo sabrá que hay un Dios en Israel. Todos los que están aquí reconocerán que el Señor salva sin necesidad de espada ni de lanza. La batalla es del Señor, y él los entregará a ustedes en nuestras manos" (9). David estaba lleno del celo de Dios; había esperado que algún guerrero de Saúl enfrentara al gigante y lo venciera, pero todos estaban temerosos.

David, inspirado por el Espíritu Santo, tuvo plena confianza de que Dios le daría la victoria. Aunque Goliat había desafiado al rey Saúl y al pueblo de Israel, David sabía que era a Dios a quien este hombre había provocado. Por eso, en el Nombre de Dios, decretó que toda la congregación vería la salvación del Señor y que Su fama se difundiría por toda la tierra.

La fe del líder marca la diferencia

Aprendimos en nuestra experiencia con la Visión que la fe del líder marca la diferencia. Aunque los doce reciben la misma enseñanza y participan de la misma ministración, unos tienen más éxito que otros. La razón es la manera en que deciden creerle a Dios y cuán dispuestos están a enfrentar cualquier situación para obtener la victoria. Para ganar personas para su ministerio deben hacer guerra espiritual, visualizar las multitudes, llamarlas en fe y profetizar sobre ellas. El fruto muestra la clase de fe que cada uno ha tenido.

El ímpetu es la fuerza de la fe que lleva al líder a depender totalmente de Dios. Quien tiene ímpetu, tiene la habilidad de transformar los problemas en pequeños peldaños que conducen a la cima. Sabe redimir el tiempo y está dispuesto a ayudar a sus discípulos cada vez que lo necesitan. Pone en alto el Nombre del Señor a través del fruto que produce para Dios.

Referencias Bíblicas:

(1) 1 Juan 4:20; (2) Jeremías 29:13; (3) Lucas 15: 18,19b; (4) 1 Juan 1:9; (5) Romanos 5:8; (6) Lucas 15:24; (7) Juan 1:12; (8) Efesios 2:8,9; (9) 1 Samuel 17:45-47.